suhrkamp taschenbuch
wissenschaft 2196

Empathie gilt als Grundlage moralischen Handelns – und damit selbst als gut. Sieht man aber genauer hin, erweist sich die Fähigkeit, »sich in andere Menschen hineinzuversetzen«, auch als Voraussetzung für gezielte Erniedrigungen und Grausamkeiten. Zudem hat selbst das wohlmeinende Mitgefühl zahlreiche unbeabsichtigte Konsequenzen. Aus diesen Gründen sind es gerade die dunklen, bisher verdrängten Aspekte der Empathie, die auf dem Weg zu einer besseren Gesellschaft in den Blick genommen werden müssen. Fritz Breithaupt lädt seine Leser dazu ein, diese Seiten zu bedenken oder gar an sich selbst zu entdecken, und führt uns dabei von Narzissmus und Nietzsche bis zu den Helikopter-Eltern und Angela Merkels Flüchtlingspolitik.

Fritz Breithaupt ist Professor für Germanistik und Kognitionswissenschaften an der Indiana University in Bloomington. Zuletzt bei Suhrkamp erschienen: *Kultur der Ausrede* (stw 2001) und *Kulturen der Empathie* (stw 1906).

Fritz Breithaupt
Die dunklen Seiten der Empathie

Suhrkamp

7. Auflage 2025

Erste Auflage 2017
suhrkamp taschenbuch wissenschaft 2196

Umschlag nach Entwürfen
von Willy Fleckhaus und Rolf Staudt
Druck und Bindung: C. H. Beck, Nördlingen
Printed in Germany
ISBN 978-3-518-29796-4

Suhrkamp Verlag AG
Torstraße 44, 10119 Berlin
info@suhrkamp.de
www.suhrkamp.de

Inhalt

Einleitung

Dieses Buch handelt von den scheinbar unmenschlichen Dingen, die wir tun oder empfinden, nicht obwohl, sondern gerade weil wir Empathie haben. Viele von diesen Dingen sind keine Fehlleistungen, sondern Folgen des Funktionierens und Überfunktionierens der Empathie. Es wird sich zeigen, dass Empathie in einer Reihe von hochproblematischen menschlichen Verhaltensformen eine zentrale Rolle spielt. Feindliche Verhärtungen bis hin zum Terrorismus, verschiedene Formen der Ausbeutung inklusive des Vampirismus, Schikanierungen und Sadismus, aber auch falsches Mitleid und fortdauerende Unterdrückung gehören zum Spektrum des durch Empathie ermöglichten Verhaltens. In vielen Fällen liefert Empathie dabei gerade die Motivation zur Tat, so dass wir sagen müssen, dass die Untaten nicht trotz, sondern aus Empathie geschehen.

Diese Bemerkungen widersprechen dem Alltagsverständnis. Wir sind es gewohnt, Empathie als eine besondere Fähigkeit des Menschen anzusehen, die zu moralisch richtigem Verhalten führt. Die guten Seiten der Empathie sollen nicht bestritten werden, doch wir müssen uns von einem zu einfachen Bild von Empathie befreien. Beginnen wir daher mit zwei Fällen von Empathie, die andere Ansichten erlauben.

Auf einem öffentlichen Diskussionsforum hat »Just_that_random_guy« im Dezember 2015 folgenden Kommentar veröffentlicht:

> Da war dieses Zitat von »Bedelia«, dem Charakter eines Arztes und Psychologen in der Fernsehserie *Hannibal*: »Extreme Handlungen von Grausamkeit verlangen einen hohen Grad an Empathie.« Ich glaube, dass dies stimmt. Wann immer ich jemanden anschaue und anfange, sadistische Gedanken zu haben, bin ich in der Lage, zu verstehen und zu fühlen, was die andere Person durchmacht und welche Schmerzen und Ängste sie erlebt, und das ist es dann, was mich erregt. Je stärker und je intensiver der Schmerz und das Leiden sind, von denen ich mir vorstelle, sie der Person anzutun, desto stärker ist die Befriedigung, die ich erlebe.[1]

1 »There was this quote made by ›Bedelia‹, a doctor and psychologist character from the tv series *Hannibal*. »Extreme acts of cruelty require a high level of empathy.«

Der anonyme Autor des ersten Zitats, der von sich behauptet, kein Psychopath, sondern eben nur »a random guy« zu sein, verbindet empathisches Verstehen mit extremen Emotionen eines anderen Menschen (Schmerz und Furcht). Ebendieses empathische Mitempfinden des Leidens erregt ihn, beschert ihm Befriedigung. Anscheinend kann er andere verstehen und mit ihnen mitfühlen, eben *weil* sie den Schmerz empfinden, den er ihnen andichtet. Und daher erfindet er auch imaginär den Schmerz und empfindet sadistische Gedanken: um sie zu verstehen und auch um mitzufühlen. Sadismus verdankt sich hier nicht dem Mangel an Empathie, sondern dem Wunsch nach ihrer Steigerung. Schreckliche Fantasien und vielleicht auch Taten sind möglich *aufgrund von Empathie und um sie zu erleben.*

Wie wir im Verlauf des Buches sehen werden, ist Derartiges nicht auf einige problematische Individuen beschränkt, sondern betrifft zahlreiche Alltagsphänomene. Dazu gehören auch Praktiken, die unsere Gesellschaft strukturieren, wie zum Beispiel das Denken in Kategorien von Gut und Böse.

Nehmen wir einen zweiten Fall hinzu. In meiner Schulzeit passierte mir regelmäßig etwas Sonderbares. Ich muss um die 12 oder 13 gewesen sein, als es anfing. Die Hansestadt Hamburg bot damals ein sehr großzügiges Schülerabonnement für alle staatlich geförderten Theater und Musikhäuser an, und ich danke meiner Mutter noch heute, dass sie mich einzig mit diesem Block Tickets bewaffnet allein oder mit Freunden abends in die Stadt ließ. Doch dann, meist inmitten der großartigsten Darbietungen, begann ich plötzlich zu schwitzen und stellte mir unwillkürlich vor, ich stände selbst auf der Bühne. Ich fühlte mich so, als wäre ich dort jetzt mit der Geige oder im Kostüm, nur dass ich eben weiter ich selbst wäre und nicht der geübte Künstler, unfähig einen Ton hervorzubringen oder meine Zeilen aufzusagen. Unweigerlich würde ich dann nach

I believe this to be true. Whenever I look at someone and I start imagining sadistic thoughts, I am able to understand and feel what the person would go through and the kind of pain and fear the person would experience, and that's what actually turns me on. The stronger and more intense the pain and suffering I imagine to inflict on the person, the higher the gratification I derive.« ⟨https://www.reddit.com/r/serialkillers/comments/3qoey8/do_sexually_sadistic_serial_killers_really_lack/Do%20Sexually%20Sadistic%20Serial%20Killers%20Really%20Lack%20Empathy?⟩, letzter Zugriff 16. 1. 2016.

ein paar Sekunden die peinlichste Szene erleben. Ich sah mich, nein, fühlte mich verwirrt und hochrot von der Bühne stolpern und vor einem irritierten Publikum davoneilen. Meist stieß ich in Gedanken noch einen anderen Musiker oder Schauspieler an, was meine Qual nur steigerte. Diese Vorstellungen waren so intensiv, dass ich mindestens einmal tatsächlich während der Vorführung aufstehen musste, um mich auf dem Gang zu erholen. Dieses herrenlose Lampenfieber ist keine der »dunklen Seiten der Empathie«, die dieses Buch behandelt. Doch was mich diese Erfahrung gelehrt hat ist, dass ich nicht immer kontrollieren kann, wann ich aus der eigenen Haut schlüpfe.

Nach wohl allen Verständnissen des Begriffs handelt es sich bei meiner sonderbaren Erfahrung nicht um Empathie. Wäre es Empathie, könnte man erwarten, dass es einerseits ein Verständnis der Unterscheidung von Ich und anderen gäbe und andererseits dennoch die Möglichkeit, die Erlebnisse des anderen zu teilen.[2] Stattdessen sah ich mich als ich selbst unvorbereitet in die Situation eines anderen versetzt. Bei meiner Erfahrung kann weder von einem Teilen der Gefühle noch von einem Verstehen der Leistung des anderen die Rede sein. Es handelt sich also eher um eine Fehlfunktion oder vielleicht eine Vorstufe von Empathie. Tatsächlich werden wir später auf das mit Bühnen verbundene Phänomen der glühenden Haut zurückkommen, das den anderen im Zustand des Beobachtet-Werdens auszeichnet.

Der Titel dieses Buches scheint eine Abrechnung mit Empathie zu versprechen. Ist dieses Buch also letztlich *gegen* Empathie? Solche Generalabrechnungen wurden jüngst in je verschiedener Form von Paul Bloom und Jesse Prinz vorgetragen.[3] In eingeschränkter

2 Stephanie Preston und Frans de Waal haben vorgeschlagen, die Trennung zwischen Ich und anderen als notwendige Voraussetzung für Empathie anzusetzen, da die Trennung ein Wesen vor dem ständigen Überschwappen von Emotionen (etwa emotionale Ansteckung) bewahre; siehe Stephanie D. Preston und Frans de Waal, »Empathy: Its Ultimate and Proximate Bases«, in: *Behavioral Brain Science* 25(1) (2002), S. 1-20; vgl. zu der Differenz auch Jean Decety und C. Daniel Batson, »Empathy and Morality: Integrating Social and Neuroscience Approaches«, in: Jan Verplaetse et al. (Hg.), *The Moral Brain: Essays on the Evolutionary and Neuroscientific Aspects of Morality*, Dordrecht, Heidelberg, London, New York: Springer, 2009, S. 109-127.

3 Paul Bloom, *Against Empathy*, New York: Harper Collins, angekündigt für Dezember 2016; Jesse Prinz, »Against Empathy«, in: *The Southern Journal of Philos-*

Form hat auch Peter Goldie dem Empathie-Begriff unter dem Titel »Anti-Empathy« fehlende Genauigkeit vorgeworfen.[4] Schon früher gab es Einsprüche gegen Empathie in bestimmten Bereichen wie etwa der Rechtsprechung[5] oder der Ästhetik.[6]

Doch was all diese Angriffe gegen die Empathie gemeinsam haben ist, dass sie einen Windmühlenkampf gegen einen falschen Begriff von Empathie führen. Wer etwa wie Peter Goldie von Empathie erwartet, dass sie ein wirklich akkurates Verstehen des anderen erlaube, wird enttäuscht. Das leistet Empathie trotz aller Annäherungen nicht. Wer von Empathie objektives, gerechtes moralisches Urteilen erwartet wie Jesse Prinz, kann entsetzt die Verzerrungen feststellen. Doch der Fehler liegt hier nicht bei der Empathie, gegen die diese Autoren sich wenden, sondern vielmehr in ihren überzogenen Ansprüchen. Wer so gegen Empathie wütet, muss aufpassen,

ophy 49(1) (2011), S. 214-233. Obwohl Blooms Buch noch nicht erschienen ist, scheint es gemessen an einigen Ankündigungen und Interviews so zu sein, dass er ebenso wie Prinz gegen Empathie einwendet, dass sie nicht in dem Maße zu ethisch richtigen Entscheidungen beiträgt, wie es häufig versprochen wird. Wenn man aber diese Erwartung nicht hat, verschwindet der Einwand. Wenn man etwa vorsichtiger argumentiert, dass Empathie nicht per se die Basis von ethisch richtigem Entscheiden ist, sondern eher eines der Mittel der Auslotung moralisch relevanter Situationen und der Anerkennung der Emotionen von Mitmenschen, dann bleibt Empathie durchaus wichtig für Moral. Meine Einwände in diesem Buch zielen daher in eine andere Richtung, wie in der Einleitung angedeutet wird. Allerdings treffen Prinz, Bloom und auch meine Überlegungen sich (vermutlich) in vielen Aspekten bezüglich der Radikalisierung von Konflikten (siehe Kapitel II in diesem Buch).

4 Goldie geht es dabei um die vielen Fehlschlüsse, die wir beim Einnehmen von Perspektiven ziehen, zumal wir häufig nicht zwischen dem bloßen »Sich-Vorstellen, wie es sei, X zu sein« und der wirklich empathischen Einnahme der Perspektive eines anderen unterscheiden (dies markiert er etwa an dem Fall der imaginären Selbstbegegnung). Doch dieser Vorwurf gegen Empathie trifft natürlich nur diejenigen, die ein akkurates Verstehen von anderen erwarten und nicht bloß eine Annäherung; Peter Goldie, »Anti-Empathy« in: Amy Coplan und Peter Goldie (Hg.), *Empathy. Philosophical and Psychological Perspectives*, Oxford: Oxford UP, 2011, S. 302-317.

5 Toni M. Massaro, »Empathy, Legal Storytelling, and the Rule of Law: New Words, old Wounds?«, in: *Michigan Law Review* 87(8) (1989), S. 2099-2127.

6 So schon Wilhelm Worringer, *Abstraktion und Einfühlung. Ein Beitrag zur Stilpsychologie* [1907], hg. von Helga Grebing, München: Wilhelm Fink, 2007. Auf dieses Buch und die entsprechende Diskussion komme ich zu Beginn von Kapitel II zurück.

nicht zum akademischen Schaumschläger zu werden. Immerhin wenden sich die genannten Autoren kritisch gegen die vielerorts erweckten Hoffnungen, Empathie sei Mittel für Weltfrieden und allgemeine Gerechtigkeit.

Der Vorwurf dieses Buches ist dagegen ein ganz anderer und, wie ich meine, substantiellerer: nämlich dass wir Schreckliches mit und aus Empathie tun. Dennoch ist es kein Buch »gegen« Empathie. Empathie macht uns zu Menschen. Wenn auch nicht alles Menschliche gut ist und nicht jede Form von Empathie zu begrüßen ist und wenn man auch vielleicht über die Berufung auf Empathie in bestimmten Kontexten wie dem juristischen oder medizinischen streiten kann, so bleibt doch fraglich, ob und wie Empathie überhaupt unterbunden werden kann. Deshalb will dieses Buch umkreisen, was wir als Menschen sind, weil wir über Empathie verfügen, und dabei vor allem die problematischen Aspekte des »homo empathicus« betonen.[7]

Wir werden daher am Ende vor einem gewissen Dilemma stehen. Einfach nur »gegen« Empathie zu sein, ist unsinnig oder schlicht Effekthascherei. Allerdings gibt es auch kein einfaches »Dafürsein« mehr.

Wie steht es überhaupt mit den Argumenten für die Empathie?

Wir leben im Verbund mit anderen, beobachten sie, werden von ihnen angeregt, schwingen mit und partizipieren nicht zuletzt durch sie an der Welt. Ihr Leiden ist auch unser Leiden, ihre Freude ist unsere. Umgekehrt bringen auch unsere Emotionen und Stimmungen andere zum Schwingen. Vielleicht ist Resonanz-Suche die Struktur unseres Daseins, wie Hartmut Rosa es vorschlägt.[8] Es liegt nahe, Empathie nahezu als Allheilmittel gegen Krieg, Leid und Ungerechtigkeit zu beschreiben, also als »engelhafte Seite unserer Natur«, wie Steven Pinker es tut.[9]

Empathie rettet Leben. Ein Teenager, der sich plötzlich anders benimmt, steht vielleicht am Rande des Selbstmords. Doch jemand, der ihn versteht und mitfühlt, kann auf ihn zugehen

7 Einer meiner akademischen Lehrer hat mir stets verboten, lateinische und griechische Wendungen zu vermischen. Ich hoffe, dass er diese Zeilen freundlich überlesen wird.

8 Hartmut Rosa, *Resonanz*, Berlin: Suhrkamp, 2016

9 Steven Pinker, *The Better Angels of Our Nature: The Decline of Violence in History and its Causes*, London: Penguin, 2011.

und intervenieren. Mütter lernen schon die Ausdrucksweisen ihrer Säuglinge zu lesen, erkennen, wenn etwas nicht in Ordnung ist, und reagieren. Wenn wir verzweifelt sind, wünschen wir uns nichts so sehr wie einen anderen, der uns versteht. Eltern, Freunde und Liebende, aber auch Ärzte, Lehrer und Therapeuten kultivieren Empathie und sind zur Stelle, wenn es drauf ankommt, sich ganz für den anderen einzusetzen. Ohne die zahllosen Entwicklungshelfer, Pfleger, Spender, UNO-Soldaten oder Organisationen wie Ärzte ohne Grenzen würden täglich viele Menschen sterben. Wahrscheinlich hat jeder von uns einmal eine Situation erlebt, in der Empathie einen entscheidenden, vielleicht gar lebensrettenden Unterschied bedeutet hat. Zunehmend werden wir sensibler für die meisten Formen von Benachteiligung und Gewalt, wie Steven Pinker nachzuweisen versucht. In historischer Perspektive kann daran erinnert werden, dass es nicht so lange her ist, dass die Sklaverei in weiten Teilen der Erde abgeschafft wurde.

Zugleich wissen wir, dass auch Empathie gelernt und eingeübt werden muss. Sie mag biologische Grundlagen haben, aber sie braucht zugleich eine Kultur, die Empathie fördert und ihr Formen vorgibt. In einem Zeitalter der Gewalt, der verhärteten Fronten, eines neuen Nationalismus, des Terrorismus, aber auch der zunehmenden Medialisierung und Isolierung der Menschen kann einem Empathie als zentrales Gegenmittel erscheinen. Leider gibt es Befunde, dass die Empathiefähigkeit bei Jugendlichen deutlich abnimmt.[10]

Wäre vielleicht sogar ein Medikament, das Empathie steigern könnte, wünschenswert? Noch allgemeiner gefragt: Ist Empathie tatsächlich gut und sollte gefördert werden?

Neben Steven Pinker spricht etwa auch Martha Nussbaum von der emotionalen Intelligenz der Menschen und ihrer politischen Gefühle.[11] Empathie hat dabei eine Schlüsselposition inne. Barack Obama fordert mehr Empathie von Richtern und macht sich Sorgen über das »Empathie-Defizit« unserer Epoche. Daniel Batson wertet seit Jahrzehnten die Belege dafür aus, dass empathische Sor-

10 Vgl. Sara H. Konrath, Edward H. O'Brien und Courtney Hsing, »Changes in Dispositional Empathy in American College Students over Time: A Meta-Analysis«, in: *Personality and Social Psychology Review* (2010), S. 180-198. Wir werden uns später ausführlich mit diesen und verwandten Befunden auseinandersetzen.

11 Martha C. Nussbaum, *Politische Emotionen*, Frankfurt/M.: Suhrkamp, 2014.

ge die Menschen immer wieder zu fürsorglichen Taten antreibt.[12] Die Liste der Fürsprecher von Empathie ist lang. Wie kann man da also gegen Empathie sein?

Das Buch wird die Gegenargumente sammeln und vorstellen. Eine leitende Annahme ist, dass Empathie nicht nur eine Eigenschaft oder Fähigkeit unter anderen ist, sondern wir als menschliche Wesen grundsätzlich von Empathie geprägt sind.[13] Empathie ist ein zentraler Teil des Menschseins, der nicht einfach abgezogen werden kann. Wir erleben unsere Umwelt auf eine Art und Weise, die von Empathie nicht nur gefärbt, sondern strukturiert ist. Empathie ist wie unser sechster Sinn. Sobald wir mit anderen Menschen (oder anderen Lebewesen oder von uns anthropomorphisierten Dingen) in Kontakt sind, beginnen wir, das Geschehen auch aus ihrer Sicht mitzuerleben. Darüber kann man erschrecken wie Jean-Paul Sartre, als er auf einer Bank im Park sitzt und sich plötzlich angeblickt weiß (*Das Sein und das Nichts*). Vor allem aber verdoppelt und vervielfacht Empathie unsere Wahrnehmungen. Wir partizipieren auf viele Arten und Weisen am anderen und seinen Emotionen, Vorstellungen und Intentionen und registrieren durch den anderen auch uns sowie unsere Umwelt anders. Das Befinden des anderen wird für uns ein Faktum, auf das wir reagieren – oft indem wir uns um sein Wohlbefinden sorgen.

Selbst die scheinbar empathielosesten Soziopathen bzw. die sogenannten Psychopathen können ein erstaunliches Maß an Einfühlung an den Tag legen und sind zudem gut im Erkennen (und Manipulieren) der Gedanken anderer.[14] Menschen im Spektrum des Autismus mögen durchaus deutliche Mängel an Empathie

12 Vgl. Daniel C. Batson, »The Empathy-Altruism Hypothesis: Issues and Implications«, in: Jean Decety (Hg.), *Empathy: From Bench to Bedside*, Cambridge, Mass.: MIT Press, 2012, S. 41-54.

13 Vgl. Michael Tomasello, *Die kulturelle Entwicklung des menschlichen Denkens: Zur Evolution der Kognition*, Frankfurt/M.: Suhrkamp, 2006. Ähnliches gilt für die Sprache. Es gibt bisweilen Gedankenexperimente, die der Frage nachgehen, wie wir denken und empfinden würden, wenn wir keine Sprache hätten. Das ist sicherlich interessant und dürfte uns vielleicht näher an Fragen zum Denken bei nicht-menschlichen Tieren heranführen. Aber wir würden sehr wenig über Menschen lernen, denn »wir« wären dann eben nicht mehr »wir«. Wir können uns nicht vorstellen, wie wir ohne Sprache denken und uns verhalten würden.

14 Dazu mehr in Kapitel III.

zeigen – sie sind aber nicht vollkommen empathielos.[15] Gäbe es einen Menschen, der ganz ohne Empathie leben würde, so würden wir ihn vermutlich nicht mehr als Menschen verstehen. In der Tat werden Menschen, deren moralische und emphatische Fähigkeiten plötzlich verändert sind, stärker als abweichend wahrgenommen als Menschen, die ihr Gedächtnis verloren haben.[16]

Beginnen wir also nüchtern: Wie die meisten menschlichen Fähigkeiten dient Empathie zunächst und vor allem demjenigen, der Empathie empfindet, und nicht dem, in den man sich einfühlt. Mit dieser Einsicht ist an sich noch nicht viel gewonnen. Allerdings schützt sie einen vor überzogener Hoffnung, dass Empathie an sich schon ein Mittel gegen Egozentrik, Narzissmus oder Eigennutz ist. Das Miterleben und Mitfühlen des empathischen Menschen bereichert zunächst einmal dessen Erlebniswelt und Wissen, bevor es, vielleicht, auch dem anderen hilft. Insofern ist dieses Buch auch eines über den Egoismus der Empathie oder die Ästhetik der Empathie, also über das ästhetische Wohlgefallen des Einfühlens und Mitfühlens.

Manche Leser mögen sich fragen, was mich zum Verfassen dieses Buches qualifiziert. Die eingangs berichtete Anekdote meines herrenlosen Lampenfiebers wird wenig dazu beigetragen haben, ihnen Zuversicht einzuflößen. Meine Ausbildung hat in einer Reihe von Fachbereichen von der Kunstgeschichte bis zur Rechtswissenschaft stattgefunden. Nach dem Studium hat es mich dann allerdings auch in die Kognitionswissenschaften verschlagen, in denen ich

15 Autismus ist für das Thema dieses Buches kein zentraler Gegenstand. Autisten besitzen allerdings verminderte Empathie-Fähigkeiten und zugleich eine verminderte Fähigkeit zur Selbstwahrnehmung (siehe Michael V. Lombardo et al., »Self-Referential Cognition and Empathy in Autism«, in: *PLoS One* 2 (9) (2007), e883). Es sei hier nur kurz darauf hingewiesen, dass Autisten durchaus die Fähigkeit zum »Transport« haben, sich also in narrative Geschichten versetzen können, die das Schicksal eines Charakters in einer fiktiven oder realen Situation zeigen. Auch Theory-of-Mind-Probleme können von Autisten gelöst werden, wobei diese Fähigkeit erst später im Leben und wohl anders erlernt wird als bei anderen Menschen (dazu mehr in Kapitel I). Das Denken und Empfinden von Autisten wird häufig als einsam dargestellt, doch anscheinend sind auch sie nicht ganz ohne Empathie. Und selbst wenn es so wäre, würden wir aus dem Studium von Autisten nur bedingt lernen, was ein Mensch ohne Empathie ist, da Autisten zugleich andere Besonderheiten aufweisen.

16 Nina Strohminger und Shaun Nichols, »The Essential Moral Self«, in: Cognition 131 (2014), S. 159-171.

nun ebenfalls als Professor für Prüfungen und Unterricht zugelassen bin. Vor allem aber bin ich Literatur- und Kulturwissenschaftler. Zwar schreibe ich das Buch nicht für die Literaturwissenschaften im engeren Sinne, doch mit ihnen als Rüstzeug im Gepäck.[17] Als Literaturwissenchaftler lernt man nämlich, durchaus in Übereinstimmung mit neueren Befunden der Psychologie,[18] dass jedes menschliche Verhalten erzählbar, darstellbar und mithin vorstellbar ist. Man lernt sich auszumalen, unter welchen Umständen Menschen schlimmste Verbrechen begehen oder die scheinbar absurdesten Empfindungen haben könnten. Von diesem Standpunkt aus fällt es schwer, »schlechtes« oder »irrationales« Verhalten schlicht zu verteufeln. Daher geht es in diesem Buch nicht einfach um eine moralische Ausgrenzung der dunklen Seiten der Empathie, sondern um ein Nachvollziehen, wie auch diese dunklen Seiten Teil von Empathie und somit menschlich sind. Daraus folgt natürlich nicht, dass wir sie nun umgekehrt gutheißen oder in juristisch relevanten Fällen mildernde Umstände gelten lassen sollten.

1. Empathie als Mit-Erleben

In diesem Buch wird Empathie als Mit-Erleben (*co-experience*) definiert, wobei auch Forschungsergebnisse mit diversen anderen Definitionen berücksichtigt werden. Der Begriff des Mit-Erlebens hat eine weiter gefasste, aber auch spezifischere Bedeutung als

17 Fiktion kann in der Tat ein wichtiger Ausgangspunkt für Fragen der Empathie sein, und wir werden im Laufe dieses Buches wiederholt auf Aspekte der Narration und Fiktion zurückkommen. Suzanne Keen hat argumentiert, dass Fiktion einen sicheren Bereich darstellt, in dem wir unsere Empathie erproben können, ohne dass wir vom leibhaft anderen ausgenutzt werden (siehe Suzanne Keen, *Empathy and the Novel*, Oxford, New York: Oxford UP, 2007, Introduction). Dass wir täglich wohl über vier Stunden von Narrationen umgeben sind, ist dabei einer der deutlichen Fingerzeige, dass narratives Denken uns durchaus prägen dürfte (siehe Jonathan Gottschall, *The Storytelling Animal: How Stories Make Us Human*, Boston, New York: Houghton Mifflin Harcourt, 2012 sowie Brian Boyd, *On the Origin of Stories*, Cambridge, Mass.: Harvard University Press, 2009).

18 Vgl. Jerome Bruner, *Making Stories: Law, Literature, Life*, Cambridge, Mass.: Harvard University Press, 2003.

das Teilen von Gefühlen (*emotion-sharing*), das von vielen Hirnforschern der letzten Jahrzehnte betont wurde. Den Hintergrund von Letzterem bilden wohl nicht zum geringsten Teil die neuen Möglichkeiten der Hirnforschung, mittels von fMRI (*functional magnetic resonance imaging*) oder MRI die spezifischen emotionalen Routinen an der Gehirnaktivität zu messen. In den Mustern der Gehirnaktivität drückt sich eine empirisch messbare und insofern scheinbar objektive Form von Empathie aus. Doch die Messbarkeit allein definiert Empathie nicht.

Im Gegensatz zum Teilen von Gefühlen betont das Mit-Erleben die Situation, in der sich der andere befindet. Gefühle spielen dabei natürlich eine zentrale Rolle, denn Situationen sind emotional aufgeladen. Die leiblichen Reaktionen sind ebenfalls von hoher Wichtigkeit, denn Situationen werden auch körperlich wahrgenommen. Mit-Erleben beinhaltet zudem deutlicher als das Teilen von Gefühlen und Affekten auch Aktionen und vor allem zahlreiche kognitive Prozesse wie das Vorausschauen, das Erwägen der Umstände und das Mitüberlegen, was zu tun ist. Mit-Erleben im Allgemeinen heißt, imaginär den Standpunkt eines anderen einzunehmen und seine oder ihre Reaktion auf die Situation zu teilen. Man schlüpft dort in die Haut eines anderen, wo sie auf ihre Umwelt trifft.

Was also konstituiert Mit-Erleben im Kontext von Empathie? Mit-Erleben bedeutet, dass man in die (kognitive, emotionale, leibliche) Situation eines anderen Wesens transportiert wird. Die Betonung liegt auf der Situation eines anderen. Der »Transport« beginnt mit einem mentalen Mitlaufen wie beim Schauen eines Films oder Lesen eines Romans,[19] führt dann aber auch zu einem aktiven Mittragen von Entscheidungen. Empathie bedeutet, dass man sich in der spezifischen Situation des anderen mit ihren spezifischen Anforderungen erlebt und also auch mitdenkt und mitempfindet, was jemand tun sollte oder könnte.

Imaginär in der Situation eines anderen zu sein, unterscheidet sich grundsätzlich davon, sich selbst direkt in der Situation zu befinden. Einer der Unterschiede besteht darin, dass (meistens) ein

19 Vgl. Philip J. Mazzocco, Melanie C. Green, Jo A. Sasota und Norman W. Jones, »This Story is not for everyone: Transportability and Narrative Persuasion«, in: *Social Psychological and Personality Science* (2010), S. 361-368; Blakey Vermeule, *Why Do We Care about Literary Characters?*, Baltimore: Johns Hopkins UP, 2011.

Bewusstsein einer Differenz zwischen Ich und anderen bestehen bleibt. Ein weiterer Unterschied ist natürlich, dass man nicht selbst auf die Situation reagieren muss oder kann. Ein zentraler Unterschied besteht zudem darin, dass wir von außen meist einen klareren Blick auf die Situation haben. Wer sich in die Situation eines anderen versetzt oder sich plötzlich miterlebend in der Situation eines anderen wiederfindet, reduziert diese Situation auf einige Kernmerkmale. Wenn wir uns dagegen selbst in einer Situation befinden, werden wir von zahlreichen sinnlichen Eindrücken und Überlegungen abgelenkt, selbst wenn sie sehr drückend und konkret ist. Unsere Gefühle und Eindrücke sind für uns selbst selten eindeutig, vielmehr stehen sie uns regelmäßig als gemischte Gefühle gegenüber. In wichtigen Situation wissen wir oft nicht ganz eindeutig, was wir fühlen und empfinden. Eine wichtige Aufgabe von Therapeuten besteht daher auch darin, zu sortieren, was man empfindet.

Wenn wir uns in der Situation eines anderen finden, wird diese jedoch purifiziert und auf einige Kernmerkmale reduziert. In den meisten Fällen ist dies eine Reduktion der tatsächlichen Wahrnehmung des anderen, doch es kann auch das Wahrnehmen von Dingen beinhalten, die der andere noch nicht registriert hat (eine drohende Gefahr wie etwa einen Tiger im Busch, den der Beobachter bereits gesehen hat). Auch in diesem Fall hat der empathische Beobachter einen Klarheitsvorteil. Der Beobachter kann Konsequenzen erwägen, die der andere in seiner Situation noch nicht im Blick hat.

Der empathische Beobachter hat, wie ich es nennen möchte, einen »ästhetischen« Vorteil. Der Bergiff des Ästhetischen wird hier im Sinne von Alexander Gottlieb Baumgarten verwendet, der ihn im 18. Jahrhundert als Kunstbegriff eingeführt hat, um die Klarheit sinnlicher Wahrnehmung zu bezeichnen. Wir können uns in die Haut des anderen versetzen, weil seine oder ihre Situation uns als klar erscheint. Oder anders formuliert: Man hat Empathie, weil man die Situation des anderen ästhetisieren und damit klären kann. Die Klarheit einer menschlichen Situation, die uns bei uns selbst meist abgeht, verdankt sich einem Medium, nämlich einem anderen Wesen als Medium der Erfahrung. Emotional intensive Situationen, dramatische Erlebnisse voller Handlung und Momente der Entscheidung sind dabei besonders gut für

Empathie geeignet, denn in ihnen ist der Druck auf den anderen, der in dieser Situation steht, besonders klar, wahrnehmbar, imaginierbar und also ästhetisierbar. Wir können mit-erleben, weil die indviduellen Differenzen zum anderen in dieser Situation geringer werden.[20]

Mit-Erleben muss den anderen allerdings nicht ausblenden, zumindest nicht den anderen in seinen Eigenarten, Erfahrungen und Erlebnismustern. Der empathische Beobachter kann all dies als Teil der Situation aufnehmen. So ist etwa das Mit-Erleben der Rede eines schüchternen Menschen besonders intensiv, da wir die Scham oder den Stolz über die Überwindung mitfühlen.

Heißt dieses Mit-Erleben, dass wir akkurat empfinden, was der andere fühlt? Natürlich nicht. Zwar kann die Intensität des Mitfühlens mit der Intensität der Situation und des Empfindens des anderen korrelieren. Doch was genau empfunden und gefühlt wird, kann sehr verschieden sein. Wer weiß, was der schüchterne Redner wirklich empfindet und wie er es empfindet? Freude ist nicht gleich Freude und Trauer nicht gleich Trauer (auch wenn die Gehirnströme ähnlich sind). Und außerdem bringt auch der empathische Beobachter seinen persönlichen Hintergrund, seine Wunden und Traumata mit ins Spiel.

Insofern kann man sagen, dass der andere im Mit-Erleben gewissermaßen ausgeblendet wird. Er wird überschattet vom eigenen Erleben. Das heißt aber nicht, dass der andere verschwindet. Es kann sein, dass das Mit-Erleben zur Mahnung wird, das Beste für ihn oder sie zu wollen. Es kann sein, dass wir uns ihm besonders ähnlich und vielleicht verbunden fühlen. Es kann aber auch sein, dass wir uns von ihm distanzieren wollen. Hier liegen einige der Komplikationen, die dieses Buch behandeln wird.

Betrachten wir ein Beispiel der Differenz zwischen der Person in einer Situation und einem empathischen Beobachter, der die Situation mit-erlebt. Jemand stolpert geräuschvoll in einem guten Restaurant über einen Stuhl, zerbricht dabei ein Glas und schneidet sich die Hand an den Scherben. Dieser Mensch kann, so ist anzunehmen, ein Durcheinander von emotionalen Reaktionen bezüglich seiner Situation erleben. Er spürt einen Schmerz in der

20 Der Simulation von Ähnlichkeit durch drastische, dramatische Situationen entspricht Gotthold Ephraim Lessings Minimaldefintion für Mitleiden, *siehe Hamburgische Dramaturgie*, Hamburg, Bremen, 1767.

Hand, weiß sich aber zugleich an einem öffentlichen Ort. Vielleicht ist ihm die Aufmerksamkeit, die er erregt hat, peinlich. In diesem Fall wird er den Schmerz in der Hand herunterspielen, den er vor Schreck und Scham vielleicht noch nicht einmal richtig gespürt hat. Er könnte versuchen, das Glas schnell aufzuheben, während er mit den Kellnern redet, wobei er womöglich weiter Blut verschmiert. Vielleicht will er jemand anderem die Schuld geben, um von sich abzulenken, denn wer hat diesen Stuhl in seinen Weg gestellt? Oder vielleicht ist er vor allem um seinen Tischgenossen besorgt, möglicherweise ein wichtiger Geschäftspartner. Oder es könnte ihm durch den Kopf gehen, dass ihm ähnliche Unfälle vor kurzem mehrfach passiert sind, dass seine Geschwister ihn früher wegen seiner Ungeschicktheit aufgezogen haben oder dass er zum Arzt gehen sollte, hatte er doch etwas von Parkinson gelesen.

Der empathische Beobachter dagegen ist wohl weniger durcheinander und kann die Situation in die eine oder andere Richtung schnell auflösen. Dabei kann es dem Beobachter um die Versorgung der Verletzung gehen oder aber um die Auflösung der leicht peinlichen sozialen Szene. Der Beobachter fühlt also vielleicht unwillkürlich den Schmerz in der Hand, den der andere selbst kaum registriert. Und der Beobachter sieht auch die soziale Szene klarer, kann das Mißgeschick zugleich als harmlos einstufen.

In beiden Fällen plant der Beobachter wohl umstandsloser, wie die Situation aufgelöst wird oder werden sollte. Im Fall der Wunde geht es schlicht um die adäquate Behandlung, im Fall der sozialen Szene um eine schnelle Rückkehr zur Normalität. Der Mensch in der Situation ist vermutlich weniger zielgerichtet, weil er durch zu viele Stimuli auf einmal aufgeregt wird. Vielleicht verschafft er sich Luft, indem er den Kellner anschimpft, dass der Stuhl falsch gestanden habe, und macht damit alles nur schlimmer. Der Weg aus der Situation heraus ist ihm weniger klar.

Dieses etwas umständliche Beispiel zeigt, dass der Mit-Erlebende nicht einfach nur fühlt, was der andere fühlt. Er fühlt mehr und weniger. Das Mit-Erleben besteht in einer emotionalen und kognitiven Reaktion auf die Situation des anderen und die mit ihr verbundenen Emotionen.[21] In der Mit-Erfahrung nimmt man die

21 Natürlich umfasst der Begriff des Kognitiven auch Emotionen; insofern ist es unnötig, hier von »emotionalen und kognitiven« Reaktionen zu sprechen. Doch da wissenschaftliche Darstellungen immer wieder eine Differenz aufmachen und

Position eines anderen ein (oder wird unwillkürlich imaginär in sie hineinversetzt), reagiert dann mental auf die direkt beobachtete, aber auch die darüber hinausgehende imaginierte Situation und projiziert die künftige Entwicklung der Situation. Die Situation wird *vorgestellt* in dem Sinne, dass man sie vor sich stellt. Sie ist insofern durchaus real, nicht schlicht imaginär, auch wenn es der andere ist, der sich »real« in ihr befindet. In vielen Fällen werden die tatsächlichen Gefühle des Menschen in der Situation und die des empathischen Beobachters ähnlich sein, viele der basalen Emotionen etwa könnten simuliert werden. Manche starke Emotion ist zudem schon Teil der Situation, weil sie unmittelbar zu ihr gehört. Doch gibt es daneben eine weite Spannbreite an Differenzen zwischen den Wahrnehmungen, Emotionen sowie vergangenen Erfahrungen und Plänen des Menschen in der Situation und denen des empathischen Beobachters.

Natürlich sieht der empathische Beobachter nicht in jedem Falle einen klaren Weg in die Zukunft. Wenn ein mir Nahestehender in Not ist, kann auch ich darüber verzweifeln, dass die glückliche Zukunft derzeit verstellt ist. Das Fehlen eines Weges verstärkt das Leiden. Doch auch in diesem Fall hat der Außenstehende in der Regel eine klarere Sicht als der Mensch in der Situation, da auch diese Schwierigkeit bzw. Hoffnungslosigkeit ihm vor Augen steht.

Eine der Konsequenzen dieser Auffassung von Empathie besteht darin, dass wir vermuten müssen, eine gewisse Lebenserfahrung gehöre zu ihren Voraussetzungen. Mit-Erleben wird möglich, weil man Situationen versteht, sich in sie versetzen kann und von den Situationen aus zu einem Blick in die Zukunft in der Lage ist. Kinder können dies durchaus auch leisten, doch ihr Repertoire ist eingeschränkter. Märchen und andere Geschichten können ein Repertoire von Situationen narrativ einüben und künftige Reaktionen projizieren. Zu viel Lebenserfahrung kann aber auch ins Gegenteil umschlagen. Wer in jeder Situation schon ihre Auflösung voraussieht, ist weniger involviert.

»kognitiv« schlicht als kalten rationalen Prozess mißcharakterisieren, werden hier und im Folgenden der Klarheit halber beide Begriffe aufgeführt.

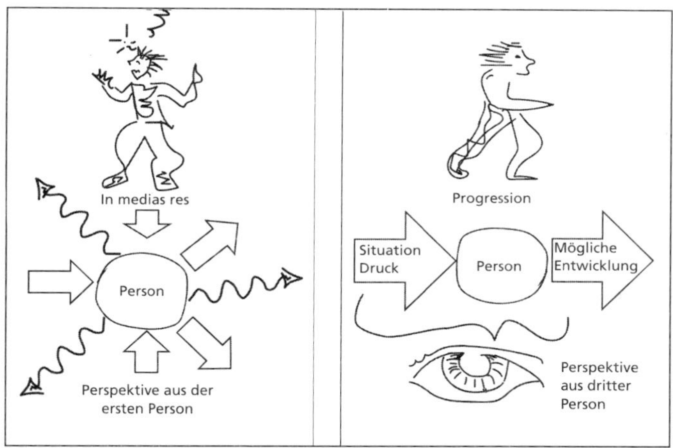

Abb.: Selbst-Wahrnehmung und Wahrnehmung durch einen Dritten (Empathie). Der Beobachter übersetzt die unklare Situation des Beobachteten dabei typischerweise in eine zeitliche Abfolge und Problemlösung.

Ein weiterer Faktor des Mit-Erlebens besteht in dem unterstellten Selbst-Interesse oder Eigennutz[22] des anderen. Wer sich in die Situation eines anderen aus dessen Perspektive versetzt, blickt damit auch in eine noch unentschiedene und also offene Zukunft. Diese Zukunft muss eine gewisse Dringlichkeit haben, denn sonst ist die Situation des anderen wenig interessant und wird auch weniger empathische Aufmerksamkeit auf sich ziehen. Das unterstellte Selbst-Interesse des anderen fundiert die Erfahrung des empathischen Beobachters, da es ihm einen Vergleichsmaßstab gibt (etwa: »Ist die Situation gut oder schlecht?«) und einen Maßstab zur Bewertung der möglichen künftigen Entwicklungen (»Was ist wünschenswert und was nicht?«). Selbst-Interesse ist dabei sicherlich nicht eindeutig und universell gleich ausgeprägt. Es gibt vielfältige Standards, was im Interesse eines Menschen sein kann (emotiona-

22 Das englische »self-interest« ist im Gegensatz zum deutschen »Eigennutz« wertneutral. Daher soll hier der Begriff des Selbst-Interesses betont werden, vgl. Kelly Rogers (Hg.), *Self-Interest: An Anthology of Philosophical Perspectives from Antiquity to the Present*, London: Routledge, 2014.

les Wohlbefinden, tiefe Erfahrung, ökonomischer Reichtum, Aufmerksamkeit, Ruhm etc.).

Wir können nun unsere Defintion von Empathie genauer fassen: Empathie besteht im Mit-Erleben mit einem anderen, wobei sich der empathische Beobachter in die Situation des anderen versetzt sieht und diese Situation zumindest mit einem minimalen Aspekt von Selbst-Interesse aus der Perspektive des anderen betrachtet sowie emotional erlebt. Eine direkte Simulation von Gefühlen und Empfindungen ist nicht notwendig Voraussetzung oder Resultat dieses Prozesses. Empathie führt zudem nicht notwendig zu einem Einsetzen für den anderen. Die Ausnahmen, Sonderfälle und Einsprüche zu letzterem Zusatz sind Thema dieses Buches.

2. Die dunklen Seiten der Empathie. Ein Überblick

Von hier aus können wir nun bereits eine erste Übersicht über die These des Buches für einen ungeduldigen Leser wagen. Das Buch sieht die Bedrohungen, die von der Empathie ausgehen, vor allem in fünf Tendenzen. Die Übersicht entspricht der Anordnung der Kapitel des Buches.

I. Empathie kann zum Selbstverlust führen. Mithilfe von Friedrich Nietzsche werden die Prämissen und Konsequenzen von »Selbst« und »Selbstverlust« erörtert. Dies führt zu einer Diskussion neuer statistischer Daten, die anzeigen, dass Empathie heutzutage möglicherweise am Abnehmen ist.

II. Empathie tendiert zu einem Schwarz-Weiß- bzw. Freund-Feind-Denken. Konflikte können nicht trotz, sondern aufgrund von Empathie eskalieren, da Menschen Partei ergreifen und die gewählte Seite empathisch beschönigen. Die Kapitel erötern die Architektur von Empathie, Empathie-Blockaden sowie einige strukturelle Zusammenhänge von Empathie und Moral. Vielleicht handeln wir nicht moralisch, weil wir Empathie empfinden, sondern moralisieren, weil wir vorschnell empathisch Partei ergreifen. Auch eine Fallstudie eines Schulversuchs in Nordirland wird uns beschäftigen.

III. Empathie wird regelmäßig mit bloßer Identifikation verwechselt und dann falsch deklariert. Statt mit einem notleidenden Menschen mitzufühlen, identifiziert man sich etwa mit dem Retter und Helfer. Das fördert das Wohlbehagen des empathisierenden Menschen, aber auf Kosten des Menschen in Not. Diskutiert werden unter anderem die Frage der Entwicklungshilfe und die Flüchtlingspolitik von Angela Merkel.

IV. Es ist wohl keine Ausnahme, daß Menschen den Schmerz anderer empathisch genießen können. Der empathische Sadismus umfasst dabei nicht nur Handlungen von sogenannten Psychopathen, sondern auch das Strafen und viele leider alltägliche Verhaltensformen wie das Demütigen, Herabsetzen oder Bloßstellen. Es wird erwogen, inwiefern ein Sadist den Schmerz eines anderen wünscht oder herbeiführt, um mit ihm mitfühlen zu können.

V. Eine andere moralisch gefährliche Variante von Empathie findet sich in den Formen des Vampirismus, wenn ein Mensch mittels anderer sein Erleben zu erweitern sucht. Ein derartiger Vampirismus kann sich bei Helikopter-Eltern und Bühnen-Müttern finden, die in ihren Zöglingen erleben wollen, was ihnen vielleicht selbst abgeht.

Abschließend wird die Frage aufgegriffen, ob Empathie unter diesen Umständen gelehrt und gelernt werden sollte. Die Antwort lautet: ja, aber weniger zur direkten Verbreitung von Moralität, sondern aus Gründen der Komplexitätssteigerung. Unsere Wahrnehmung sozialer Situationen wird genauer und vielfältiger, wenn wir die emotionalen Perspektiven vieler Beteiligter teilen.

Es gibt natürlich noch andere dunkle Seiten der Empathie, die hier erwogen werden könnten. Empathie verausgabt. Darunter können Menschen in helfenden Berufen wie etwa Ärzte leiden.[23] Empathie eignet sich sehr gut zur Manipulation, was an einigen Stellen im Buch wie in den Kapiteln zur Parteinahme zur Sprache kommt. Auch hierzu könnte man mehr sagen. Zudem wird Empathie, wie bereits erwähnt, manchen der an sie gestellten Erwartungen nicht gerecht, wie dem akkuraten Verstehen anderer, dem gerechten Urteilen und der Moralität im Allgemeinen. Doch dies sind keine wirklichen dunklen Seiten von Empathie und überhaupt keine Effekte von Empathie, sondern schlicht begriffliche Fehleinschätzungen.

23 Siehe Ezequiel Gleichgerrcht und Jean Decety, »Empathy in Clinical Practice: How Individual Dispositions, Gender, and Experience Moderate Empathic Concern, Burnout, and Emotional Distress in Physicians«, in: *PLoS One* 8.4 (2013), e61526.

Jedes Buch und fast jedes Argument überzeichnet seine Sache. Im Falle dieses Buches handelt es sich um das, was man als Ästhetik der Empathie bezeichnen könnte, nämlich die Betonung der Klarheit in der Wahrnehmung. Wer Empathie empfindet, erhält Einsichten in andere Wesen. Dabei geht es weniger um die Frage, wie akkurat diese Einsichten sind, sondern erst einmal darum, dass die Gefühle des anderen zum Faktum werden, einsichtig erscheinen und auf eine je bestimmte Art und Weise wahrgenommen werden. Daraus kann sich ein Interesse an dieser Klarheit und Wahrnehmbarkeit bilden sowie an bestimmten Formen der Wahrnehmbarkeit. Wahrnehmbarkeit wird gewollt, gewünscht und zum Wert; selbst ein empathischer Sadist genießt und wünscht diese Einsehbarkeit des anderen. Die Schwarz-Weiß-Malerei erleichtert die Wahrnehmung ebenso wie die Bühnen-Sicht im Vampirismus. Dass dieses Buch derartige ästhetische Effekte nicht nur berücksichtigt, sondern besonders hervorhebt, kann wohl zugleich als eine Schwierigkeit und eine Chance verstanden werden.

3. Vier Ansätze der Empathie-Forschung

Als ich ein Student war, hat mich nichts so sehr fasziniert wie die methodischen Prämissen einer jeden Arbeit. Meine Annahme war, ganz im Geist der 1990er Jahre, dass die Ergebnisse dem Forscher, wenn er seine methodischen Annahmen und Vorgehensweisen erst einmal geklärt hat, wie von selbst zufliegen. Die methodische Perspektive bestimmt die Ergebnisse, dachte ich, und also lohnt sich der Streit eigentlich nur um sie. Heute, 20 Jahre später, scheint es mir genau umgekehrt zu sein: Angezogen werde ich von den Ergebnissen. Die Methoden, so scheint es mir nun immer häufiger, tanzen im Takt der Befunde und Ergebnisse. Ähnliches gilt für manche theoretischen Unterscheidungen, die zwar an sich berechtigt sein mögen, aber selten oder nie zum Zuge kommen. Über Methoden zu streiten, scheint mir nun häufig Zeitverschwendung zu sein. Erst wenn es Ergebnisse gibt, ist der Blick auf Methoden und feinere Unterscheidungen hilfreich, um zu verstehen, unter welchen Bedingungen diese sichtbar werden konnten.

Letzteres ist im Bereich der Empathie-Forschung in der Tat der Fall. Es liegen nicht nur einige, sondern sehr viele bemerkenswerte

Ergebnisse vor, die aber nicht alle zusammenpassen. Deshalb ist der Blick auf die Methoden notwendig, um zu verstehen, wie man je zu dem einen oder anderen Ergebnis kommen konnte.

Ziel des folgenden Überblicks ist nicht eine Darstellung des aktuellen Forschungsstands, sondern vielmehr eine Beschreibung, welche methodischen Ansätze zu welchen Auffassungen von Empathie führen und welche Art von Ergebnissen sie befördern. Vier Methoden sollen im Folgenden hervorgehoben werden:

1) Evolutionäre Erwägungen und Spekulationen.
2) Modellierungen des Verstehens anderer (Mind Readings, Theory of Mind).
3) Gehirnforschung mittels empirischer Messverfahren (fMRI).
4) Phänomenologische Ansätze.

1. Evolutionsbiologische Ansätze gehen von der Frage aus, welche Vor- oder Nachteile eine Eigenschaft oder Fähigkeit wie Empathie einer Tierart hinsichtlich ihrer Überlebenschancen beschert. Soziale Zusammenarbeit und soziale Intelligenz erweisen sich dabei als zentrale Faktoren des Erfolgs von Arten und Gruppen. Biologen fragen, was zur Zusammenarbeit innerhalb von Gruppen notwendig ist. Empathie kommt hier als Kandidat in Frage. Ein mit Empathie begabtes Wesen ist dazu in der Lage, die Bedürfnisse eines anderen wahrzunehmen und darauf zu reagieren. Besonders wichtig sind derartige Fähigkeiten bei der Aufzucht von Jungtieren. Reziproker Altruismus kann natürlich ebenfalls von Empathie angeregt werden, wenn ein Individuum dem anderen hilft und dadurch die Wahrscheinlichkeit von Gegenleistungen steigt. Derartiges Verhalten kann den Zusammenhalt der Gruppe fördern. Möglicherweise erlaubt Empathie dabei auch die Vergrößerung von Gruppen über Familienclans hinaus. Empathie kann zudem zur Deeskalierung von Konflikten beitragen. Dies beginnt damit, dass die Individuen etwa den Unterschied zwischen einem aggressiven Verhalten und einem Schubser aus Versehen verstehen. Eine unabsichtliche Tat sollte bei Wesen mit Empathie weniger häufig zu aggressiver Vergeltung führen. Es wird insofern gerne angenommen, dass Empathie und Kooperation sich wechselseitig befördern und vielleicht sogar bedingen.

Doch die Sache hat einen Haken: Die Fähigkeit zur Empathie verlangt anscheinend ein hohes Maß an Energie. Damit ein Gehirn andere Wesen simulieren, verstehen oder ihre Gefühle mitfühlen kann, muss der gesamte Energiehaushalt des Gehirninhabers auf die Ernährung eines vergrößerten Gehirns ausgerichtet sein.[24] Der Fokus auf das Gehirn wird, trotz einer Reihe von Vorteilen, insofern teuer erkauft und birgt eine Vielzahl von Nachteilen. Beim Menschen gehören zu den Nachteilen die Geburt vor der vollständigen Entwicklung des Gehirns und die langsame Enwicklung der Jungtiere zur Geschlechtsreife, die körperliche Schwäche im Vergleich zu vielen anderen Tieren ähnlicher Größe und der große Energie- und Nahrungsbedarf. Hinzu kommt, dass die möglichen Vorteile der Empathie für die Ausbildung von Kooperationsbereitschaft weniger deutlich ausfallen, als man hoffen könnte. Kooperation ist offensichtlich vielen Tierarten möglich, die, obwohl sie wenig oder keine Empathie zu haben scheinen, dennoch in Verbänden leben, Futtersuche koordinieren, Jungtiere gemeinsam beschützen und etwa mittels Lautäußerungen wichtige Ereignisse kommunizieren.

Die spezifische Fragestellung der Evolutionsbiologen bestimmt, wie sie Empathie definieren, wo sie Empathie suchen und was für Experimente sie entwickeln. Aus Sicht der Evolutionsbiologen verlangt Empathie einen kognitiven Akt *und* eine Handlung, die in der Regel dem anderen zugutekommt.[25] Denn damit Empathie sich als Überlebensvorteil erweisen kann, muss sie sich in tatsächlichem Verhalten niederschlagen. Säugetiere und vor allem Affen, die in sozialen Verbänden leben, sind der bevorzugte Forschungsgegenstand (aber auch Delfine, Elefanten, Hunde und seit kurzem gewisse Vögel). Daher sind manche Arten wie zum Beispiel der Orang-Utan, die uns als Menschenaffen zwar evolutionsbiologisch besonders nahestehen, aber eben nicht in Verbänden leben, lange Zeit ignoriert worden. Der Anthropozentrismus hat wahrscheinlich dazu beigetragen, dass uns fernstehende Arten wie Vögel und Oktopusse eher stiefmütterlich behandelt wurden. Von besonderem Interesse sind daneben natürlich auch Hunde, mit ihrer Sonderrolle als menschliche Begleiter seit mehr als 10 000 Jahren.

Natürlich kann Empathie als Verstehen der anderen auch der Konkurrenz zwischen den Individuen dienen. Doch ob dies der Spezies als ganzer zugutekommt, ist ungewiss, da dadurch immer

24 Robin Dunbar, »Neocortex Size as a Constraint on Group Size in Primates«, in: *Journal of Human Evolution 22* (1992), S. 469-93; auch Robin Dunbar, *Grooming, Gossip and the Evolution of Language*, Cambridge, Mass.: Harvard UP, 1997.

25 Daniel C. Batson, »The Empathy-Altruism Hypothesis: Issues and Implications«.

Gewinner und Verlierer entstehen. Die zwischenmenschliche Konkurrenz könnte aber zum Beispiel zu einem kognitiven Wettrüsten führen, das der Spezies trotz interner Reibungen in ihrer Umwelt Vorteile verschafft.

Ein Forschungsgegenstand von hohem Interesse ist das sogenannte altruistische Verhalten.[26] Berühmt sind Versuche, in denen zwei Individuen einer Art in Käfigen nebeneinanderstehen. In diesen Käfigen bekommen die Tiere Nahrung, etwa indem sie beide zusammen an einem Hebel ziehen. Ein anderer typischer Versuchsaufbau besteht darin, dass das eine Individuum nur bekommt, was es will, wenn das andere einen Knopf drückt, ohne dass Letzteres selbst einen Vorteil davon hätte. Das den Knopf drückende Individuum könnte sogar, je nach Versuchsaufbau, einen Nachteil haben, etwa wenn das Knopfdrücken schmerzhaft ist oder mit Arbeit verbunden ist. Die Frage bei diesen Versuchen ist, welche Tiere unter welchen Umständen bereit sind, für das andere Individuum zu handeln, zu arbeiten oder zu leiden.[27]

Besonders interessant an vielen evolutionsbiologischen Theorien ist der Handlungsfokus. Erst wenn mentale Prozesse sich in tatsächlichem Verhalten niederschlagen, werden sie relevant. Das ist auch für jemanden, der Menschen Empathie beibringen will, ein wichtiger Maßstab. Doch viele Aspekte der Kooperation sind nicht leicht zu beobachten, denn zahlreiche Reaktionen finden verzögert statt, und Intentionen sind nicht zu beobachten. Eine Schwierigkeit für jemanden, der etwas über menschliche Empathie herausfinden möchte, besteht auch darin, dass ein Begriff wie Kooperation nicht explizit Teil der direkten Selbstwahrnehmung und Erfahrung ist. Wir verwenden Empathie selten derart zielgerichtet, dass man sagen könnte: »Ich verwende jetzt Empathie, um besser mit anderen zu kooperieren«, oder: »Ich verwende jetzt Empathie,

26 Die philosophisch interessante Frage, ob es *echten* Altruismus geben kann und ob ein solcher biologisch sinnvoll sein könnte, soll hier offengelassen werden. Stattdessen werfen wir nur einen Blick auf die Frage des helfenden Verhaltens. Die Frage ist schlicht, ob Empathie, emotive Gestimmtheiten oder Überzeugungen zu angemessen helfendem Verhalten führen.

27 Kapuzineraffen sind bekannt für derartiges Verhalten, siehe Jennifer L. Barnes, Tyler Hill, Melanie Langer, Margaret Martinez und Laurie R. Santos, »Helping Behaviour and Regard for Others in Capuchin Monkeys (Cebus apella)«, in: *Biology Letters* 4, Nr. 6 (2008), S. 638-640.

um unsere Gruppe zu vergrößern«. Die mentalen Prozesse und das Bewusstsein anderer Tierarten liegen für uns bisher noch viel mehr im Dunkeln.[28]

Offensichtlich sind die vielen Beschränkungen, Schwierigkeiten und Herausforderungen, die sich bei dem Versuch ergeben, mittels evolutionsbiologischer Ansätze Aufschlüsse über menschliche Empathie zu gewinnen. Vieles ist hier ungewiss. Statt der langsamen evolutionären Entwicklung sehen wir lediglich die momentan bestehenden Arten. Es ist daher unklar, ob Empathie (in einer ihrer Formen) selbst ein wichtiger Faktor von Evolution ist bzw. war oder nur ein Nebeneffekt anderer Fähigkeiten. Im Falle des Menschen kommt die sprachliche Kommunikation als wichtiger Faktor der Entwicklung in Frage – und nicht zuletzt auch von Empathie selbst. Bereits wenn wir Handlungen anderer Menschen mitteilen, werden diese als autonome Wesen dargestellt und zugleich verständlich. Vor der eigentlichen Kommunikation mit Zeichen steht zudem möglicherweise die geteilte Aufmerksamkeit. Michael Tomasello und seine Mitarbeiter haben die These vorgebracht, dass Gesten des Zeigens Vorläufer der Kommunikation sind.[29] In diesen Gesten koordinieren zwei oder mehr Wesen ihre Aufmerksamkeit in Bezug auf einen Gegenstand. Das ist nicht Empathie und verlangt auch keine tiefe Theorie über die Andersheit des anderen, impliziert jedoch Beobachtungen dessen, was der andere ins Auge fasst.

2. Aus der Evolutionsbiologie ist eine spezifische Fragestellung hervorgegangen, die sich inzwischen in einem eigenen Forschungszweig verdichtet hat. Einige Affenforscher, angefangen mit Emil Menzel,[30] David Premack und Guy Woodruff,[31] haben gefragt, ob ein Menschenaffe verstehen kann, dass ein anderer seine eigenen Ansichten nicht teilt, d. h., ob ein Menschenaffe Einblick in das

28 Vgl. aber Colin Allen und Marc Bekoff, Species of Mind: *The Philosophy and Biology of Cognitive Ethology*, Cambridge, Mass: MIT Press, 1999.

29 Michael Tomasello, *Die Ursprünge der menschliche Kommunikation*, Frankfurt/M.: Suhrkamp, 2009.

30 Vgl. Frans de Waal, »Empathy in Primates and other Mammals«, in: Jean Decety (Hg.), *Empathy. From Bench to Bedside*, Cambridge, Mass.: MIT Press, 2012, S. 87-106.

31 David G. Premack und Guy Woodruff, »Does the Chimpanzee have a Theory of Mind?«, in: *Behavioral and Brain Sciences* 1, Nr. 4 (1978), S. 515-526.

Denken eines anderen hat. Diese Frage ist unter dem Stichwort »Theory of Mind« berühmt geworden: Besitzt ein Schimpanse eine Theorie darüber, was der andere denkt und fühlt?

Als Versuchsanordnung dienen hier »false belief tasks«, in denen ermittelt wird, ob jemand versteht, dass der andere nicht weiß, was man selbst weiß. Zum Beispiel wird einer Gruppe von Kindern gezeigt, was sich in einer Smarties-Schachtel befindet, nämlich keine Smarties, sondern Bleistifte. Wenn nun ein neues Kind zu der Gruppe dazustößt, werden die anderen Kinder gefragt, was der neu Hinzugekommene denkt, was in der Schachtel sei. Sie lösen die Aufgabe, wenn sie nicht von ihrem Wissen auf das Wissen des neu Hinzugekommenen schließen und also die Situation des anderen berücksichtigen, so dass sie zu Recht »Smarties« sagen.[32] Die meisten Kinder können diesen Versuch im Alter von 4 Jahren lösen, doch andere, nicht an Sprachfähigkeit gebundene Versuchsanweisungen deuten darauf hin, dass Kinder eine Theory of Mind bereits wesentlich früher besitzen.[33] Schimpansen scheinen dieser Aufgabe mit anderem Versuchsaufbau in Konkurrenzsituationen ebenfalls gewachsen zu sein.[34]

Diese Versuchsanordnungen zeigen natürlich kein vollständiges Gedankenlesen oder »Mind Reading«. Stattdessen zielen sie auf die Einsicht, dass Wissen diskret ist und nicht von allen geteilt wird. Es geht um dabei schlicht um die Differenz des Wissensstandes zweier Individuen, aber nicht die genaue Erörterung seines Inhalts. Doch die Diskussion um die Komponenten der Theory of Mind hat zahlreiche Einsichten zutage gefördert. Erörtert wurden etwa Fragen wie: Drückt sich in der Theory of Mind die Grundfähigkeit zur Unterscheidung von Selbst und anderen aus? Geht es um die

32 A. Gopnik, J. W. Aslington, »Children's Understanding of Representational Change and its Relation to the Understanding of False Belief and the Appearance-Reality Distinction«, in: *Child Development* 59 (1988), S. 26-37.

33 Experimente, die nicht an Sprache gebunden sind, haben das Datum des Erwerbs einer Theory of Mind weit nach vorne geschoben, siehe Ágnes Melinda Kovács, Ernő Téglás und Ansgar Denis Endress, »The Social Sense: Susceptibility to Others' Beliefs in Human Infants and Adults«, in: *Science* 330 (2010), S. 1830-1834 und Andrew Meltzoff, »Understanding the Intentions of Others: Re-Enactment of Intended Acts by 18-Month-Old Children«, in: *Developmental Psychology* 31 (1995), S. 838-850.

34 Josep Call und Michael Tomasello, »Does the Chimpanzee have a Theory of Mind? 30 Years later«, in: *Trends in Cognitive Sciences* 12, Nr. 5 (2008), S. 187-192.

Fähigkeit der Einnahme der Perspektive des anderen? Steht hinter der Einnahme der Perspektive des anderen ein Mechanismus zum Teilen und Simulieren von Erfahrungen (dies wird meist als Simulation Theory verhandelt)? Oder zeigt sich in der Theory of Mind stattdessen das Ansammeln von Standardwissen darüber, was jemand unter bestimmten Umständen weiß und empfindet (dieser Ansatz ist unter dem Stichwort Theory Theory oder Volkspsychologie bekannt)?[35] Oder legen wir mentale Akten (*mental files*) an, mit denen wir Wissen Personen zuordnen? In welchem Maße ist das vergangene Erleben Voraussetzung für das Erkennen ähnlicher Situationen bei anderen?

Diese und ähnliche Fragen sorgen seit Jahrzehnten für eine intensive Diskussion, in der verschiedene Strategien zur Lösung von Theory-of-Mind-Problemen vorgebracht wurden, wie solche, die auf Simulation oder aber auf Alltagswissen aufbauen. Von besonderem Interesse sind dabei auch Autisten, die in vielen Fällen an den »false belief tasks« scheitern bzw. diese erst später im Leben lösen können als andere Menschen. Es wurde vermutet, dass Autisten schlecht im Simulieren seien und andere Menschen nicht als eigenständige Wesen registrieren könnten.[36] Diese Hypothese wurde als »Broken Mirror«-Theorie bezeichnet.[37] Allerdings könnten Autisten mittels des Ansammelns von Alltagswissen und Erfahrungen durch Verfahren der Deduktion später eine Theory of Mind entwickeln.[38]

Theory of Mind ist nicht identisch mit den weiter reichenden Bedeutungen von Empathie, insofern Theory of Mind im Kern auf

35 Siehe Peter Carruthers, »Simulation and Self-Knowledge: A Defence of Theory-Theory«, in: ders. und P.K. Smith (Hg.), *Theories of Theories of Mind*, Cambridge: Cambridge University Press, 1996, S. 22-38.

36 Zuerst von Simon Baron-Cohen, Alan M. Leslie und Uta Frith, »Does the Autistic Child have a ›Theory of Mind‹?«, in: *Cognition* 21, Nr. 1 (1985), S. 37-46.

37 Zur »Broken Mirror«-Theorie siehe die Zusammenfassung von Vilayanur S. Ramachandran und Lindsay M. Oberman, »Broken Mirrors: A Theory of Autism«, in: *Scientific American* 295, Nr. 5 (2006), S. 62-69. Diese Theorie hat inzwischen allerdings deutliche Kritik erfahren, siehe Ilan Dinstein, Cibu Thomas, Kate Humphreys, Nancy Minshew, Marlene Behrmann und David J. Heeger, »Normal Movement Selectivity in Autism«, in: *Neuron* 66, Nr. 3 (2010), S. 461-469.

38 Ansätze hierfür finden sich etwa in in Michele Tine und Joan Lucariello, »Unique Theory of Mind Differentiation in Children with Autism and Asperger Syndrome«, in: *Autism Research and Treatment* (2012), S. 1-11.

eine richtige Attribution von Wissen und mentalen Einstellungen des anderen zielt und emotionales Mitfühlen nicht oder nur am Rande betrifft. Dadurch ist der Begriff der Theory of Mind schärfer eingrenzbar und etwa mit »false belief tasks« empirisch prüfbar. Wie so oft generiert die empirische Beweisbarkeit dabei eigentlich erst die Konzeption. Man erhält bisweilen den Eindruck, dass die Überprüfbarkeit nicht nur Mittel der Untersuchung ist, sondern ihr eigentlicher Inhalt. Aus dem Blick geraten dabei die prinzipielleren Fragen, ab wann jemand den anderen als eigenständiges Wesen mit eigenen mentalen Prozessen begreift und was dies heißt.

Das, was getestet wird, nämlich ob jemand weiß, dass andere nicht wissen, was er weiß, wird zur Basisdefinition. Diese Konzeption wird dann analog auf Zustände, Intentionen, Vorstellungen, Wünsche und Ähnliches ausgeweitet. Wer über eine Theory of Mind verfügt, kann begründete Aussagen über andere machen wie: »Der andere denkt X über Gegenstand oder Person Y.« Oder: »Der andere denkt oder empfindet Z in Bezug auf diese Situation und wird daher wohl nicht A machen.« Die Belegbarkeit derartig konkreter Aussagen (die richtig oder falsch sein können, selbst wenn sie gut begründet sind) ist Teil der typischen Konzeption von Theory of Mind und verwischt den Blick auf die komplexere Frage, was es heißt, einen »Mind« zu haben oder in anderen einen zu entdecken.

Eine vielbeachtete jüngere Studie hat gezeigt, dass das Lesen hochwertiger literarischer Texte die Fähigkeit zur Theory of Mind verbessert (die Vergleichsgruppe las stattdessen minderwertige Beststeller).[39] Das Erzeugen einer Theory of Mind scheint ein intellektueller Prozess zu sein, der an sich ohne emotionale Wertung verfährt. Weder Gut- noch Böswilligkeit sind Teil der Theory of Mind. Als intellektueller Prozess kann Theory of Mind zum Helfen oder zum besseren Konkurrieren mit anderen eingesetzt werden. Es gibt keinen Genuss, der direkt aus der Entwicklung einer Theory of Mind gezogen werden könnte, und auch keine Bindung, die

39 Siehe David Comer Kidd und Emanuele Castano, »Reading Literary Fiction Improves Theory of Mind«, in: *Science* 342, Nr. 6156 (2013), S. 377-380. Auch andere Aspekte von Empathie werden durch das Lesen von narrativen Texten positiv beeinflusst, siehe Matthijs Bal und Martijn Veltkamp., How does Fiction Reading Influence Empathy? An Experimental Investigation on the Role of Emotional Transportation«, in: *PloS One* 8.1 (2013), e55341.

zwischen zwei Wesen entsteht. Es gibt auch kein Risiko. Man lernt schlicht etwas mehr über den anderen.[40]

Sowohl Philosophen als auch Informatiker greifen die Konzeption der Theory of Mind gerne auf, da diese Form von intellektueller Empathie sich in der Fähigkeit zu begründeten Annahmen und Aussagen ausdrückt. Insofern eignet sich die Theory of Mind auch als Element des Maschinenlernens, der Artifical Intelligence, und damit zudem theoretisch für viele moralische Entscheidungen.[41]

3. Wir erleben seit einigen Jahren sprunghafte Verbesserungen in den Verfahren des Messens von Gehirnaktivitäten. Vor allem die bildgebenden Verfahren haben sich rasant verbessert. Mittels von fMRI oder MRI wird der Sauerstoffgehalt im Blut gemessen und in den Gehirnregionen lokalisiert. Die leitende Annahme ist, dass die stark durchbluteten Gehirnregionen aktiviert sind und zur Verarbeitung von Informationen oder anderen Prozessen eingesetzt werden. Es zeigt sich dabei, dass verschiedene Menschen durchaus starke Differenzen in den Routinen ihrer Gehirnaktivät aufweisen, sich aber zugleich deutliche Muster abzeichnen. Insgesamt wird meist komparativ gearbeitet. Alle Versuchsteilnehmer bekommen den gleichen Stimulus. So kann die Reaktion auf den gleichen Stimulus gemessen werden, und es können etwa unterschiedliche Populationsgruppen miteinander verglichen werden.

Mittels MRI kann in »Echtzeit« gemessen werden. Allerdings dürfen sich die Personen im Scanner selbst nicht bewegen, sondern müssen sich mit fixiertem Kopf liegend in eine riesige, dröhnende Metallröhre schieben lassen, die unter Verbrauch gigantischer Strommengen ein elektromagnetisches Feld erzeugt. Auch für Versuchsteilnehmer ohne Klaustrophobie ist das gewöhnungsbedürftig. Bei Empathie-Studien erhalten die Versuchsteilnehmer typischerweise akustische Signale oder Videoaufzeichnungen eingespielt. Es wird also etwa eine Geschichte vorgelesen, ein lesbarer Text projiziert oder eine Filmsequenz gespielt. Die Versuchsteilnehmer können sich dabei keinesfalls in das Geschehen einschalten

40 Allerdings werden wir in Kapitel IV der Frage nachgehen, ob in manchen Fällen in der richtigen Voraussage der Emotionen eines anderen ein Lustgewinn liegen kann; empathische Sadisten können möglicherweise in der richtigen Vorhersage der Schmerzen und Emotionen eines anderen einen solchen Lustgewinn erleben.

41 See Wendell Wallach und Colin Allen, *Moral Machines. Teaching Robots Right from Wrong*, Oxford und New York: Oxford UP, 2008.

und dürften sich der Künstlichkeit der Apparatur stets bewusst sein.

In Bezug auf Theory of Mind kann nun etwa gemessen werden, ob verschiedene Menschen beim Lösen eines »false belief task« ähnliche Hirnareale aktivieren und in eine Routine einbauen. Das scheint zwar der Fall zu sein, aber ob diese Areale nun spezifisch für die Theory of Mind sind oder auch für andere Denkprozesse eingesetzt werden, ist umstritten.[42]

Dabei hat sich als Arbeitshypothese durchgesetzt, dass ein empathisches Gehirn ähnliche Routinen von Aktivierungsmustern durchläuft wie das Gehirn des Menschen, der beobachtet wird. Dies gilt sowohl für Handlungen als auch für Emotionen und Affekte wie Schmerz.[43] Wenn ein Mensch beobachtet wird, der eine bestimmte Emotion zeigt, dann wird erwartet, dass auch der Beobachter die Gehirnareale aktiviert, die mit dieser Emotion verknüpft sind. Man spricht dabei von einem »Teilen« (*sharing*) des Affekts. Allgemeiner gesagt wird angenommen, dass die Codierungen im Gehirn beim Handeln und beim Beobachten (dieser Handlungen) ähnlich sind. Das Modell wird meist als »perception action coupling«, »perception action model« oder auch »common coding theory« (Wolfgang Prinz) bezeichnet.[44] Ansätze dieser Idee, aber damals noch weitgehend ohne empirische Belege, finden sich bereits bei Eduard Beneke, Hermann Lotze und William James.

Eine ähnliche Verarbeitung von Handlung und Beobachtung hat den Vorzug der Ökonomie in der Gerhirnarchitektur, da Verdoppelungen vermieden werden. Eine der Vorhersagen dieses Modells besteht darin, dass ein Mensch, dem die Fähigkeit abgeht, eine basale Emotion zu empfinden, diese Emotion auch nicht bei anderen wahrnehmen kann. Diese Vermutung wurde in einigen Fällen, wie der Wahrnehmung von Ekel, bestätigt, aber nicht in al-

42 Jean Decety und Claus Lamm, »The Role of the Right Temporoparietal Junction in Social Interaction: How Low-Level Computational Processes Contribute to Meta-Cognition«, in: *The Neuroscientist* (2007), S. 580-93.

43 Zur Übersicht Jean Decety, »Human Empathy«, in: *Japanese Journal of Neuropsychology* 22 (2006), S. 11-33.

44 Wolfgang Prinz, »Modes of Linkage between Perception and Action«, in: ders. (Hg.), *Cognition and Motor Processes*, Berlin, Heidelberg: Springer, 1984, S. 185-193. Vgl. auch Wolfgang Prinz, *Selbst im Spiegel. Die soziale Konstruktion von Subjektivität*, Berlin: Suhrkamp, 2016.

len Fällen.[45] Interessant sind natürlich auch Fälle, in denen jemand selbst eine Aktivität ausführt und zugleich andere beobachtet. Man darf sich fragen, wie in solchen Fällen sortiert wird.

Das »perception action coupling« sollte nicht mit den Spiegelneuronen verwechselt werden. Als diese Neuronen 1993 entdeckt wurden, gab es große Erwartungen, dass in ihnen eine neuronale Basis von Empathie gefunden wäre. Doch inzwischen sind die meisten Forscher wesentlich skeptischer.[46] Das Durchlaufen vollständiger Routinen von Handlung und von Beobachtung gemäß des »perception action coupling« scheint vielen Forschern derzeit aussichtsreicher zu sein. Welche Rolle die Spiegelneuronen dabei spielen könnten, etwa als Anstoß, ist unklar.

Zu den vielen Einsichten, die wir den bildgebenden Verfahren wie fMRI verdanken, gehört die Differenz zwischen den Geschlechtern. Tania Singer und ihre Kollegen haben in den meisten Situationen ähnliche Reaktionen bei Männern und Frauen registriert. Eine Differenz stellte sich allerdings beim Strafen ein: Beim Bestrafen von Unschuldigen reagierten Männer und Frauen empathisch, also durch eine Aktivierung von Schmerzwahrnehmung. Wurde jemand körperlich bestraft, der zuvor zum Beispiel bei einem Spiel betrogen hatte, wiesen die weiblichen Versuchspersonen durchaus ein »empathisches« (also schmerzempfindenes) Gehirn auf, wenn auch schwächer als bei unschuldigen Bestraften. Die Männer dagegen zeigten tendenziell deutlich verminderte empathische Gehirnaktivität und stattdessen eine Aktivität in dem Bereich des Gehirns, welcher beim Empfinden von Genugtung und Belohnung anspringt.[47] Die Differenz ist ebenso bemerkenswert wie der Gesamtbefund: In allen anderen Fällen wurde bisher keine fundamentale Differenz zwischen Mann und Frau in empathie-relevanten Situationen registriert.

Die Definition von Empathie, die derartige Studien leitet bzw. aus ihnen resultiert, zielt auf die große Ähnlichkeit zwischen der Gehirnaktivität bei dem Handelnden (Fühlenden) und der beim

45 Siehe erneut Jean Decety, »Human Empathy«.

46 Vgl. Gregory Hickok, *The Myth of Mirror Neurons: The Real Neuroscience of Communication and Cognition*, New York: W.W. Norton, 2014.

47 Tania Singer, Ben Seymour, John P. O'Doherty, Klaas E. Stephan, Raymond J. Dolan und Chris D. Frith, »Empathic Neural Responses are Modulated by the Perceived Fairness of Others«, in: *Nature* 439, Nr. 7075 (2006), S. 466-469.

empathischen Beobachter: Empathie besteht in der Simulation bzw. dem Teilen (*sharing*) der Gehirnaktivitäten des Beobachteten. Nicht als Empathie gelten dann intellektuelle Verstehensprozesse des Denkens oder Fühlens eines anderen. Das kann für Menschen gelten, die eine Situation bereits routiniert erleben (etwa Ärzte, Helfer), ebenso wie für eher rational kalkulierende Menschen. Autisten im sogenannten Asperger Spektrum, die ein Verständnis von anderen eher mittels eines Ansammelns von Alltagswissen gewinnen, hätten dann keine Empathie, aber eine Theory of Mind. Empathie umfasst in diesem Sinne auch nicht die Fälle, in denen jemand stoisch auf sein Leiden und seine Situation reagiert, der Beobachter aber Affekte empfindet, die dem Leiden oder der Situation angemessen wären. Fälle, in denen der Beobachtete seine Situation anders wahrnimmt als der Beobachter oder seine Situation nicht erkennt, gelten gemäß dieser Definiton nicht als Empathie, sondern etwa als Effekte der Einbildungskraft und Sympathie. Sympathie wird mit dieser Definition klar von Empathie getrennt als eine affektive Reaktion zugunsten eines anderen in Not (wobei Sympathie aus Empathie hervorgehen kann).[48]

Soziale Gefühle sind für die Definition der Gehirnmessungen ebenfalls ein Problem. Soll jemand, der mit einem anderen Empathie empfindet, wenn dieser verliebt ist, nun ebenfalls den Dritten lieben?

Umgekehrt müssen aber manche Fälle, die eher problematisch sind, durchaus der Empathie zugerechnet werden. Dazu gehören die emotionale Ansteckung, das Schwarmverhalten und ähnliche nicht willentliche Reaktionen. Man müsste dann auch annehmen, dass lebhafte fiktionale Filme die Zuschauer hyperempathisch erregen, insofern dort besonders viel beobachtet und erlebt wird, auch wenn die Zuschauer im Leben selbst wenig Empathie und Sympathie zeigen.

Tatsächlich verwenden viele Hirnforscher ausgehend von der engen (aber konsequenten) Definition von Empathie als einem

48 Jean Decety und Thierry Chaminade definieren es so: »Sympathie ist eine affektive Antwort, die oft aus Empathie und aus Gefühlen der Sorge um die leidende oder hilfsbedürftige Person entspringt; dagegen steht das Fühlen derselben Gefühle wie die andere Person der Empathie näher.« Jean Decety und Thierry Chaminade, »Neural Correlates of Feeling Sympathy«, in: *Neuropsychologia* 41.2 (2003), S. 127-138, S. 127.

Teilen von Gefühlen einen eher elastischen oder schwammigen Begriff von Empathie, um diese Ausgrenzungen und Konsequenzen zu vermeiden. Oder sie sprechen von zwei Empathie-Systemen, um auch die Phänomene der Theory of Mind zu integrieren.[49]

Die Hirnforschung hat natürlich erstaunliche Befunde zutage gefördert. Eben deshalb ist es wichtig, sich über ihre Grenzen klar zu sein. Bereits erwähnt wurde die derzeitige Notwendigkeit der Immobilität der Versuchspersonen in den Geräten mit der größten Bildschärfe. Bisher gelten alle Ergebnisse nur für Laborversuche im Scanner und nicht für das Alltagsleben. Die Mehrzahl der untersuchten Fälle dieses Buches könnte mit den bisherigen Mitteln im Scanner wohl nicht verifiziert werden.

Auch die genausten Scanner liefern derzeit nur sehr grobe Bilder. Lange Zeit wurde von kaum mehr als 80 funktional differenzierten Gehirnarealen ausgegangen. Diese Differenzierung liegt allen hier vorgelegten Studien zugrunde. Im Juli 2016 wurde allerdings eine neue, verbesserte Karte des Gehirns vorgelegt, die von 180 funktional differenzierten Arealen ausgeht.[50] Es ist offensichtlich, dass damit manche vorangehenden Ergebnisse obsolet werden, da diese viele aneinandergrenzende Areale schlicht als zusammengehörig auffassten. Zu den für dieses Buch relevanten neuen Arealen zählt etwa die Wiederentdeckung der vergessenen Region 55b, die besonders dann aktiviert wird, wenn Menschen narrative Geschichten hören.

Auch mit den verbesserten Karten und Geräten werden jedoch nur allgemeine Durchblutungsmuster von Regionen gemessen. Wenn wir uns aber die Geschwindigkeit des Gedankenflusses und die Vielfalt der Gedankeninhalte vor Augen führen, müssen wir die Diskrepanzen erkennen. Es wird wohl nicht so kommen, dass wir aus den Bildern der Gehirnaktivität darauf schließen können, was jemand denkt und erlebt. Allerdings werden allgemeine Gefühlsmuster und Aktivitätsmuster von Bewegungs- und Wahr-

49 So etwa Simone G. Shamay-Tsoory, Judith Aharon-Peretz und Daniella Perry, »Two Systems for Empathy: A Double Dissociation between Emotional and Cognitive Empathy in Inferior Frontal Gyrus versus Ventromedial Prefrontal Lesions«, in: *Brain* 132.3 (2009), S. 617-627.

50 M.F. Glasser, Timothy Coalson, Emma Robinson, Carl Hacker, John Harwell, Essa Yacoub, Kamil Ugurbil et al., »A Multi-Modal Parcellation of Human Cerebral Cortex«, in: *Nature* 18933 (2016), S. 171-178.

nehmungsabläufen immer deutlicher erkennbar werden. Einfach gesagt, ob jemand im Scanner hohe Literatur oder weniger anspruchsvolle Texte liest und welche Spannungsbögen es gibt, müsste ebenso wie allgemeine Affektzustände erkennbar sein.[51] Aber welchen Text er liest und was er genau denkt, werden wir wohl nicht erfahren.

Eine andere grundsätzliche Einschränkung dieser Befunde betrifft die Trennung zwischen Gehirnreaktion und tatsächlichem Verhalten. Als Beispiel können wir die oben erwähnte Studie von Tania Singer und ihren Mitarbeitern anführen. Die Studie zeigt (wie die meisten ähnlichen Studien) große Ähnlichkeit in den empathischen Gehirnaktivitäten bei Männern und Frauen. Trotz ähnlicher Gehirnreaktionen bestehen aber vermutlich erhebliche Differenzen darin, wie Männer und Frauen Empathie *äußern*. Diverse kulturelle Einflüsse dürften hier zum Tragen kommen. Das Gehirn von Männern reagiert vielleicht ebenso empathisch wie das von Frauen, aber ob sie Menschen in Not ebenso oft helfen, ist damit nicht gesagt.[52] Fürsorge könnte in unseren Kulturen tendenziell Sache der Frauen sein. Umgekehrt könnte aber auch untersucht werden, ob Frauen zwar das *Vokabular der Empathie* häufiger benutzen als Männer, insofern die meisten westlichen Kulturen Empathie eher weiblich codieren, ob es aber nichtsdestotrotz gerade Männer sind, die empathischer *handeln* als Frauen, wenn sie sich unbeobachtet glauben. Die fMRI-Studien können uns hier wenig Aufschluss geben.

Manche Psychologen wie Daniel Batson haben ausgehend von den Befunden der Hirnforschung und verwandter Studien ihre Energie weniger auf Empathie selbst gerichtet als vielmehr auf die Fälle, in denen empathische Sorge zu helfenden und altruistischen Handlungen führt. Empathie wird dann verstanden als eine mentale Reaktion auf den emotionalen Stress des anderen, die zu einer

51 Siehe David Comer Kidd und Emanuele Castano, »Reading Literary Fiction Improves Theory of Mind«; zur Literatur auch Vera Nünning, »Cognitive Science and the Value of Literature for Life«, in: Hanna Meretoja, Saija Isomaa, Pirjo Lyytikäinen und Kristina Malmio (Hg.), *Values of Literature*, Leiden: Brill, 2015, S. 93-116.

52 Insofern ist die Hypothese, dass Frauen empathischer seien als Männer, nicht widerlegt, siehe dazu Sarah Hrdy Bluffer, *Mothers and Others*, Cambridge, Mass.: Harvard University Press, 2011.

fürsorglichen Handlung oder Haltung führt.[53] Doch damit ist bereits ein anderer methodischer Ansatz zum Einsatz gekommen.

4. Der vierte Ansatz der Empathie-Forschung ist zugleich der älteste.[54] Er soll hier als phänomenologische Methode bezeichnet werden. Phänomenologische Untersuchungen gehen von für menschliche Beobachter wahrnehmbaren Unterscheidungen aus.[55] Die Kernfragen einer phänomenologischen Untersuchung sind, wann, wie und unter welchen Umständen jemand mit einem anderen Wesen mit-erlebt. Phänomenologische Ansätze sind insofern besonders sensibel für einzelne Fälle und Fallgeschichten, in denen Empathie eine Rolle spielt.

Konkret heißt dies, dass die phänomenologischen Ansätze auch die Auslöser von Empathie im Einzelnen beobachten. Wie kommt es dazu, dass jemand empathisch auf eine Situation oder Beobachtung reagiert? Was in der Situation oder Beobachtung führt zur Aktivierung von Empathie, und worin besteht dann Empathie als Reaktion auf diese Situation?

Eine Konsequenz dieser Fragestellung besteht darin, dass der Auslöser von Empathie *als Bestandteil* von Empathie und empathischen Prozessen mitgedacht wird. Eine phänomenologische Betrachtung von Empathie erschöpft sich also nicht in der Kennzeichnung der Merkmale von Empathie, sondern berücksichtigt Verhaltensabläufe und Situationen, die ohne Empathie beginnen, dann aber zum »Einschalten« von Empathie führen und diese in andere Prozesse integrieren. Insofern ist Empathie in phänomeno-

53 Vgl. etwa Daniel Batson, »The Empathy-Altruism Hypothesis«, 2012.

54 Die Geschichte dessen, was wir heute Empathie-Forschung nennen, beginnt mit den Auseinandersetzungen der Poeten und Philosophen darüber, wie wir Anteil am Schicksal anderer nehmen. Von der *Poetik* des Aristoteles bis zu den intensiven Diskussionen über Ästhetik im 18. Jahrhundert (etwa Hume, Rousseau, Smith, Lessing, Herder) ist die Erörterung des Mitleidens (*pity*) zentrales Anliegen der Poetologie. Erst im Laufe des 19. Jahrhunderts und im frühen 20. Jahrhundert springt die Frage von der Ästhetik (Theodor Lipps) und Philosophie (Schopenhauer, Edith Stein) auf die empirische Psychologie im modernen Sinne über.

55 Vgl. zu einer phänomenologischen Untersuchung von Empathie neben dem vorliegenden Buch auch Dan Zahavi und Søren Overgaard, »Empathy without Isomorphism: A Phenomenological Account«, in: Jean Decety (Hg.), *Empathy. From Bench to Bedside*, Cambridge, Mass.: MIT Press, 2012, S. 3-20. Die großen Klassiker der phänomenologischen Empathie-Forschung sind die Texte von Max Scheler und Edith Stein.

logischer Betrachtung Erbe von Mitleid und Einfühlung, aus denen sie begriffsgeschichtlich hervorgegangen ist,[56] denn in diesen sind das Leiden oder der Gegenstand der Einfühlung zentral mitgedacht. Die Liste möglicher Empathie-Auslöser geht dabei über das Leiden und ästhetische Objekte hinaus.

Das vorliegende Buch wird zahlreiche Beispiele solcher Auslöser von Empathie erörtern. Zentral ist dabei die dreistufige Architektur der Empathie, die in Kapitel II vorgestellt wird. Ein wichtiger Auslöser von Empathie ist etwa die Beobachtung einer sozialen Spannung wie eines Streits oder Wettbewerbs, die die Beobachter zu spontaner Parteinahme verleitet. Phänomenologen beobachten die Abfolge von Bedingungen und Prozessen, die zu Empathie führen, und verfolgen auch die resultierenden Verhaltensweisen.

Wie oben bereits dargestellt, liegt die phänomenologische Definition von Empathie im Mit-Erleben. Das Mit-Erleben beginnt in dem Moment, in dem wir am Schicksal des anderen partizipieren. Diese Partizipation beinhaltet die emotionale Reaktion auf die Situation des anderen und das Erwägen oder auch affektive Antizipieren dessen, was dem anderen künftig widerfahren wird. Mit-Erleben ist insofern mehr als ein Teilen (*sharing*) der Gefühle und schließt auch den Blick auf die Zukunft ein. Frans de Waal, Primatologe und Pionier der Empathie-Forschung, hat in Analogie zu diesem Verständnis von Empathie, allerdings ohne die Zukunftsperspektive, den Vorschlag gemacht, Empathie als »Eins-Fühlen mit dem Zustand eines anderen« (»feeling one with another's state«) bzw. »Teilen des geistigen Zustands eines anderen mittels körperlicher Kommunikation« (»share in the other's state of mind via bodily communication«) zu definieren.[57]

Die unterschiedlichen Perspektiven, die von einem Beobachter eingenommen werden können, spielen eine wichtige, aber nach wie vor begrifflich schwierig zu fassende Rolle in phänomenologischen Ansätzen. Man kann die Situation eines anderen ja auch miterleben, ohne seine Perspektive zu teilen. Natürlich kommt es oft zum schnellen Wechsel der vom Beobachter eingenommenen Perspektive. Trotzdem ist zu betonen, dass in der Regel wohl nur eine Perspektive zur gleichen Zeit eingenommen werden kann. Diese

56 Nämlich als Übersetzung von ästhetischer »Einfühlung« ins Englische als »empathy«, siehe auch Kapitel II.

57 Frans de Waal, »Empathy in Primates and other Mammals«, S. 87, 86.

Einsicht ist nicht spezifisch für den phänomenologischen Ansatz. Auch Erwägungen zur Theory of Mind führen in diese Richtung. Die phänomenologische Methode ergänzt dies jedoch um die Einsicht, dass in der Perspektiveinnahme auch eine mögliche Bedrohung liegt, nämlich der Selbstverlust des empathischen Menschen. Dieser Gedanke wird in Kapitel I aufgegriffen und entfaltet.

Die Grenzen der phänomenologischen Methode bestehen notwendig in dem subjektiven Charakter einer jeden Beobachtung. Zwar ergeben sich intersubjektive Muster in den Auslösern von Empathie und ihren Verlaufsformen und Inhalten. Doch diese sind sowohl vom Beobachter als auch von der Kultur geprägt, innerhalb derer Menschen Empathie empfinden. Zu den Vorzügen der phänomenologischen Methode gehören dagegen gerade die Nähe zur individuellen Erfahrung und die Möglichkeit, zu beobachten, wie Empathie in andere Praktiken eingebunden ist. Zu ihren weiteren Nachteilen gehört, dass sie keine Aussagen über neuronale Prozesse treffen kann und nur wenige Verfahren der Verifzierung kennt. Ihre empirischen Daten entlehnt sie den anderen Ansätzen.

Dieser kurze Überblick soll hier zur Kennzeichnung der verschiedenen methodischen Ansätze und der aus ihnen resultierenden Definitionen und Forschungsanliegen genügen. Angedeutet sind damit auch einige der möglichen Vorstufen von Empathie. Je nach methodischem Ansatz kommen hier verschiedene Kandidaten in Betracht, wie die bereits hervorgehobene Trennung von Ich und anderen, das Erkennen von Gefühlen im anderen,[58] Selbstkenntnis[59] oder auch Sympathie. Es wird derzeit zudem etwa kontrovers diskutiert, inwiefern Selbstkontrolle eine spezifische oder nur eine allgemeine Voraussetzung von Empathie ist.[60]

58 Siehe dazu Abigail A. Marsh, »Empathy and Compassion: A Cognitive Neuroscience Perspective«, in: Jean Decety (Hg.), *Empathy. From Bench to Bedside*, Cambridge, Mass.: MIT Press, 2012, S. 191-205.

59 Vgl. Gordon G. Gallup und Steven M. Platek, »Cognitive Empathy Presupposes Self-Awareness: Evidence from Phylogeny, Ontogeny, Neuropsychology, and Mental Illness«, in: *Behavioral and Brain Sciences* 25.01 (2002), S. 36-37.

60 Nancy Eisenberg und andere Forscher haben den Vorschlag gemacht, dass es eine Verbindung zwischen Empathie und der Fähigkeit zur Selbstkontrolle gibt. Norma Feshbach hat zum Beispiel festgestellt, dass »die Kinder von empathischen Eltern dazu tendieren, mehr Selbstkontrolle zu zeigen«. Siehe Norma D. Feshbach, »Parental Empathy and Child Adjustment/Maladjustment« in: Nancy

Methodischer Ansatz	Evolutionsbiologie, Verhaltensstudien	Theory of Mind, Philosophie	Hirnforschung, Brain Imaging	Phänomeno-logie
Vorstufen	Emotionale Ansteckung; unwillkürliche Übertragung von Emotionen; Koordination von Gruppen	Trennung von Ich und anderen; Verstehens-prozesse; Selbst-kenntnis	Simulationen; starke Emotionen; emotionale Ansteckung; Imitation von Körper-haltungen	Aktives Ein-fühlen oder Identifikation; Mitleid; Transport in narrative und fiktive Welten; unwillkür-liches Partizi-pieren oder Simulieren
Form von Empathie	Kognitive Akte, die zu Kooperation (Altruismus) führen oder sich in Konkurrenz-verhalten äußern	Theory of Mind, Verstehen von Emotionen und Zuständen anderer	Ähnlichkeit der Gehirnaktivität von Beobachter und Beobach-tetem	Mit-Erleben der Situation des anderen
Emotion	Reaktion auf Emo-tionen	Verstehen von Emotionen	Kopieren, Teilen oder Simulieren von Emotionen	Nach- oder Mit-Empfin-den der Situa-tionen, die zu Emotionen führen
Tendenz	Prosoziales Verhalten (Helfen, Kooperieren)	Genaueres Verstehen des anderen	Neuronale Basis von Inter-subjektivität	Kulturelle Basis von Intersubjek-tivität
Beispiele von Studien	Analyse der Formen von Kooperation, Kommunikation und des Altruismus bei Primaten	Studien zum Autismus; Studien zur menschlichen Entwicklung	Muster im Teilen von Emotionen; Differenz der Geschlechter	Entsprechung ästhetischer Formen und Empathie (Katharsis, Anagnorisis)

Eisenberg und Janet Strayer (Hg.), *Empathy and Its Development*, Cambridge: Cambridge UP, 1987, S. 271-291, S. 286; June P. Tangney, Roy F. Baumeister und Angie Luzio Boone, »High Self-Control Predicts Good Adjustment, less Pathology, Better Grades, and Interpersonal Success«, in: *Journal of Personality* 72.2 (2004), S. 271-324; Nancy Eisenberg, Richard A. Fabes, Stephanie A. Shepard, Bridget C. Murphy, Ivanna K. Guthrie, Sarah Jones, Jo Friedman, Rick Poulin und Pat Maszk, »Contemporaneous and Longitudinal Prediction of Children's Social Functioning from Regulation and Emotionality«, in: *Child Development* 68, Nr. 4 (1997), S. 642-664. Siehe auch Jean Decety, »Dissecting the Neural Mechanisms Mediating Empathy«, in: *Emotion Review* January 3 (2011), S. 92-108. Manche Autoren haben hier schnell auf eine Kausalität geschlossen: Selbstkontrolle sei direkt mit Empathie verbunden und vielleicht ihre Voraussetzung. Denkbar ist aber auch eine viel lockerere Verbindung. Kinder, die mehr Selbstkontrolle haben, sind schlicht entspannter und brauchen nicht so viel Energie

Eine hilfreiche Übersicht über die unterschiedlichen Verwendungen des Begriffs »Empathie« hat Daniel Batson geliefert. Er unterscheidet insgesamt acht verschiedene Begriffe von Empathie und betont, dass sie sich vor allem in Hinsicht auf zwei Fragen differenzieren lassen, nämlich: woher wir wissen, was der andere denkt oder fühlt, und was jemanden dazu veranlasst, fürsorglich auf einen anderen zu reagieren.[61]

Die vier hier vorgestellten Ansätze liefern auch eine Einschätzung meines oben berichteten Erlebnisses als Jugendlicher, bei dem ich mich plötzlich und unwillkürlich in die Position eines Schauspielers versetzt sah. Keiner der vier methodischen Ansätze würde meine Erfahrung als Empathie gelten lassen. Doch jede der Methoden könnte darin Aspekte einer Vorstufe erkennen. Mit Evolutionsbiologie und Hirnforschung könnte man von einem emotionalen Überspringen von Stress und Anspannung sprechen. Hier geht es noch nicht um eine entwickelte Theory of Mind (denn dann hätte ich ja verstanden, wie die Situation für einen Schauspieler aussieht), aber um ein Simulieren der Situation des anderen, ohne dessen Wissen. Phänomenologisch findet ein Hineinversetzen in die Situation des anderen statt, das aber die professionelle Vorbereitung des anderen unterschlägt und insofern die Situation verkennt.

zur Zähmung des inneren Systems. Das gibt ihnen mehr mentale Energie für andere, geistig mühsame Beschäftigungen wie zum Beispiel Empathie.
Jüngere Studien haben aber auch gewisse Zweifel über die positive Verbindung von Selbstkontrolle und Empathie angemeldet, vielmehr im Gegenteil eine Schwächung von Empathie bei höherer Selbstkontrolle beobachtet. In zwei Versuchen haben Teilnehmer die Ausübung von Selbstkontrolle bei anderen beobachtet. Die Versuchsteilnehmer, die die Perspektive der anderen (empathisch) eingenommen hatten, haben danach *weniger* Selbstkontrolle gezeigt als die Teilnehmer, die zuvor schlicht ohne Perspektivwechsel beobachtet haben; siehe Joshua M Ackerman, Noah J. Goldstein, Jenessa R. Shapiro und John A. Bargh, »You Wear Me Out: The Vicarious Depletion of Self-Control«, in: *Psychological Science* 20, Nr. 3 (2009), S. 326-332. Es ist unklar, wie diese Thesen in Übereinstimmung gebracht werden können. Vielleicht zeigt der letzte Versuch schlicht einen Erschöpfungseffekt: nach Selbstkontrolle bedarf es einer Entspannung (und nicht Empathie). Doch die Sachlage ist unklar. Wenn Erschöpfungsprozesse eine Rolle spielen, kann dies auch eine gegenteilige negative Korrelation von Selbstkontrolle und Empathie nahelegen.

61 Siehe zu einem Überblick auch Susanne Leiberg and Silke Anders, »The Multiple Facets of Empathy: A Survey of Theory and Evidence«, in: *Progress in Brain Research* 156 (2006), S. 419-440.

Diese vier Ansätze sind methodisch relativ genau zu trennen, ebenso wie ihre entsprechenden, wenn auch meist impliziten Definitionen von Empathie. Doch das heißt nicht, dass die Evolutionsbiologen, Philosophen, Psychologen, Pädagogen, Hirnforscher und Phänomenologen sich an diese Unterscheidungen halten. Der Primatologe Frans de Waal liefert, wie angedeutet wurde, aufbauend auf Befunden der Verhaltensforschung, Evolutionsbiologie und Hirnforschung, eine tendenziell phänomenologische Definition. Und auch dieses Buch wird die Befunde und Ergebnisse aus allen Bereichen versammeln, selbst wenn diese über die phänomenologisch erfassbaren Einsichten hinausgehen.

I. Selbstverlust

1. Der Gegensatz von Ich und Empathie (Nietzsche, *Jenseits von Gut und Böse*)

Schopenhauer, der Empathie unter dem Begriff des Mitleids ins Feld führt, hat sich wie kaum ein anderer Denker zu dessen Aufwertung verpflichtet gefühlt. Anders als fast alle Denker der letzten Jahrhunderte und insbesondere die des Deutschen Idealismus maßt er dem individuellen Ich und dessen Selbstbewusstsein keine systematisch tragendene Bedeutung bei. Er geht im Gegenteil von einer Sichtweise aus, der gemäß das emotional wie verstandesmäßig isolierte Ich nichts als eine eitle Illusion ist. Schopenhauer sieht im Einreißen der »Mauer zwischen Du und Ich«, also im Mitleid, das Ziel.[1] Zugleich betont er, dass dieses Einreißen nur kurzzeitig und in konkreten Akten der Einfühlung stattfindet. Für Schopenhauer sind die Illusion des Ich und das Mitleid mithin einander entgegengesetzt. Im Mitleid erblickt er eine Korrektur der Illusion des Ich. (Umgekehrt lässt die Architektur seines Denkens aber auch die Idee zu, dass es die Illusion des Ich mit all seinen Interessen und Erlebnisformen wie dem Neid ist, welche eine Art Schalter oder auch Filter darstellt, der Mitleid kontrolliert und unterbindet.)

Wie wir sehen werden, ist auch für Nietzsche das Ich nichts Gegebenes, sondern eine Art von Illusion. Und ebenso wird auch Nietzsche Mitleid und Ich antithetisch positionieren. Doch anders als Schopenhauer sieht Nietzsche dabei im Mitleid eine Gefahrenquelle.

Im Folgenden werden wir Nietzsches Position anhand eines kurzen Textes darstellen und in ihren Implikationen entfalten. Dies wird uns eine Annäherung an die schwierige Frage erlauben, was ein Ich oder Selbst sein kann (im Folgenden wird zwischen Ich und Selbst nicht weiter unterschieden). Was kann es bedeuten, sein Ich zu verlieren, wenn man in die Schuhe eines anderen schlüpft?

Die Rede ist von § 207 von *Jenseits von Gut und Böse.* Dort benutzt Nietzsche den Begriff des Mitleids nicht explizit (und natürlich ebenfalls nicht den erst 1909 von Titchener erfundenen

1 Arthur Schopenhauer, *Zur Ethik* (§ 211).

englischen Begriff »empathy« als Übersetzung der deutschen »Einfühlung«). Dennoch dreht die Diskussion sich sachlich genau um die Frage des intellektuellen und mitfühlenden Verstehens von anderen Menschen. Der objektive Mensch, von dem dort die Rede ist, wird geprägt von der Wahrnehmungsfähigkeit. Ihre zentrale Form ist das, was wir heute Empathie nennen würden. Zudem endet der voraufgegange § 206 bei der Frage von »Mitleid« und dem Verstehen des anderen.[2] (Wir werden später sehen, dass Mitleid für Nietzsche ein Sonderfall von Empathie ist.)

Ich möchte den Abschnitt zunächst vollständig zitieren und dann im Detail analysieren:

> Wie dankbar man auch immer dem *objektiven* Geiste entgegenkommen mag – und wer wäre nicht schon einmal alles Subjektiven und seiner verfluchten Ipsissimosität bis zum Sterben satt gewesen! – zuletzt muss man aber auch gegen seine Dankbarkeit Vorsicht lernen und der Übertreibung Einhalt thun, mit der die Entselbstung und Entpersönlichung des Geistes gleichsam als Ziel an sich, als Erlösung und Verklärung neuerdings gefeiert wird: wie es namentlich innerhalb der Pessimisten-Schule zu geschehn pflegt, die auch gute Gründe hat, dem »interesselosen Erkennen« ihrerseits die höchsten Ehren zu geben. Der objektive Mensch, der nicht mehr flucht und schimpft, gleich dem Pessimisten, der *ideale* Gelehrte, in dem der wissenschaftliche Instinkt nach tausendfachem Ganz- und Halb-Missrathen einmal zum Auf- und Ausblühen kommt, ist sicherlich eins der kostbarsten Werkzeuge, die es giebt: aber er gehört in die Hand eines Mächtigeren. Er ist nur ein Werkzeug, sagen wir: er ist ein *Spiegel*, – er ist kein »Selbstzweck«. Der objektive Mensch ist in der That ein Spiegel: vor Allem, was erkannt werden will, zur Unterwerfung gewohnt, ohne eine andre Lust, als wie sie das Erkennen, das »Abspiegeln« giebt, – er wartet, bis Etwas kommt, und breitet sich dann zart hin, dass auch leichte Fusstapfen und das Vorüberschlüpfen geisterhafter Wesen nicht auf seiner Fläche und Haut verloren gehen. Was von »Person« an ihm noch übrig ist, dünkt ihm zufällig,

2 Weitere Argumente dafür, dass dieser Abschnitt wesentlich auf »Mitleid« und Empathie zielt bzw. alle Aussagen auf Empathie bezogen werden können, liefert die folgende Lektüre. Die Beispiele für das, was der objektive Mensch beobachtet, sind stets Wesen, Menschen und menschliche Handlungen. Als Nietzsche selbst später die These von *Jenseits von Gut und Böse* in wenigen Worten zusammenfasst, nämlich in *Ecce Homo*, stellt er mit deutlicher Anspielung auf § 207 »die berühmte ›Objektivität‹ zum Beispiel« parallel zum »›Mitgefühl mit allem Leidenden‹«. Friedrich Nietzsche, *Sämtliche Werke: kritische Studienausgabe* (kurz: KSA), hg. von Giorgio Colli und Mazzino Montinari, München: Deutscher Taschenbuch Verlag, 1988, Bd. 6, 351.

oft willkürlich, noch öfter störend: so sehr ist er sich selbst zum Durchgang und Wiederschein fremder Gestalten und Ereignisse geworden. Er besinnt sich auf »sich« zurück, mit Anstrengung, nicht selten falsch; er verwechselt sich leicht, er vergreift sich in Bezug auf die eignen Nothdürfte und ist hier allein unfein und nachlässig. Vielleicht quält ihn die Gesundheit oder die Kleinlichkeit und Stubenluft von Weib und Freund, oder der Mangel an Gesellen und Gesellschaft, – ja, er zwingt sich, über seine Qual nachzudenken: umsonst! Schon schweift sein Gedanke weg, zum *allgemeineren* Falle, und morgen weiss er so wenig als er es gestern wusste, wie ihm zu helfen ist. Er hat den Ernst für sich verloren, auch die Zeit: er ist heiter, *nicht* aus Mangel an Noth, sondern aus Mangel an Fingern und Handhaben für *seine* Noth. Das gewohnte Entgegenkommen gegen jedes Ding und Erlebniss, die sonnige und unbefangene Gastfreundschaft, mit der er Alles annimmt, was auf ihn stösst, seine Art von rücksichtslosem Wohlwollen, von gefährlicher Unbekümmertheit um Ja und Nein: ach, es giebt genug Fälle, wo er diese seine Tugenden büssen muss! – und als Mensch überhaupt wird er gar zu leicht das caput mortuum dieser Tugenden. Will man Liebe und Hass von ihm, ich meine Liebe und Hass, wie Gott, Weib und Thier sie verstehn –: er wird thun, was er kann, und geben, was er kann. Aber man soll sich nicht wundern, wenn es nicht viel ist, – wenn er da gerade sich unächt, zerbrechlich, fragwürdig und morsch zeigt. Seine Liebe ist gewollt, sein Hass künstlich und mehr un tour de force, eine kleine Eitelkeit und Übertreibung. Er ist eben nur ächt, so weit er objektiv sein darf: allein in seinem heitern Totalismus ist er noch »Natur« und »natürlich«. Seine spiegelnde und ewig sich glättende Seele weiss nicht mehr zu bejahen, nicht mehr zu verneinen; er befiehlt nicht; er zerstört auch nicht. »Je ne méprise presque rien« – sagt er mit Leibniz: man überhöre und unterschätze das presque nicht! Er ist auch kein Mustermensch; er geht Niemandem voran, noch nach; er stellt sich überhaupt zu ferne, als dass er Grund hätte, zwischen Gut und Böse Partei zu ergreifen. Wenn man ihn so lange mit dem *Philosophen* verwechselt hat, mit dem cäsarischen Züchter und Gewaltmenschen der Cultur: so hat man ihm viel zu hohe Ehren gegeben und das Wesentlichste an ihm übersehen, – er ist ein Werkzeug, ein Stück Sklave, wenn gewiss auch die sublimste Art des Sklaven, an sich aber Nichts, – presque rien! Der objektive Mensch ist ein Werkzeug, ein kostbares, leicht verletzliches und getrübtes Mess-Werkzeug und Spiegel-Kunstwerk, das man schonen und ehren soll; aber er ist kein Ziel, kein Ausgang und Aufgang, kein complementärer Mensch, in dem das *übrige* Dasein sich rechtfertigt, kein Schluss – und noch weniger ein Anfang, eine Zeugung und erste Ursache, nichts Derbes, Mächtiges, Auf-sich-Gestelltes, das Herr sein will: vielmehr nur ein zarter ausgeblasener feiner beweglicher Formen-Topf, der auf irgend einen Inhalt und Gehalt erst warten muss, um sich nach ihm »zu gestalten«, – für gewöhnlich ein Mensch ohne Gehalt und Inhalt, ein »selbstloser« Mensch. Folglich auch Nichts für Weiber, in parenthesi. –[3]

Nietzsche bringt die Wahrnehmungsfähigkeit des Menschen hier in direkte Relation zu einer besonderen Vor- oder Zubereitung. Die Kernmetapher dieser Vorbereitung ist eine Verdünnung des Menschen:

> [...] und *breitet sich dann zart hin*, dass auch leichte Fusstapfen und das Vorüberschlüpfen geisterhafter Wesen nicht *auf seiner Fläche und Haut* verloren gehen [...].
>
> [...] sich glättende Seele [...].
>
> [...] Der objektive Mensch ist in der That ein Spiegel [...].

Diese Verdünnung ist die Bedingung dafür, dass der objektive Mensch, also der wahrnehmende Mensch, den Abdruck des anderen auffängt. Um rezeptiv zu sein, muss der Mensch seine eigenen Krusten und Störungen ausgleichen und sich entleeren oder glätten:

> [...] dass auch leichte Fusstapfen und das Vorüberschlüpfen geisterhafter Wesen nicht auf seiner Fläche und Haut verloren gehen [...].
>
> Was von »Person« an ihm noch übrig ist, dünkt ihm zufällig, oft willkürlich, noch öfter störend [...].
>
> [...] er ist [...] vielmehr nur ein zarter ausgeblasener feiner beweglicher Formen-Topf, der auf irgend einen Inhalt und Gehalt erst warten muss, um sich nach ihm »zu gestalten« [...].

Diese Metaphern implizieren, dass die Wahrnehmungsfähigkeit die Identität eines Menschen von Grund auf prägt. Gemäß diesen Passagen stimmt es also *nicht*, dass man die Dinge und andere Menschen schlicht mit einem sensuell-kognitiven Apparat wahrnimmt und diese Wahrnehmungen dann mit anderen psychischen Systemen als Information teilt. Vielmehr bedeutet wahrnehmen und erkennen, dass man sich *als Ganzes* für die Wahrnehmung und das Erkennen vor- und zubereiten muss. Man muss ein objektiver Mensch sein, muss ›rezeptiv‹ sein. Das heißt aber nicht, dass man ein ›rezeptives Ich‹ besitzt. Für Nietzsche wäre dies ein Oxymoron, ein Unding. Ein ›rezeptives Ich‹ kann es gemäß Nietzsche nicht geben.

3 Friedrich Nietzsche, KSA 5, S. 134-137.

Das Kerngeschäft des objektiven Menschen ist Wahrnehmung. Nietzsche scheint wie immer kompromisslos: Man kann nur wahrnehmen und erkennen, wenn dies das Hauptziel des Menschen ist. Zumindest kann der Mensch nicht zugleich wahrnehmend und expressiv sein. Wahrnehmungsfähigkeit hat einen Preis. Diese Unmöglichkeit, sowohl wahrzunehmen als auch sich auszudrücken, ist anscheinend nicht durch ein Nacheinander zu lösen, dergestalt, dass man in einem Augenblick andere beobachtet und wahrnimmt, in einem anderen aber sich seinerseits artikuliert und ausdrückt. Vielmehr schließt die Fähigkeit zur Wahrnehmung die Möglichkeit aus, dass man zu irgendeinem Zeitpunkt expressiv ist. Die Fähigkeit der Wahrnehmung, also des Mitgefühls und der Empathie, betrifft die Struktur der Persönlichkeit eines Menschen als Ganzes. Gemäß Nietzsche können wir als Menschen entweder wahrnehmend, objektiv und empathiefähig sein oder expressiv, kräftig und charakterstark.

Wahrnehmungsfähigkeit, Empathie hat ihren Preis. Zu den Kosten rechnete Nietzsche Folgendes:

> Seine Liebe ist gewollt, sein Hass künstlich und mehr un tour de force, eine kleine Eitelkeit und Übertreibung. Er ist eben nur ächt, so weit er objektiv sein darf: allein in seinem heitern Totalismus ist er noch »Natur« und »natürlich«. Seine spiegelnde und ewig sich glättende Seele weiss nicht mehr zu bejahen, nicht mehr zu verneinen; er befiehlt nicht; er zerstört auch nicht. [...] Er ist auch kein Mustermensch; er geht Niemandem voran, noch nach; er stellt sich überhaupt zu ferne, als dass er Grund hätte, zwischen Gut und Böse Partei zu ergreifen.

Der objektive, wahrnehmende, empathiefähige Mensch verliert mit der Ausdrucksfähigkeit die Möglichkeit, eine eigene Position zu beziehen. Er beurteilt die anderen nicht, sondern bleibt passiv. Diese Passivität besteht aber nicht allein darin, nicht zu handeln. Vielmehr ist es eine Passivität, die aus der Wahrnehmung hervorgeht. Wer wahrnimmt, so Nietzsche, kann nicht beurteilen. Ein Urteil abzugeben, hieße, dass man eine Position bezieht und Stärke zeigt. Ebendies ist aber ausgeschlossen für die Wahrnehmung des objektiven Menschen. Der objektive, also wahrnehmende Mensch kann nicht beurteilen, Stärke zeigen, führen, handeln oder Emotionen zeigen.

Nietzsches Argumentation besagt nicht, dass Empathie zu einer verengten Aufmerksamkeit führt, etwa solcherart, dass man nur mit einem sich selbst ähnlichen Menschen Empathie empfindet. Vielmehr argumentiert Nietzsche hier, dass der *habitus* der Wahrnehmung es dem Menschen unmöglich macht, eine eigene Position zu beziehen. Und ohne diese Fähigkeit, eine Position zu beziehen, gibt es kein Selbst oder Ich.

Die Identität des objektiven Menschen besteht mithin darin, keine Identität zu haben. Sie oder er ist (fast) nichts, hinterlässt keine Fußspuren, hat kein Selbst oder Ich. Das Ich des objektiven oder wahrnehmenden Menschen besteht genau darin, keine Identität zu haben, deren Wahrnehmung sich für einen anderen Menschen lohnen würde. Der wahrnehmende, objektive Mensch kann, weil er keine Identität oder kein Ich hat, selbst nicht Gegenstand von Wahrnehmung und Empathie werden.[4]

Empathie, so Nietzsche, verlangt, dass man selbstlos ist und auf einen Stimulus außerhalb des Ich wartet. Hier und an anderen Stellen insinuiert Nietzsche einen Dualismus von Ich und Ichlosigkeit des empathiefähigen Menschen. Manche Leser Nietzsches werden darin Echos von ähnlichen Dualismen in seinem Werk hören, wie etwa die von aktiv und passiv, männlich und weiblich, dem blonden Biest und dem verkrüppelten Weichling. Doch statt der Versuchung nachzugeben, diese möglichen Parallelen zu erörtern, bleiben wir hier bei dieser Passage von *Jenseits von Gut und Böse*.

Der Selbst- oder Ichverlust wird in § 207 fortwährend beschworen:

> [...] die Entselbstung und Entpersönlichung des Geistes [...].
>
> Was von »Person« an ihm noch übrig ist [...].
>
> Er besinnt sich auf »sich« zurück, mit Anstrengung, nicht selten falsch; er verwechselt sich leicht. [...] Er hat den Ernst für sich verloren [...].
>
> Der objektive Mensch ist [...] ein »selbstloser« Mensch.

Was genau ist dieses Ich oder Selbst, das der Mensch mit Empathie ablegt oder nie gehabt hat?

4 Der Typus des objektiven Menschen, so wie Nietzsche ihn hier beschreibt, steht dabei in sachlicher Nähe zu einem Typus des »wissenschaftlichen Selbst« im neunzehnten Jahrhundert, welchen Lorraine Daston und Peter Galison als »unermüdlichen Arbeiter« charakterisieren, »dessen starker Wille sich nach innen gegen sich selbst kehrt, um das Selbst auf eine passiv registrierende Maschine zu reduzieren«. Lorraine Daston, Peter Galison, *Objektivität*, Frankfurt/M.: Suhrkamp, 2007, S. 47.

Das Ich manifestiert sich in § 207 in seinen Handlungen oder Akten. Zu der Liste von derartigen Akten gehören lieben, hassen, zustimmen, ablehnen, beurteilen und herrschen. Die Betonung liegt also nicht auf physischen Handlungen, sondern auf solchen, die eine Wahl und Entscheidung beinhalten: es geht um Vorlieben (ja und nein sagen), Urteile (Entscheidungen zwischen gut und böse treffen) und Emotionen (Liebe oder Hass ausdrücken). Eine solche Entscheidung setzt keine ›freie Wahl‹ voraus (ein wichtiger Punkt für Nietzsche in der zweiten Abteilung von *Jenseits von Gut und Böse*). Stattdessen schließt jede dieser Entscheidungen einen Mitmenschen ein, und sie bezieht sich darauf, wie man sich zu ihm verhalten will. Handeln im Sinne von Nietzsche (weiterhin gemäß § 207) heißt, gegenüber einem anderen als Herrscher, Entscheider, vielleicht Tyrann zu agieren und dabei vielleicht von Leidenschaften mitgerissen zu werden. Von rationalem oder freiem Abwägen ist bei dieser Form des Handelns also nirgendwo die Rede.

Ein solcher Handelnder hätte ein starke Identität, ein Ich. Würde er andere beobachten, so darf man mit Nietzsche folgern, könnte er gar nicht anders, als zu loben, zu verdammen, zu lieben oder zu hassen. Seine Beobachtung wäre mithin genau nicht Sache der objektiven Wahrnehmung oder Empathie, sondern etwas ganz anderes: nämlich Ausdruck des Hassen, Zustimmens, Ablehnens, Beurteilen oder Liebens. Objektive Beobachtung und Empathie sind daher unmöglich für ein solches Ich, denn es muss sich ja in seinen Handlungen manifestieren. Das Ich kann andere nur dominieren und somit keine Empathie empfinden. Empathie würde das Ich dabei stören, ein Ich zu sein.

Hier kann man schnell sehen, wie Nietzsche den empathischen oder objektiven Menschen und das Ich an den entgegengesetzten Enden eines Spektrums verortet. Der empathische Mensch muss Selbstkontrolle üben, um nicht zu beurteilen oder Emotionen zu fühlen, um den anderen emotional und rational zu verstehen. Das Ich dagegen führt eben die impulsiven, starken Handlungen aus und trifft die Entscheidungen, die dem objektiven Menschen nicht möglich sind, kann also (und muss vielleicht) lieben, hassen, beurteilen.[5]

5 Heinz Schlaffer hat Nietzsches pathologische Aufwertung des Ich eingehend beschrieben; vgl. Heinz Schlaffer, *Das entfesselte Wort. Nietzsches Stil und seine Folgen*, München: Carl Hanser, 2007, S. 122-40.

Es scheint nun so, als würde der objektive oder empathiefähige Mensch sich in ebendie Handlungen einfühlen, die ihm selbst unzugänglich sind, nämlich die starken Handlungen, die den anderen zum Ich machen. Der selbstlose, objektive Mensch empfindet Empathie für das, was er aufgeben musste, um Empathie empfinden zu können: ein starkes Ich. Das heißt, ohne den vorherigen Akt der Verdünnung und der »Entselbstung« kann es keine Wahrnehmung des Selbst oder Ich der anderen geben.

Von diesen Beobachtungen aus können wir die erste Hypothese zu Nietzsches Argumentation über Empathie formulieren:

Der Mensch wird empathiefähig, indem er sein Ich verliert oder ablegt. Empathie wiederum erlaubt es ihm, ein starkes Ich in anderen zu erkennen. Der empathisch genau beobachtete, starke Mensch hat ebendas, was dem empathiefähigen Menschen abgeht: ein Ich. Vielleicht gibt es hier einen direkten Kausalzusammenhang: der objektive, empathiefähige Mensch gibt die Idee seines eigenen Ich auf, um es bei anderen (wieder) zu finden. Gemäß Nietzsche hat man Empathie mit anderen als Ich.

Die letzte Formulierung verdient, betont zu werden: der »andere als Ich«. Wir haben allerdings bisher noch nicht wirklich festgestellt, ob der Entscheider, Herrscher, Mensch mit Leidenschaften eigentlich ein Ich oder Selbst besitzt. Wir haben es im Zuge der Formulierungen Nietzsches in § 207 schlicht behauptet. In der Tat dürfen wir es durchaus bezweifeln. Doch zunächst muss man betonen, dass es so zu sein scheint. Es ist ja der andere, der beobachtete andere, der liebt, hasst, herrscht und handelt. Wer ebendiese Handlungen ausführt, von dem dürfen wir vermuten, dass er über Eigenschaften verfügt, die ihn als starkes, natürliches oder unmittelbares Ich sowie als Wesen mit kräftiger Identität ausweisen.

Die erste leichte Verunsicherung der Annahme einer starken Identität des beobachteten anderen rührt daher, dass der andere als Wesen sekundär gegenüber den beobachteten Handlungen ist. Er ist nicht ein anderer, der auch einmal liebt, hasst und herrscht; es ist vielmehr das Lieben, Hassen, Herrschen, das vom objektiven Menschen beobachtet wird, und bei solchen Handlungen unterstellt man gewohnheitsmäßig, dass sich in ihnen ein starkes Ich ausdrückt.

Stärker erschüttert wird die Annahme einer festen Identität und Ichheit des anderen allerdings, wenn man der Metapher der Verdünnung weiter nachgeht. Anscheinend hat Nietzsche hier einen technischen Apparat im Sinne.[6] Wohl nicht zufällig wird in einigen Formulierungen an die Kamera erinnert: »er wartet, bis Etwas kommt, und breitet sich dann zart hin, dass auch leichte Fusstapfen und das Vorüberschlüpfen geisterhafter Wesen nicht auf seiner Fläche und Haut verloren gehen«.[7] Der kurze Text verwendet häufig optische Metaphern. Der Spiegel wird viermal genannt. Dabei muss wohl nicht daran erinnert werden, dass der chemische Prozess der Fotografie zu Nietzsches Zeiten auf einem ›Silberspiegel‹ (Silberhaldid) beruhte. Der Spiegel ist zugleich eng an die Metapher der Verdünnung gekoppelt, was darauf hindeutet, dass der objektive, rezeptive Mensch den empfindlichen Gläsern ähnelt, die mit getrockneter Gelatine und einer silberhaltigen Legierung behandelt wurden, so dass diese Filme wie Spiegel erschienen.

Diese Metaphorik des Films und der Kamera verdeutlicht aber nicht nur das Wesen des objektiven Menschen als rein reaktiv, rezeptiv und von wandelnder Identität. Sie zeigt zudem, womit der empathische Mensch sich beschäftigt. Wir hatten bereits gesagt, dass der objektive Mensch oder der Mensch mit einem Kameraobjektiv sich auf besondere Handlungen ausrichtet, also das Lieben, Hassen, Herrschen. Diesen Handlungen haftet ein starkes Ich aber nicht direkt an. Dennoch können die Handlungsträger so erscheinen, als wären sie starke Naturwesen, denn eben so erscheinen sie im Auge eines Betrachters. Dem objektiven Mensch erscheinen die anderen als cäsarische Helden.

Die Fläche des objektiven Menschen ist hier also nicht einfach aufnehmender Film, sondern Projektionsfläche: Nur auf ihr erstrahlt der andere als Held, als Ich. Aufgrund dieser Apparatur wird erkennbar, dass der andere ohne eine solche Projektionsfläche gar nicht als Ich, als Held, als Naturwesen und Alpha-Wesen erscheinen könnte. Das Ich, so die Einsicht, existiert nur in den Augen eines Betrachters. Nur weil der objektive Mensch sich rezeptiv aus-

6 Friedrich Kittler hat auf die Relevanz von technischen Apparaten bei Nietzsche gepocht, siehe Friedrich A. Kittler, *Aufschreibesysteme 1800/1900*, München: Fink, 1985.

7 In der Tat wurde in der Zeit auch versucht, mittels von Fotografie und ähnlichen technischen Apparaten Geistern und ähnlichen ätherischen Wesen auf die Spur zu kommen, vgl. Bernd Stiegler, *Spuren, Elfen und andere Erscheinungen. Conan Doyle und die Photographie*, Frankfurt/M.: Fischer, 2014.

dünnt, können Projektionen und Fantasien von starken Identitäten entstehen. Ohne die Projektionsfläche kein Ich.[8] Die Leistung der objektiven Beobachtung oder Empathie ist es mithin, den anderen zu glorifizieren und zum Ich zu erheben.

Nun können wir eine zweite These zu Nietzsches Text artikulieren. Das, was als Pendant zum objektiven Menschen fungiert, das Alpha-Tier, das herrscht, liebt, hasst, gibt es vermutlich nicht, oder wenn es existiert, dann nicht als Ich. Zumindest können wir es nicht wissen.[9] Nur in den Augen des Beobachters wird es zum Ich:

Empathie bringt einen Ich-Effekt hervor: Der empathische Mensch »verselbstet« den beobachteten anderen. Das Ich wird vom empathischen Menschen auf den beobachteten Gegenstand exportiert. Während der beobachtete und starke Mensch (also der liebende, hassende, urteilende) vielleicht kein Ich hat, was auch immer dies sein mag, erscheint es für den Beobachter doch so, als hätte er eines. Der Preis und die Belohnung für Empathie sind dieser Verlust des Ich und das Wiederfinden des Ich im anderen. Das Ich gibt es nur in der Außenperspektive, der Projektion durch einen Beobachter.

In Nietzsches Welt gibt es keine freien Ichs und starken Identi-

8 Bei dieser Figur kann man an die Technik des sogenannten »aktiven Zuhörens« denken, also einer Strategie von zuhörenden Autoritätspersonen, sich in »Spiegelflächen« zu verwandeln, die das Gegenüber befreien sollen, indem sie es aus störenden äußeren Einflüssen heraushalten. Dabei werden die Empfindungen, die man hinter den Worten und Taten eines Gegenübers vermutet, diesem ohne weitere Bewertung »zurückspiegelt«. Dieser soll dabei allein mit sich selbst konfrontiert sein. Aktives Zuhören markiert in der Geschichte der Rhetorik den Moment, wo Rhetorik nicht mehr zum Einsatz kommen soll, um den eigenen Einfluss zu fördern, sondern um ihn auszuschalten. Vgl. Christoph Paret, »Aktives Zuhören oder Reden, um nicht füreinander da zu sein – Thomas Gordon und die Verwandlung von Autoritätspersonen in gesprächige Projektionsflächen«, unveröffentliches Manuskript. Für aggressivere Emanzipationstechniken, die wohl deutlicher im Sinne Nietzsches wären, vgl. Christoph Paret, »›Habe die Wut, dich deines eigenen Verstandes zu bedienen!‹ Über Empörung als emanzipative Psychotechnik«, in: Alexandra Schwell & Katharina Eisch-Angus (Hg.), *Der Alltag der (Un)Sicherheit. Ethnographisch-kulturwissenschaftliche Perspektiven auf die Sicherheitsgesellschaft*, erscheint: Berlin: Panama, 2017.

9 Paul de Man hat in einer seiner Nietzsche-Lektüren gezeigt, dass man ein bloßes »nicht wissen« nicht in ein deklaratives Nicht-Wissen oder eine andere Form von Gewissheit überführen sollte, wie Nietzsche zunächst selbst erkennt, um dann dennoch ebendiesen Fehler zu begehen; siehe Paul de Man, »Rhetorik der Persuasion (Nietzsche)«, in: ders., *Allegorien des Lesens*, Frankfurt/M.: Suhrkamp, 1988, S. 164-178.

täten. Stattdessen bringen bestimmte Handlungen in der Außenbeobachtung *die Idee* eines Ich hervor. Für den Beobachter stellen sich, eben weil er keine Innenansicht der Handlungen hat, diese Handlungen als etwas ihm Fremdes dar. Dort, wo er an sich selbst zweifeln mag, sieht er bei anderen starke Stellungnahmen. Entsprechend kann er sich nicht für ein Ich halten, wird aber umso mehr von den Handlungen angezogen, die Stärke auszudrücken scheinen. Der objektive, selbstlose, empathische Mensch und die Projektion eines starken Ich bedingen einander.

Die Handlungen (Lieben, Herrschen, Urteilen) werden in § 207 nur aus der Perspektive des Beobachters präsentiert. Tatsächlich wird alle Arbeit in § 207 nur vom empathischen Beobachter ausgeführt. Er verdünnt sich, breitet sich aus und verliert dabei sein Ich (sollte er je eines besessen haben). So wird er rezeptiv, erkennt und projiziert im anderen das ihm selbst fehlende Ich. Seine eigentliche Leistung ist daher auch: den anderen in ein Ich zu verwandeln. Wir sind damit jedoch noch nicht am Ende der Überlegungen.

2. Das Paradox der Selbstbeobachtung. Frauen

Bevor wir mit der Diskussion fortfahren sollten wir kurz zwei weitere Aspekte von § 207 entfalten. Der erste besteht in der Frage der Selbstbeobachtung.

Der objektive Mensch, so heißt es in § 207, »besinnt sich auf ›sich‹ zurück, mit Anstrengung, nicht selten falsch; er verwechselt sich leicht, er vergreift sich in Bezug auf die eignen Nothdürfte«. Wir dürfen uns fragen, warum sein ausgezeichneter Wahrnehmungsapparat nicht mit einer besseren Selbstbeobachtungsfähigkeit einhergeht. Heutzutage wird meist angenommen, dass es eine Reihe von Zusammenhängen zwischen der Beobachtung von anderen (Empathie) und dem Selbstwissen gibt.[10] Hätte Nietzsche etwa die Metapher des »Auges« benutzt, wäre der metaphorische Weg

10 Vgl. zur Übersicht Peter Carruthers, »How We Know Our Own Minds: The Relationship between Mindreading and Metacognition«, in: *Behavioral and Brain Sciences* 32.02 (2009), S. 121-138; Gordon G. Gallup und Steven M. Platek, »Cognitive Empathy Presupposes Self-Awareness: Evidence from Phylogeny, Ontogeny, Neuropsychology, and Mental Illness«, in: *Behavioral and Brain Sciences* 25.01 (2002), S. 36-37

zu einem »inneren Auge« schnell bei der Hand gewesen. Von der Metapher der Kamera dagegen führt kein direkter Weg zur Selbstsichtbarkeit. Der blinde Fleck der Beobachtung durch die Kamera ist ihre eigene Mechanik. Doch warum ist gemäß Nietzsche Selbstbeobachtung für den empathischen Menschen ausgeschlossen oder zumindest schwierig?

Die Dynamik der Wahrnehmung und Empathie bei Nietzsche produziert ein Paradox, sobald es um Selbstwahrnehmung geht. Dies wird deutlich, wenn wir die Konstellation zwischen dem starken Menschen (des Ich) und dem objektiven, empathischen Menschen genauer erwägen.

Jemand, der stark und ›als ein Ich‹ handelt, kann gar nicht anders, so Nietzsche, als zu urteilen, zu herrschen, zu lieben, zu hassen, abzulehnen usf. Daraus folgt direkt, dass ein solcher Mensch nicht gut im Beobachten anderer ist, da er das Beobachtete bereits reglementiert und bewertet, bevor er alle Daten der Wahrnehmung verarbeitet hat. Das starke Ich, dessen Stärke sich ja erst in den Handlungen erweist, kann gar nicht anders als Stärke zeigen, den Gegenstand der Beobachtung dominieren und somit verfehlen. Gerecht und objektiv braucht und kann der starke Mensch nicht zu sein.

Der objektive Mensch dagegen ist optimal für die Wahrnehmung ausgerüstet. Der Preis für die Wahrnehmung ist allerdings, dass er »sich selbst« ausradieren, verdünnen, entleeren muss. Es gibt keine Substanz, die er in einem Akt der Selbstbeobachtung registrieren könnte. Weil der objektive Mensch so geschmeidig ist, kann er sich an alles anpassen, wie das Gefäß, welches Nietzsche am Ende des kurzen Textes beschreibt, verliert aber das eigene Profil. Es gibt mithin keinen Gegenstand für die (Selbst-)Beobachtung.

Daraus folgt, dass es weder für das starke Ich noch für den objektiven Menschen Selbstwissen geben kann. Der starke Mensch mit seinen selbst-stärkenden, selbst-bestätigenden Handlungen (Lieben, Hassen, Herrschen) müsste in der Selbstbeobachtung zum Objekt werden, welches gehasst, geliebt, beherrscht wird. Doch das wäre gemäß Nietzsche kein starkes Ich mehr, welches von starken und freien Handlungen hervorgerufen wird. Starke Handlungen, die einem starken Ich zugeordnet sind, sind über Urteil, Passivität und Beobachtung erhaben.

Das eigentliche Problem der Selbstbeobachtung besteht also nicht im Fehlen der inneren Augen. Vielmehr besteht das Problem darin, dass diese Augen immer schon verändern, was sie beobachten. Sie würden das Handeln als starkes Ich unmöglich machen. Von Herrschern sollte man also, so Nietzsche, keine Fähigkeit der Selbstwahrnehmung erwarten. (Als Autor dieser Zeilen, inmitten des amerikanischen Präsidentschaftswahlkampfs, komme ich nicht umhin festzustellen, dass diese Gedanken eine gewisse Aktualität besitzen.)

Ein zweiter Aspekt soll hier aufgegriffen werden. Nietzsche situiert die Diskussion des objektiven Menschen im Kontext der Themen Frauen und Weiblichkeit, sowohl innerhalb des § 207 (siehe die Schlusszeile »in parenthesi«) als auch am Ende dieser Sektion von *Jenseits von Gut und Böse*. Frauen spielen bei Nietzsche eine besondere Rolle in der Beziehung zwischen dem objektiven Menschen und dem starkem Ich. Sie nehmen eine dritte Position ein. Frauen sind in Nietzsches Gedankenwelt von *Jenseits von Gut und Böse* Meister in der Manipulation der Art und Weise, wie sie von anderen Menschen wahrgenommen werden. Sie verstehen, dass und wie andere Menschen sie beobachten, doch sie verhalten sich anders als der objektive Mensch nicht schlicht rezeptiv-projektiv gegenüber der Beobachtung, sondern eignen sich diese Beobachtungen durch andere an, indem sie sich verkleiden, maskieren, verschönern und entziehen. Nietzsche verhandelt die Strategien der Frauen unter dem Stichwort der »Scham«, also der Sensibilität für das Beobachtetwerden. In diesem Sinne sind Frauen die eigentlichen Meister der Empathie, die ihr weder als Objekt noch als Subjekt zum Opfer fallen.[11] Sie sind manipulierende Beobachter zweiter Ordnung, die beobachten, wie andere sie beobachten.

3. Empathie als Ressentiment (Nietzsche: *Genealogie der Moral*)

Leser von Nietzsche werden das Echo von § 207 in dem eng mit *Jenseits von Gut und Böse* verbundenen Werk *Genealogie der Moral* registriert haben. Nietzsche beendete die *Genealogie der Moral* direkt im Anschluss an *Jenseits von Gut und Böse* als Fortsetzung

11 Vgl. Peter J. Burgard (Hg.), *Nietzsche and the Feminine*, Charlottesville: University of Virginia Press, 1994.

seiner Untersuchung der kulturellen Wurzeln der Moral. In dem jüngeren Text präsentiert Nietzsche eine erstaunliche Urszene der europäischen Kultur. Es ist dies eine Szene nicht nur eines Kulturkampfes, sondern der Feindschaft zwischen zwei »Rassen«, die im Machtverlust der stärkeren, wilden Barbaren endet. Der wilde Barbar, der einmal auch als »das Raubtier, die prachtvolle nach Beute und Sieg lüstern schweifende blonde Bestie«[12] glorifiziert wird, ist Inbegriff der Herrenrasse. Doch die blonde Bestie wird Opfer der Tricks der schlauen Unterlinge, die die kräftigeren Naturwesen davon überzeugen, dass es gut wäre, etwas Moral zu zeigen und also Mitleid mit den Schwächeren zu haben, was wiederum den Effekt hat, dass am Ende die Herrenrasse von der Moral und ihren Wächtern versklavt wird.

In den Begriffen von Herr und Skave und vielen ähnlichen Begriffspaaren finden wir eine Entsprechung zu der Beziehung zwischen dem objektiven, mitleidigen Menschen und dem starken Menschen mit Ich. Unser Augenmerk gilt hier vor allem den Parallelen und nicht den Differenzen. Die zentrale Parallele, die allerdings nicht ohne Interpretation gezogen werden kann, besteht darin, dass der Sklave und der objektive Mensch das starke Individuum als Projektion erfinden, und zwar als solche eines Wesens, dem zu folgen es wert wäre, um es zu bewundern. In den Augen des anderen erscheint der Herr, Aristokrat, Herrscher oder das starke Ich als in sich selbst ruhend und zufrieden.

Rekapitulieren wir, kurz und zugespitzt, den Gang der Argumentation im ersten Teil der *Genealogie der Moral.* Moral ist das Produkt des Konflikts zwischen zwei politischen Klassen bzw. auch Rassen, nämlich den Herren und dem Volk. Der Ursprung des Wortes »*gut*« ist dabei, so Nietzsche, eng verknüpft mit den Begriffen, die die Aristokraten kennzeichnen. Der Ursprung von »*schlecht*« dagegen kommt von der zentralen Eigenschaft des Volkes: »schlicht«. Der Trick der schwächeren Klasse, angeführt von den jüdisch-christlichen Priestern, besteht darin, die Hierarchie zwischen den Begriffen umzudrehen und »gut« zur Eigenschaft von Armut und Machtlosigkeit zu deklarieren (*Genealogie der Moral,* § 7). Darin besteht der berühmte »Sklavenaufstand der Moral«, der die Werturteile umkehrt und verdreht.

12 Friedrich Nietzsche, KSA 6, S. 275.

Während die artistokratischen Herren das Leben, sich selbst und sogar ihre Feinde bejahen, negieren die schlauen Unterlinge alles und vor allem die Unabhängigkeit und Identität der Herren. Sogar die Beziehung der Sklaven zu sich selbst ist negativ, so dass sie sich zuletzt selbst hassen. (Ebenso hasst der objektive Mensch, wenn überhaupt, dann nur sich selbst. Er hasst ja beinahe nichts – »presque rien« –, nämlich genau seine Nichtigkeit.) Die Sklaven ruhen nicht in sich, sondern sind fokussiert auf die anderen, so wie der objektive Mensch die starken Wesen beobachtet.

Nietzsche selbst bezeichnet die Skaven und Unterlinge der *Genealogie* nicht als »objektive Menschen« in Anlehnung an § 207 von *Jenseits von Gut und Böse*. Die Kontexte beider Textstellen zeigen auch eine Reihe von wichtigen Differenzen. Der objektive Mensch dünnt sich aus und ist rezeptiv, doch ob er sich hasst, bleibt unklar (er hasst ja, beinahe, nichts). Die schlauen Sklaven der *Genealogie* dagegen werden von Hass verzehrt. Trotzdem ist der objektive Mensch ebenso wie die schlauen Sklaven fixiert auf andere starke Wesen mit ihrer (scheinbar) unabhängigen Ichheit. Ihre Anstrengungen gelten ebendieser Stärke des anderen, des anderen als Ich, sei es, um ihn zu bewundern, sei es, um ihn zu zähmen und vergiften (*Genealogie der Moral*, § 11).

Wenn wir beide Texte trotz der Unterschiede zusammenlesen und in Bezug aufeinander erklären, so zeigt sich, dass die Sklaven der *Genealogie* ihr Ziel der Vergiftung des Geistes der Herren nur erreichen, indem sie selbst zu scharfen Beobachtern ohne Identität werden. Zudem verwandelt die scharfe, objektive Beobachtung die starken Individuen in verkrüppelte, verkümmerte und schwache Wesen. Diese Verkrüppelung kann ein reiner Nebeneffekt oder ein direktes Ziel sein, es kann eine Zerstörung oder eine Umpolung des starken Ich in einen Sklaven sein, der sein früheres Dasein bereut, oder es kann sich als eine Umerziehung zu einem Beobachter äußern.

In der *Genealogie der Moral* verinnerlichen die zunächst freien Herren die Werturteile der schlauen Sklaven. Wie genau diese Verinnerlichung oder Absorption vonstattengeht, bleibt unklar. Dies ist ein erhebliches Manko in der Argumentation der *Genealogie der Moral.* Doch mit Blick auf § 207 von *Jenseits von Gut und Böse* erscheint Mitleid (Empathie, die objektive Beobachtung) als geeigneter Kandidat, um die Lücke zu füllen. Wenn es den Sklaven gelingt, den Herren das Sehen beizubringen, das Beobachten, so sehen diese das Leiden der Schwächlinge und damit ihren eigenen Anteil an ebendiesem. Wenn die Herren Mitleid entwickeln, werden sie dadurch gebunden, unfrei, selbstlos.

In diesem Prozess wird Empathie zu *Mitleid*, welches für Nietzsche eine pervertierte Form der Beobachtung darstellt. Es ist eine pervertierte Form, denn es richtet sich nicht an die starken Vorbilder, von denen man etwas lernen könnte. Stattdessen projiziert *Mitleid* das Leiden als Ideal. Wenn Empathie auf Mitleid reduziert wird, verwandelt sich der Herr in einen Sklaven. Echtes *Mitleid*, so warnt Nietzsche, führt zu einer Verdoppelung des Leidens (§ 134) und lässt uns die menschliche Stärke vergessen (§ 135). Zudem hilft Mitleid dem anderen nur in sehr wenigen Fällen.[13] Empathie und vor allem die pervertierte Form des *Mitleidens* sind die Rache der Schwachen. Empathie ist das Mittel zur Strafe und Unterdrückung der herrschenden Rasse.

Noch in einem zweiten Punkt geht die *Genealogie der Moral* weiter als § 207. Die Haltung der Unterlinge, so heißt es, ist eine des Ressentiments, und diese Haltung prägt bereits die genaue Beobachtung.

Der Sklavenaufstand der Moral beginnt damit, dass das *Ressentiment* selbst schöpferisch wird und Werthe gebiert: das Ressentiment solcher Wesen, denen die eigentliche Reaktion, die der That, versagt ist, die sich nur durch eine imaginäre Rache schadlos halten. Während alle vornehme Moral aus

13 Nietzsche argumentiert, dass *Mitleid* eigennützigen Zwecken dient, da wir uns als mitleidige Menschen für überlegen halten und uns gut fühlen, da wir ja anderen Menschen helfen. Unser Mitleiden bringt ein *Leid* hervor, das anders ist als das Leiden des anderen. *In Morgenröte* tritt Nietzsche entsprechend an, die falschen Wertmuster zu korrigieren, denen zufolge Mitleid als gut und Egoismus als böse gelte.
Einer der wenigen positiven Fälle von Mitleid, die Nietzsche behandelt, zeigt zugleich seinen Ausnahmecharakter: »*Unser* Mitleiden ist ein höheres fernsichtigeres Mitleiden: – wir sehen, wie *der Mensch* sich verkleinert, wie ihr ihn verkleinert!« (*Jenseits von Gut und Böse*, § 225, KSA 5, S. 160) Mitleiden ist hier gut, weil es zur Reflexion über den durch das Mitleiden hevorgebrachten Menschen einlädt. Es ist insofern ein Mitleiden zweiter Ordnung. Nietzsche erklärt, »dass *euer* Mitleid dem Geschöpf im Menschen gilt, dem was geformt, gebrochen [...] werden muss [...]. Und *unser* Mitleid [...], wenn es sich gegen euer Mitleid wehrt, als gegen die schlimmste aller Verzärtelungen und Schwächen [...,] Mitleid also *gegen* Mitleid« ist (§ 225; KSA 5, S. 161).

einem triumphierenden Ja-sagen zu sich selber herauswächst, sagt die Sklaven-Moral von vornherein Nein zu einem »Ausserhalb«, zu einem »Anders«, zu einem »Nicht-selbst«: und dies Nein ist ihre schöpferische That.[14]

Die Sklaven wenden sich im Gegensatz zu den selbstbezogenen Aristokraten nach außen und zielen auf dieselben mit ihrem starken Ich. Die zentrale Haltung der Aristokraten besteht darin, sich »gut« zu fühlen.[15] Die zentrale Haltung der Sklaven dagegen besteht im Fokus auf die anderen, also auf die Aristokraten, die in ihren Augen, nämlich dem »Giftauge des Ressentiment«,[16] schlecht sind. Diese Beobachter, diese Wesen mit Empathie, *leben in der Nachfolge der anderen*. Sie erleben nach und fühlen, was diese vielleicht fühlen mögen. Dies ist die wörtliche Bedeutung von »re-sentiment«, »nach-fühlen«. Der empathische Mensch hat keine eigenen Gefühle, zumindest keine starken Gefühle voller Leidenschaft. Stattdessen lebt er die Gefühle anderer Menschen nach. In diesem Sinne ist Empathie für Nietzsche strukturell Ressentiment.

Dies ist Nietzsches eigentliche Behauptung: Die empathische Beobachtung der Sklaven wird nicht schlicht von der Bewunderung der Aristokraten angetrieben, sondern zugleich von Ressentiment und Hass. (Sigmund Freud wird bekanntlich wenige Jahre später die Ambivalenz und das Doublebind des Ödipus-Komplexes als Hassliebe des Kindes charakterisieren, welches den symbolischen Vater bewundert, wie er werden will und ihn deshalb beseitigen muss.)

Natürlich muss man hier weiterhin einwenden, dass die Situation der *Genealogie der Moral* verschieden ist von derjenigen von *Jenseits von Gut und Böse*. In der *Genealogie* werden die Unterlinge tatsächlich unterdrückt. Das ist an sich ja bereits ein guter Grund für Ressentiment. Das gilt nicht für den objektiven Menschen. Doch der objektive Mensch manövriert sich in eine ähnliche Situation wie der Sklave der *Genealogie der Moral.* Er wendet sich nach außen, auf das, was er nicht ist, und wird in dieser Bewegung selbstlos. Es scheint insofern durchaus plausibel anzunehmen, dass auch er diesen Prozess der Verdünnung von sich zu bedauern be-

14 Friedrich Nietzsche, KSA 5, S. 270 f.

15 »Die Wohlgebohrenen *fühlten* sich eben als die ›Glücklichen‹: sie hatten ihr Glück nicht erst durch einen Blick auf ihre Feinde künstlich zu construiren [...]«, Friedrich Nietzsche, KSA 5, S. 272.

16 Friedrich Nietzsche, KSA 5, S. 274.

ginnt und als Hass auf die starken Individuen richtet, denen er die Schuld dafür zuschiebt.

Kommen wir zur dritten These. *Der Preis der Empathie ist das Ich oder Selbst – und genauer gesagt, der Glaube an das eigene Ich. Entsprechend mündet Empathie im Ressentiment, nämlich in der Wut, dass man sein eigenes Ich geopfert hat. Das heißt, selbst in der Bewunderung, die der objektive Mensch für das starke Ich empfindet, schwingt der Neid, die stille Wut und der böse Wille mit. Das Mantra des objektiven Menschen, des Menschen mit Empathie, könnte wie folgt lauten: Jeder, der ein starkes Ich hat, soll es verlieren, denn ich habe meins auch verloren (oder ich hatte nie eins). Jedes Ich ist wert, dass es zugrunde geht.*

Natürlich gibt es hier ein Henne-Ei-Problem: Hat der empathische Mensch Empathie, weil er sich ausdünnt? Oder wird er verdünnt, weil er Empathie empfindet? Oder ist er schlicht ausgedünnt und kann deshalb die Kunst der Rezeptivität erlernen? Benutzt er Empathie als Ausrede für seine stille Wut, seine Selbstlosigkeit als Ausrede für sein Ressentiment, seinen Zweifel, ein Ich zu haben, oder seine Angst, ein Ich zu zeigen?[17] Oder gebraucht er Empathie und Bewunderung gegen sein besseres Wissen, dass es kein Ich gibt, als verzweifelten Versuch, um die Idee des Ich in anderen zu retten? Und weiter: Ist es wirklich so, dass Empathie sein Ich aushöhlt, verdünnt, oder ist es vielmehr so, dass er mittels Empathie seine so schwache Identität kompensiert?

Nietzsche selbst beantwortet diese Fragen an verschiedenen Stellen in den genannten Texten auf unterschiedliche Art und Weise. Die für uns zentrale Grundstruktur des Zusammenhangs mit Empathie besteht aber weiterhin darin, dass der Mensch mit Empathie die Idee einer eigenen freien und starken Identität dafür opfert, dass er das starke Ich eines anderen wahrnehmen, projizieren, bewundern *und* hassen kann. Ebendies ist gemäß Nietzsche Empathie.

Bevor wir Nietzsches Thesen zusammenfassen und auf ihre Gültigkeit hin abklopfen, sollten wir zumindest andeuten, wie Nietzsche selber das Dilemma von § 207 zu lösen versucht.

Nietzsche dürfte einer der frühesten Denker sein, der die mög-

17 Nietzsche wirft diese Henne-und-Ei Frage selbst auf, siehe § 222: »Wo heute Mitleiden gepredigt wird […], wird […] der Psycholog […] *Selbst-Verachtung hören* […], *wenn sie nicht deren Ursache ist!*« (KSA 6, S. 156)

lichen Kosten von Empathie erwägt. Während die meisten Denker Empathie, auch heute, vor allem als positive und prosoziale Fähigkeit feiern, beleuchtet Nietzsche, was die Menschen eigentlich zur Empathie motiviert. Die Motivation kann, so Nietzsche, in der Kompensation der Mängel des empathischen Menschen bestehen. Dabei handelt es sich, wie oben entwickelt wurde, wohl weniger um individuelle Eigenschaften einiger Menschen als vielmehr um einen fundamentalen Mangel an Eigenschaften.

Diese Einsicht Nietzsches zeigt zugleich seine eigene Voreingenommenheit. Er behauptet, es gebe einen Widerspruch zwischen Empathie und starker Identität. Ein Mensch kann nicht einerseits Empathie kultivieren und andererseits als ein starkes, freies Ich leben. Anders gesagt, Empathie und Rezeptionsfähigkeit des objektiven Menschen verändern die gesamte Persönlichkeitsstruktur. Das Kultivieren von Empathie prägt Identität und Psyche dergestalt, dass der empathische Mensch eine starke Identität nur noch in anderen erkennen kann. Mit diesen Thesen wird Nietzsche zu einem Philosophen, der sich der Autorität der Psychologie unterwirft. Er entwirft eine mechanistische Vorstellung der Psyche, die einen eindimensionalen Apparat im Zentrum hat. Wer einmal Empathie hat, hat immer Empathie und wird durch und durch von ihr geprägt.

Sobald Nietzsche diese Radikalisierung vorgenommen, kann er die Auswegslosigkeit diagnostizieren, um daraufhin Empathie und Rezeptivität als Ganzes zu verwerfen. In der Empathie und im Mitleid findet Nietzsche keine Hoffnung. Entsprechend sucht er nach Verfahren, Empathie, Identifikation und Mitleid zu zersetzen.

Ein solches Verfahren findet er, im Anschluss an seine früheren Werke, in der Ironie. Ironie erscheint dort etwa unter den Namen der Kritik, Rhetorik und Philologie. In *Die Geburt der Tragödie aus dem Geist der Musik*, einem Text, der berühmt ist für die Dualität von apollinischen und dionysischen Kräften, erscheint Ironie als dritte Kraft am Ende unter dem Namen Sokrates. Vorderhand erscheint Sokrates zwar als Nachfolger des apollinischen Menschen, doch zugleich entgeht die sokratische Ironie dem Dilemma der Kunst zwischen Apollo und Dionysos.[18] Auf ähnliche Art und

18 Vgl. Rainer Nägele, *Reading after Freud: Essays on Goethe, Hölderlin, Habermas, Nietzsche, Brecht, Celan, and Freud*, New York, Columbia University Press, 1987.

Weise, so möchte ich zumindest vorschlagen, sucht Nietzsche eine dritte Position gegenüber dem Dualismus von empathischem Menschen und starkem Ich.

Ironie erscheint durchgehend in § 207. Um nur ein Beispiel herauszugreifen, sei an Nietzsches Zitat von Leibniz erinnert: »Je ne meprise presque rien« (Ich hasse beinahe nichts). Nietzsche kommentiert: »man überhöre und unterschätze das presque nicht!« Was hat es mit diesem »presque rien« auf sich? Nietzsche läßt keinen Zweifel daran, dass es der objektive Mensch selbst ist, der hier als ein Beinahe-nichts gemeint ist: »er ist [...] an sich aber Nichts, – presque rien!«

Dies ist der Witz Nietzsches: Wir wissen ja bereits, dass der objektive Mensch nicht hassen oder negieren kann. Aber wenn er nicht hassen kann, dann darf man wohl formulieren, dass er *nichts* hassen könnte? Dieser Odysseus-Witz Nietzsches besteht also darin, dass der objektive, empathische Mensch sein Ich in »niemand« verwandelt. Da er ja ein selbstloses Nichts ist, kann er sich selbst hassen, da er ja »nichts« hassen kann. Damit aber kann er doch etwas hassen. Und so kommt nun das »presque« (beinahe) ins Spiel, welches Nietzsche betont.

Der ursprüngliche Kontext des Briefs von Leibniz, den Nietzsche hier zitiert, zeigt, dass Leibniz etwas ganz anderes im Sinn hatte: »Je ne meprise presque rien (excepté l'Astrologie judiciare et trumperies semblables) [...].«[19] Nietzsches Witz suggeriert, dass das Ich des empathischen Menschen wie eine astrologische Figur quasi aus der Luft gegriffen ist.

Für Nietzsche ist Ironie ein Ausweg, denn sie findet einen Weg, der weder in die Position der Schwäche des empathischen Menschen mündet noch die unreflektierte Barbarei des Ich glorifiziert. Ironie erscheint als Möglichkeit in jeder Äußerung und in jeder Handlung. Im Falle des Mitleidens äußert sich Ironie als distanzierte Beobachtung seiner Effekte. Der Ironiker erfindet sich, indem er sich von der Handlung der Empathie absetzt, distanziert. Er beobachtet, wie andere Menschen durch Mitleid und Rezeptivität geprägt werden.

19 Brief an Louis Bourget vom 3. Januar 1714, in: *Gottfried Wilhelm Leibniz, Sämtliche Schriften und Briefe* (Akademie-Ausgabe), Berlin: Akademie-Verlag, 2011, Abt. III, Bd. 7, S. 10.

Nietzsche widerspricht dem heutigen Alltagsverständnis von Empathie in vielerlei Hinsicht. Der objektive Mensch bei Nietzsche fühlt kein Mitleid mit jedem leidenden Menschen. Tatsächlich benennt Nietzsche in § 207 keinen Fall von Mitleiden und Schwäche. Stattdessen reagiert der objektive Mensch auf die Kraft und den starken Ausdruck von Präferenzen – »er wartet, bis Etwas kommt, und breitet sich dann zart hin, dass auch leichte Fusstapfen und das Vorüberschlüpfen geisterhafter Wesen nicht auf seiner Fläche und Haut verloren gehen«. Selbst die leichten Fußstapfen und vielleicht noch die geisterhaften Wesen haben ein Minimum an Kraft oder Substanz, für die der objektive Mensch ein Sensorium entwickelt. Empfindlicher ist der objektive Mensch für die starken Ausdrucksweisen: das irrationale Handeln, die starken Entscheidungen, das Lieben und Hassen, die Tyrannei. Der Mensch der Empathie reagiert auf Kraft – die Kraft des Entscheidens und Fühlens – und also auf das, was er sich selbst verbietet.

Der objektive Mensch beobachtet jede Handlung als Handlung *eines freien und starken Ich.* Dagegen ist er blind gegenüber selbstlosen Wesen wie sich selbst. Empathie ist insofern nicht gut für humanitäre Hilfe geeignet. (Diese Bemerkungen gelten auch dann, wenn wir uns daran erinnern, dass Nietzsche hier von dem objektiven Menschen und seiner Wahrnehmungsfähigkeit spricht, von der Empathie nur ein Sonderfall ist.)

Beschreibt Nietzsche hier also eine Form des Stockholm-Syndroms oder der Hostage Identification Crisis?[20]

Im Stockholm-Syndrom wird eine Geisel von einem anderen Menschen (dem Geiselnehmer) überwunden und macht sich die Wünsche des Unterdrückers zu eigen. Nietzsches objektiver Mensch dagegen wird nicht von einem anderen überwältigt, sondern beginnt bereits als selbstloses Wesen, welches sich für starke Wesen interessiert, ausbreitet und öffnet. Der objektive Mensch ist der Erste, der hier handelt: nur indem er sich ausdünnt und zum Film der Kamera wird, kann der andere als starkes Wesen mit freiem Ich erscheinen. Der Empathiker, so hatten wir oben gesagt,

20 Siehe ausführlich Fritz Breithaupt, *Kulturen der Empathie*, Frankfurt/M: Suhrkamp, 2009.

wird zur Projektionsfläche, ohne die der andere nicht als Ich erscheinen könnte und vermutlich kein Ich »hätte«.

Insofern wir Nietzsches Ausführungen als Beitrag zum Verständnis des Stockholm-Syndroms verstehen, können wir seinen Nutzen zur Beschreibung des Phänomens benennen. Nietzsches Beitrag besteht in dem Primat der Tat des Opfers, der Geisel. Die modernen Beschreibungen betonen in der Regel die traumatische Dimension der Geiselnahme. Nietzsche dagegen betont, wie das Opfer selbst die strukturelle Situation der Geiselnahme mitgestaltet, indem es sich unterwirft, sein Ich abwirft, den anderen aufnimmt.

Nietzsches Gedanke widerspricht unserem heutigen Verständnis, dass das Opfer keine Schuld für sein Schicksal trifft. Doch wird durch die mögliche unbewusste Komplizität des Opfers oder etwa ein unbewusstes Begehren der Geiselnahme ja keineswegs der Geiselnehmer entschuldigt. Zudem handelt es sich in der Darstellung Nietzsches nicht um eine tatsächliche Geiselnahme.

Das Bild der Kultur, das Nietzsche entwirft, zeigt nicht ein paar wenige Aggressoren inmitten einer großen Gesellschaft. Stattdessen zeichnet es eine Kultur, in dem die Individuen alle ohne Selbst und Ich in einem Zustand mentaler Verkrüppelung das Bild eines starken und freien Individuums entwerfen. Das Bild des Aggressors, des Ich, wird geboren aus dem Zustand der Schwäche.

Fassen wir zusammen: Nietzsche schlägt also *nicht* vor, dass wir als Menschen mit einem starken Ich ausgestattet sind, welches wir dann verlieren, wenn und weil wir Empathie entwickeln. Nietzsche argumentiert auch *nicht*, dass Empathie einfach einen Verlust der eigenen Perspektive beinhaltet.

Nietzsches These ist, dass Empathie eine Asymmetrie erzeugt, die den (imaginären) anderen ermächtigt, während der empathische Mensch ausgedünnt, geschwächt wird. Anders gesagt, der empathische Mensch projiziert Eigenschaften der Stärke und Freiheit auf den beobachteten anderen, die ihm selbst in der Innenansicht abgehen.

Wir würden Nietzsches Psychologie heute wohl als überzogen einstufen. Statt einen radikalen Gegensatz von Empathie und starkem Selbstbewusstsein zu statuieren, würden wir wohl ein dynamisches Gleichgewicht von Selbstbewusstsein und Empathie annehmen.[21]

21 Siehe erneut Peter Carruthers, »How We Know Our Own Minds«.

Dennoch soll hier ein wichtiger Gedanke Nietzsches verfolgt werden, der weiterhin Aktualität besitzt.

Nietzsches Beitrag zur Diskussion von Empathie kann dabei wie folgt zusammengefasst werden:

1) Der Empathiker steckt in einer Bewunderungsfalle. Er erfindet zu und mittels seiner Bewunderung ein starkes und freies Ich (etwa als Tyrann, Naturmensch oder leidenschaftliches Wesens, das schlicht tut, was es will). Dieses erfundene Ich ist ein Übermensch. Im Vergleich zu ihm ist der empathische Mensch blass, leer, dünn und selbstlos.

2) Die von Nietzsche angeprangerte Selbstlosigkeit des empathischen Menschen bedeutet also nicht, dass man zuerst ein Ich oder Selbst hatte und es dann verliert. Vielmehr bedeutet es, dass der Empathiker eine Kluft gräbt zwischen sich und einem beobachteten Wesen, das als überlegen eingestuft wird, da ihm aus der Beobachterposition ohne vollständige Inneneinsicht eine höhere Intensität, Spontanität, Ummittelbarkeit und Freiheit zugesprochen wird. Der Empathiker stuft sich entsprechend als selbstlos ein im Vergleich zu diesem von ihm erfundenen Wesen. Man könnte von einem Bias der Beobachtung sprechen.

3) Der beobachtete andere wird vom Empathiker also just mit dem ausgestattet, was ihm selbst abgeht. Und was ihm abgeht, ist eine Konsequenz seiner empathischen Beobachtung: das In-sich-selbst-Ruhen, welches Nietzsche in den Aristokraten feiert. Selbstverlust in diesem Sinne besteht darin, den anderen mit eben den mentalen Qualitäten auszustatten, die aus einer von Nietzsche als positiv gepriesenen Empathielosigkeit resultieren, und sich dabei im Vergleich diese Eigenschaften von Ich- oder Selbstheit abzusprechen. Das Stockholm-Syndrom ist ein Beispiel dieser Dynamik, in der der Beobachtete vom Beobachter noch über seine tatsächliche Machtposition hinaus mit körperlicher und geistiger Stärke ausgestattet wird, gegenüber der die eigene Position schlicht geräumt wird. Ausgehend von den von Nietzsche genannten Beispielen kann man eine Reihe von empathischen Ausstattungseffekten (*endowment effects*) erwägen. Dazu gehören etwa Projektionen von Leidenschaften, Kraft, Macht und mentalen Fähigkeiten sowie Authenzität, Unabhängigkeit oder Coolness. Die Figur des Stars des frühen 20. Jahrhunderts ebenso wie die charismatischen politischen Führerfiguren sind naheliegende Formen derartiger Projektionen.

Nietzsche wurde hier angeführt als derjenige, der die Zusammenhänge von rezeptiver Haltung, Empathie und Persönlichkeitsveränderung als erster scharf beleuchtet hat. Zugleich kommt er nur bedingt als Gewährsmann für die in diesem Buch vorgestellten Thesen in Frage. Anders als Nietzsche argumentiert das Buch in Kapitel II, dass »Selbstverlust« eher ein Resultat von Empathie als ihre Voraussetzung ist (wobei beide allerdings eng miteinander verwandt und vielleicht nicht zu trennen sein dürften). Weiterhin wird vermutet, dass empathische Rezeption nicht in emotionaler Neutralität oder Kälte mündet, und man sich am anderen stattdessen »erwärmt«. Darüber hinaus wird sich zeigen, dass Empathie regelmäßig im Verband mit Urteilen auftritt, statt zu Urteilsunfähigkeit zu führen. Dennoch ist es Nietzsche, der den Selbstverlust des empathischen Menschen als These in den Raum gestellt und zu denken gegeben hat. Wie sollen wir diesen Selbstverlust bewerten?

5. Das Leben für andere. Empathie-Mangel bei heutigen Studenten? O nein, Narzissmus! Oder doch: Hurra, Befreiung vom Stockholm-Syndrom?

Ist die heutige Jugend weniger empathisch als frühere Generationen? Eine vielbeachtete Studie von 2011 behauptet dies: »Changes in Dispositional Empathy in American College Students Over Time: A Meta-Analysis« von Sara H. Konrath, Edward H. O'Brien und Courtney Hsing.[22] Die Studie kommt zu dem Ergebnis, dass amerikanische Studenten in den letzten drei Jahrzehnten die Fähigkeit zur Empathie in großem Maße verloren haben. Die von den Medien vielfach zitierte Studie schlägt Alarm und betont, dass die Geschwindigkeit des Empathieverlusts just in den letzten Jahren am höchsten war. Werden die kommenden Generationen also weniger Empathie haben als frühere?[23] Was sollen wir mit diesen Be-

22 In: *Personality and Social Psychology Review* (2010), S. 180-198.

23 Flankiert werden diese Ergebnisse zudem von den Ergebnissen zahlreicher Interviews mit amerikanischen Jugendlichen in den letzten Jahren. Diese ergaben ein ähnliches Bild: viele junge Menschen etwa verstanden moralische Fragen nicht einmal als solche. Jugendliche, die von einem persönlichen moralischen Problem berichten sollten, antworteten darauf zum Beispiel schlicht mit ökonomischen

funden anfangen? Wie sollen wir auf diese Veränderung reagieren? In vielen Ländern gibt es Initiativen, dem Empathieverlust entgegenzuwirken und Empathie in den Schulen zu verankern, wie etwa in Kanada mit rootsofempathy.com. In Deutschland und Europa stellt sich etwa die Frage, wie Kinder auf ihre neuen Mitschüler aus Krisengebieten reagieren sollen. Doch bevor wir zum Aktivismus aufrufen, lohnt es sich, die erwähnte Studie genauer zu betrachten. In der Tat werden wir einige Vorbehalte gegen die Studie geltend machen. Unser Hauptaugenmerk wird jedoch in der Bewertung der Ergebnisse liegen. Ist der neue Empathiemangel nur negativ zu sehen?

Die Studie ist als Metastudie in der Tat beeindruckend. Sie wertet insgesamt 72 andere Studien aus, die von 1979-2009 durchgeführt wurden. Alle diese Studien benutzen denselben Persönlichkeitstest, wodurch eine hohe Vergleichbarkeit gegeben ist. Insgesamt werden die Daten von 13 737 Personen ausgewertet. Dabei wurde ein Persönlichkeitstest verwendet, der unter dem Namen »Interpersonal Reactivity Index« oder kurz IRI bekannt ist und 1979/1980 von Mark H. Davis entwickelt wurde.[24] Der Test konzentriert sich auf vier Aspekte interpersönlicher Beziehungen, nämlich empathisches Mitempfinden (*empathic concern*), Perspektiveinnahme (*perspective taking*), Einbildungskraft oder Fantasie (*fantasy*) und persönliche Belastung oder perönliches Leiden (*personal distress*). Für jeden dieser Aspekte wurden den Teilnehmern der Untersuchung je sieben Fragen vorgelegt. Die Auswertung dieser Daten ergibt, dass empathisches Mitempfinden in den untersuchten Jahrzehnten deutlich gesunken ist, und zwar vor allem in den letzten Jahren bis 2009. Auch bei der Perspektiveinnahme ist ein Absinken zu verbuchen.[25]

Zunächst müssen wir genauer betrachten, was hier gemessen wurde. Der Interpersonal Reactivity Index ist ein Fragebogen, den Studenten (und andere, hier nicht untersuchte Gruppen) ausge-

Abwägungen, ob sie die Miete in einer Wohnung bezahlen könnten oder nicht. Siehe Christian Smith, Kari Christoffersen, Hilary Davidson und Patricia Snell Herzog. *Lost in Transition: The Dark Side of Emerging Adulthood*, Columbus, Ohio: Ohio UP, 2011.

24 Mark H. Davis, »A Multidimensional Approach to Individual Differences in Empathy«, (1980), S. 85-101; siehe auch Mark H. Davis, »Measuring Individual Differences in Empathy: Evidence for a Multidimensional Approach«, in: *Journal of Personality and Social Psychology* 44, Nr. 1 (1983), S. 113-126.

25 Konrath et al, »Changes in Dispositional Empathy ...«, S. 180.

füllt haben. Die Angaben beziehen sich nicht direkt auf Empathie-Fähigkeit und auch nicht auf tatsächlichen Empathie-Gebrauch, sondern auf Einstellungen zu Empathie. Jeder Teilnehmer gibt stattdesssen schlicht Selbstauskunft, inwiefern bestimmte Eigenschaften auf ihn zutreffen. Direkte Daten zu Gehirnprozessen oder helfendem Verhalten erhalten wir nicht.

Diese Unterscheidung ist wichtig. Verdeutlichen kann man sie an der Frage des Geschlechtervergleichs. Es wird häufig behauptet, dass Frauen mehr Empathie hätten als Männer. Aber stimmt das? Das hängt davon ab, was man unter Empathie versteht. Wenn man persönliche Einstellungen zu Empathie abfragt oder Meinungsumfragen darüber, wer mehr Empathie habe, betrachtet, dann schneiden Frauen besser ab. Im Falle des IRI stellen die Autoren der genannten Studie fest, dass Frauen sich auf allen vier Skalen im Durchschnitt höhere Punkte geben.[26] Doch wenn man Gehirnströme mittels fMRI misst, ergibt sich ein anderes Bild. In diesem Falle wird die Differenz bezüglich Empathie sehr gering.[27]

Die von Sara Konrath und ihren Kollegen notierte Differenz ist zwar durchaus signifikant, doch was besagt sie? Sie zeigt zunächst, dass Frauen Empathie deutlicher betonen, während Männer sie eher abstreiten. Es handelt sich also um Bewertungen und Meinungen über Empathie. Bei diesen Einstellungen nun gibt es eine deutliche Verringerung der Empathie-Werte. Das ist in der Tat bedeutsam, denn Einstellungen, Meinungen und Bewertungen haben einen Einfluss auf unser tatsächliches Verhalten, auf unser Selbstbild und auch auf unsere politischen Haltungen. Aber ob das tatsächliche Empfinden von Empathie abgenommen hat, können wir damit nicht feststellen.

Kommen wir zum historischen Vergleich. Die Studenten haben von 1979 bis 2009 genau den gleichen Fragebogen erhalten – doch kann man daraus auf eine hohe Vergleicharkeit schließen? Anders gefragt, können wir ausschließen, dass die Studenten die gleichen Fragen zu unterschiedlichen Zeiten verschieden verstanden haben? Innerhalb von drei Jahrzehnten können sich die semantischen Assoziationsfelder und Bewertungen von Wörtern erheblich verändern, vor allem aus der Sicht von Jugendlichen. Tatsächlich

26 Ebd., S. 181.

27 Vgl. erneut Singer et. al., »Empathic Neural Responses are modulated by the Perceived Fairness of others«.

kann man vermuten, dass die Wörter 2009 anders klingen als 1979.

Es gibt eine Reihe von antiquierten Redewendungen, die heute polarisierender sind als früher. Ein Beispiel ist: »I often have tender, concerned feelings for people less fortunate than me.«[28] Obwohl das Wort »tender« heute noch von den meisten amerikanischen Studenten verstanden wird, klingt es altmodisch. Zumindest konnte keiner meiner heutigen amerikanischen Studenten viel mit dem Wort anfangen. Vor allem konnte keiner der männlichen Studenten das Wort auf sich beziehen, auch wenn sie sich durchaus relativ hohe allgemeine Empathiefähigkeit zugestanden.

Eine andere Phrase haben meine Studenten zum Teil überhaupt nicht mehr verstanden, nämlich: »ill-at-ease«. Auch eine andere Phrase haben meine Studenten vorab als weiblich kodiert bewertet: »I am often quite touched by things that I see happen.« Das war 1979/1980 wohl noch nicht der Fall. Schwierig fanden meine Studenten auch den Ausdruck: »I go to pieces.« Nicht alle Fragen sind derartig offensichtlich gealtert, doch diese Liste sollte zur Vorsicht gemahnen.

Die Autoren diskutieren und verwerfen den Vorwurf, dass die amerikanische Studentenschaft sich in demographischer Hinsicht geändert haben könnte.[29] Dies ist insofern auffällig, als sie sich gleichzeitig auf Daten stützen, die anzeigen, dass die ethnischen Minderheiten von 1979 bis 2009 unter den Studenten von 12% im Jahr 1979 auf 25% im Jahr 2009 angewachsen sind. Das scheint nicht unbedeutend zu sein, ebenso wenig wie das Anwachsen der ökonomisch weniger privilegierten Schichten unter den Studenten.

In einem Gespräch im Dezember 2015 verwies Sara Konrath selbst noch auf einen weiteren Einwand, nämlich auf die Möglichkeit, dass Menschen heute selbstkritischer in Bezug auf Empathie sein könnten und sich daher schlechtere Noten geben als in früheren Dekaden.

Doch mit diesen Einwänden können die Befunde wohl nicht vollständig wegerklärt werden. Nehmen wir also einmal an, dass die Veränderungen in den Einstellungen der Studenten zur Empa-

28 Mark H. Davis, »A Multidimensional Approach to Individual Differences in Empathy«; auch zitiert von Konrath et al., »Changes in Dispositional Empathy ...«, S. 187.

29 Ebd., S. 184.

thie zwischen 1979 und 2009 tatsächlich Hand in Hand gehen mit einem Empathie-Verlust im Empfinden und Handeln. Wie sollen wir reagieren? Die Autoren der Studie ebenso wie die Medien, die die Ergenisse aufgenommen haben, schlagen Alarm.

Die Autoren sind dabei vorsichtig, keine allzu simple Erklärung vorzuschlagen oder vorschnell einen Schuldigen zu benennen. Als mögliche Kandidaten erwägen sie den zunehmenden Wohlstand, der mit zunehmender Selbstzentriertheit einherzugehen scheint, verstärkten Wettbewerb an den Universitäten und unter Berufseinsteigern, der den Einzelnen weniger Zeit für Empathie lässt, zunehmenden Narzissmus, der sich in Phänomenen wie der »Ich-AG«, dem Unwort des Jahres 2002, oder im Englisch der »Generation Me« manifestiert, und kleinere Familien mit weniger Geschwistern pro Kind.

Hinter diesen möglichen Faktoren wiederum machen die Autoren als zenralen Einfluss die neuen sozialen Medien aus: »Das stark zunehmende Selbst-Interesse zeigt sich zudem in dem steilen Popularitätsanstieg der sozialen Netzwerke wie MySpace und Twitter, mit denen Menschen ihre eigenen persönlichen Informationen, Bilder und Meinungen in der Welt des Internet verbreiten können. Die ›Doppelgänger-Woche‹ von Facebook [...] ist nur eins der Beispiele, wie Menschen ihre eigenes Leben heutzutage auf die Empore stellen können und sich dadurch potentiell von der Realität und den tatsächlichen sozialen Kontakten abschotten.«[30]

Als Literaturwissenschaftler komme ich hier nicht ganz um ein Schmunzeln herum. Immerhin wurde bereits vor gut 200 Jahren behauptet, dass die neuen Medien die Jugend verderben und zum Narzissmus führen würden. Die neuen Medien waren damals die Romane, von denen wir uns jetzt wünschen würden, dass die Jugend sie mehr liest. (Lynn Hunt hat zudem argumentiert, dass wir den Romanen des 18. Jahrhunderts sowohl Empathie als auch die Menschenrechte verdanken).[31] Wieder 200 Jahre früher wurde das

30 Konrath et al., »Changes in Dispositional Empathy ...«, S. 183.

31 Lynn Avery Hunt, *Inventing Human Rights: A History*, New York: WW Norton & Company, 2007. Viele Intellektuelle des 18. Jahrhunderts hatten Angst, die Jugend würde durch Romane zum Narzissmus verführt. Man denke nur an die Rezeption von Goethes *Werther*. Karl Philipp Moritz berichtet ausführlich in seinem autobiographischen Roman *Anton Reiser*, wie er heimlich seinem Laster des Lesens fröhnte.

Buch als das neue gefährliche Medium angeprangert. Shakespeares Hamlet wird entsprechend als Leser vorgestellt: »But, look, where sadly the poor wretch comes reading.« Die normalen Verdächtigen für soziales Verderben sind stets die neuen Medien, ob Buch, Roman oder soziale Netzwerke. Doch ob sie für Narzissmus verantwortlich sind, ist nicht einfach feszustellen. Und ob Narzissmus schlecht ist, ist zumindest diskussionswürdig.

Hier kommen wir zu grundsätzlichen Fragen. Erlauben wir uns also, einen sehr weiten kulturellen Horizont aufzuspannen: Das typische Muster der Bewertung weist Fremd-Bezug, Fremd-Verstehen, Mitfühlen und Empathie als gut aus, während Selbst-Fokus, Narzissmus und Empathie-Mangel als negativ gelten. Nun kommt unsere Nietzsche-Lektüre, die wohlgemerkt ihre eigenen Probleme aufgeworfen hat, zum Zuge. Aufbauend auf Nietzsches Gedanken zur Überhöhung des anderen und des Selbstverlusts müssen wir die Frage stellen, ob der diagnostizierte Empathie-Verlust der heutigen Jugend negativ oder doch tendenziell positiv zu bewerten ist. Denn vielleicht drückt sich, nach Nietzsche, in diesem Empathie-Verlust eine neue Form des Selbstbewusstseins aus. Zugespitzt kann man also fragen, ob der neue Selbst-Fokus, Egoismus oder Narzissmus eine Gefahr darstellt, insofern er Empathie unterbindet, oder ob er eine überfällige Befreiung aus den Klauen einer Kultur des Stockholm-Syndroms und der Autoritätshörigkeit darstellt.

Diese Gegenüberstellung ist sicherlich in vielfacher Hinsicht problematisch. Man könnte etwa einwenden, dass sie falsche Gegensätze erzeugt bzw. falsche Gegensätze bei Nietzsche oder auch der Studie von Konrath und ihren Kollegen wiederholt;[32] oder dass das Stockholm-Syndrom ein rarer Ausnahmefall ist, das zudem wenig mit Empathie im Allgemeinen zu tun hat; oder man kann die kulturelle Dimension von Phänomenen wie Stockholm-Syndrom, Narzissmus und Selbst-Fokus abstreiten und stattdessen von individuellen Persönlichkeitsstörungen sprechen. Doch dass Empathie und helfendes Handeln in einem nicht unerheblichen

32 Empathie und Selbstbezug sind keine einfachen funktionalen Gegensätze, wie etwa der Interpersonal Reactivity Index zu unterstellen scheint, sondern bedingen einander in einem gewissen Maße. In der Tat hat eine Reihe von Studien festgestellt, dass es Zusammenhänge von Selbstkontrolle und Empathie gibt, wie bereits in der Einleitung angedeutet wurde, siehe etwa Norma D. Feshbach, »Parental Empathy and Child Adjustment/Maladjustment«.

Maße an kulturelle Prozesse gebunden sind, ist kaum abzustreiten. Entsprechend darf man auch formulieren, dass unterschiedliche historische Epochen und verschiedene nationale Kulturen stark variierende Praktiken von Empathie entwickelt haben und sich daher unterscheiden dürften. Damit ist natürlich noch nicht gesagt, dass man dies leicht feststellen oder gar quantifizieren könnte.

Insofern muss man sich der Frage nach den kulturellen Entwicklungen und Tendenzen von Empathie-Verwendung und ihrer Bewertung stellen. Wenden wir uns also der Position zu, die mit Nietzsche eine Befreiung von Empathie (und dem Stockholm-Syndrom) sucht.

Wenn man in sehr weiten Begriffen denkt, könnte man Phänomene wie das Stockholm-Syndrom in der Tat als Teil unserer Kultur und eben nicht als ihren Zusammenbruch begreifen. Bisweilen wurde bereits vorgeschlagen, das Stockholm-Syndrom in zentralen Institutionen wiederzuerkennen, zum Beispiel in intensiven Ausbildungsverhältnissen wie der Grundausbildung in der Armee oder auch an den Universitäten (»graduate school«) und sogar in vielen traditionellen Ehen.[33] In historischer Hinsicht kann man zudem an eine Reihe von institutionalisierten Verhaltensformen denken, die eine Teilaufgabe der eigenen Identität zugunsten einer überragenden Persönlichkeit implizierten.

Es wäre zwar eine absurde Vergröberung, wenn man die Institution der westlichen Ehe schlicht als Geiselnahme in den Begriffen des Stockholm-Syndroms beschreiben würde. Zugleich ist die Unterwerfung der Frau unter den Mann in juristischer, sozialer und politischer Hinsicht ein unbestreitbares Faktum, so dass man in der Tat über die psychischen Prozesse der Akzeptanz der Asymmetrie nachdenken muss. Das Stockholm-Syndrom wird dabei wohl durchaus als einer der Pole möglicher Ausformungen der Ehe beschreibbar sein.[34]

In Feudalgesellschaften waren darüber hinaus die Vasallen nicht nur an den Feudalherren gebunden, sondern partizipierten an sei-

33 Joseph M. Carver, »Love and Stockholm Syndrome: The Mystery of Loving an Abuser«, (2007) ⟨http://drjoecarver.makeswebsites.com/clients/49355/File/love_and_stockholm_syndrome.html⟩, letzter Zugriff am 15. 6. 2016.

34 Vgl. zur Geschichte der Ehe und Familie im allgemeinen Philippe Ariès, Michelle Perrot und Georges Duby, *Geschichte des privaten Lebens*, Frankfurt/Main: Fischer, 1989-1993.

nem Leben. Auch in heutigen Institutionen werden die Galionsfiguren regelmäßig empathisch überhöht. Die Diktaturen des 20. und 21. Jahrhunderts haben von dieser Tendenz profitiert. Die Trauer über den Tod eines Herrschers, Oberhaupts oder Führers zeigte nicht nur in frühgeschichtlichen Zeiten religiöse Dimensionen und involvierte zumindest öffentlich Formen der Selbstrücknahme gegenüber dem Herrscher.

Wenn wir uns gestatten, diesen großen kulturbildenden Tendenzen nachzugehen, kommen wir nicht umhin, uns der Frage zu stellen, ob nicht auch der Erfolg von sozialen Institutionen durch ein verwandtes Verhalten erklärt werden kann, das wir als Vorstufe oder Variation von Empathie begreifen könnten. Immerhin zeigen sehr viele Institutionen wie der Staat, die Kirche, die Partei, die Firma, der Club oder die Bande ein menschliches Gesicht an der Spitze, welches die Institution zu verkörpern scheint. Die Mitglieder der Institution haben eine Beziehung zu diesem Gesicht an der Spitze und können sich in es hineinfühlen und sich mit ihm identifizieren. Zumindest scheinen viele Menschen immer wieder dazu bereit zu sein, einen Teil ihrer Identität gegenüber der Institution aufzugeben und sich in die Institution zu integrieren. Dabei geht es wohl regelmäßig nicht um ein abstraktes Ideal oder schlicht eine rationale Zweckbeziehung, sondern ein Moment des Aufgehens in der mehr oder weniger imaginierten Persönlichkeit an der Spitze. Firmen pflegen daher bis heute durchaus gezielt die Zirkulation von Anekdoten über ihren Gründer, Leiter, Manager oder CEO. Für Organisationen der Vergangenheit ist das relativ leicht anzunehmen, aber man darf sich fragen, inwiefern die empathische Beziehung zum Chef auch heute noch einen wichtigen Faktor in der Ausbildung von Loyalität darstellt.

Wenn diese Vermutungen stimmen, stellt sich die Frage, in welchem Grad die Ausbildung komplexer Institutionen nur aufgrund dieser Empathie-Vorstufen möglich war und also der Willigkeit des Einzelnen, sich in das Oberhaupt hineinzuversetzen und sich ihm zugleich auch unterzuordnen. Sigmund Freud hat dies in *Massenpsychologie und Ich-Analyse* vermutet. In dem Moment, wo Empathie einem institutionell überhöhten Individuum gilt, kann die menschliche Gruppengröße immens wachsen, und politische Institutionen entstehen. Probleme tauchen dann natürlich auf, wenn ein Oberhaupt stirbt und die bindende Kraft auf einen

Nachfolger übertragen werden muss. Kantorowicz hat in diesem Sinne die Rituale beobachtet, mit denen der Tod eines mittelalterlichen Herrschers begangen wurde. Trotz des körperlichen Todes musste eine Repräsentation des Königs am Leben erhalten werden, etwa als Statue, bis der Nachfolger ernannt wurde.[35]

Wichtig ist dabei natürlich, wem die kulturelle Leistung zugeschrieben wird. Vom charismatischen Revolutionär à la Max Weber bis zum kreativen Unternehmer-Genie à la Schumpeter – um in zeitlicher Nähe zu Nietzsche zu bleiben –, ganz zu schweigen von den Überhöhungen der Monarchen, wird das aktive Potential meist den Spitzen der Gesellschaft zugeschrieben.[36] Nietzsche dagegen betont die Tat und Leistung des Schwächeren, des rezeptiven Beobachters und Empathikers, der die starken Individuen projiziert und dadurch als Phantasmen der Kultur erzeugt.

Trotz dieser Tendenzen wäre es mindestens aus zwei Gründen falsch, die westliche Kultur schlicht auf den Begriff der Autoritätshörigkeit und des Stockholm-Syndrom festzulegen. Der erste Grund besteht darin, dass unsere westlichen Kulturen in ihren Theorien und Praktiken zumindest heute eine gewisse Distanz zu diesem Phänomen aufgebaut haben, so dass etwas wie das Stockholm-Syndrom als Sonderfall überhaupt erst sichtbar wird und als Problem definiert werden kann. Wenn wir hier also argumentieren, dass Selbstverlust ein zentrales Motiv der westlichen Kulturen ist (weiterhin mit dem Zusatz, dass ein Selbst als verloren deklariert wird, das es nie gegeben hat), dann muss man zugleich feststellen, dass es auch starke Gegenkräfte geben muss, die die Sichtbarkeit des »Selbstverlusts« überhaupt erst ermöglichen. Denn das, was eine Kultur von innen ausmacht, kann sie selbst nicht beobachten.[37]

Der zweite Grund, warum unsere Kultur der Empathie nicht

35 Ernst Kantorowicz, *The King's Two Bodies. A Study in Mediaeval Political Theology*, Princeton: Princeton UP, 1957.

36 Vgl. auch Alain Badiou, *Paulus: Die Begründung des Universalismus*, Berlin, Diaphanes Verlag, 2002.

37 Diese hier notwendig apodiktische Behauptung erinnert nicht zu Unrecht an Niklas Luhmanns frühe Überlegungen zur Beobachtung als uneinholbarer Distanzierung, siehe Niklas Luhmann, »Sthenographie und Euryalistik«, in: Hans Ulrich Gumbrecht und Ludwig Pfeiffer (Hg.), *Paradoxien, Dissonanzen, Zusammenbrüche: Situationen offener Epistemologie*, Frankfurt/M.: Suhrkamp, 1991, S. 58-82.

auf den Begriff des Stockholm-Syndroms festgelegt werden sollte, besteht darin, dass wir die möglichen positiven Seiten des Phänomens auch jenseits von Prosozialität und Altruismus nicht aus den Blick verlieren sollten. Der Mensch mit Empathie, der objektive Mensch und der rezeptive Beobachter, der seine Identität ablegt zugunsten eines anderen, werden trotz allem stets auch bereichert durch das Erleben mittels eines anderen. Im »Selbstverlust« steckt auch eine Selbsterweiterung.

Mithin sollen hier nicht einfach die Bewertungsmuster umgedreht und behauptet werden, narzisstischer Selbstbezug sei schlicht gut und Empathie negativ. Das wäre nicht nur naiv, sondern auch gefährlich. Es stimmt wohl, dass Empathie uns in evolutionärer Hinsicht zu Menschen macht, unsere komplexe Gesellschaft zu einem guten Teil ermöglicht und uns individuell bereichert.

Worum es mir geht, ist die Feststellung, dass wir in der Abwägung der Alternativen für und gegen Empathie in einen unklaren Bereich kommen. Niemand, auch der Autor dieses Buches nicht, kann die genaue Grenze ziehen, wann Empathie in schlechte Selbstaufgabe umkippt, wo der unterstellte Narzissmus heutiger Jugendlicher eine Fehlentwicklung ist oder wann eine kulturelle Institution ein Zuviel an emotionaler Einfühlung verlangt. Jede Kultur erzeugt hier ihre eigenen Standards, und häufig kann nur jeder für sich selbst seine Einschätzungen und Wertschätzungen in Anschlag bringen. Ob wir in einer Welt der fehlenden oder schwindenen Empathie leben, ist daher weniger objektiv zu messen als vielmehr eine Frage an den Einzelnen. Doch dass es auch ein Zuviel an Empathie geben kann, bleibt die Grundthese dieses ersten Kapitels.

Bevor wir im zweiten Kapitel dennoch einen Vorschlag machen, wie das Zuviel an Empathie von psychisch-kulturellen Kräften unterbunden und balanciert wird, soll noch ein interkultureller Vergleich gezogen werden bzw. über die Möglichkeit eines solchen nachgedacht werden.

Bislang galten diese Zeilen in all ihrer Allgemeinheit der westlich geprägten Welt. Die kulturellen Bedingungen anderenorts, etwa in asiatischen Ländern, sind schwer in den Blick zu bekommen. Direkte Vergleiche etwa mittels des bereits in der Studie von Sara Konrath und ihren Kollegen verwendeten Interpersonal Reactivity Index (IRI) ergeben durchaus Ähnlichkeiten, aber auch Differenzen. So haben in einer einschlägigen Studie chinesische Studenten im Vergleich zu den amerikanischen weniger empathische Fürsorge angegeben, aber ähnliche Werte im Bereich der Fantasie.[38] Es wird auch argumentiert, dass das moderne China eine Vielzahl von Faktoren aufweist, die sich negativ auf die Entfaltung der Empathie der Bevölkerung auswirken dürften. Dazu gehören:

1) die Ein-Kind-Regulierung, die von 1979 bis 2015 bestand;[39]
2) Überbevölkerung in den Städten und in manchen Regionen;
3) rapides ökonomisches Wachstum und individueller Reichtum;[40]
4) generelle Beschleunigung des Lebenswandels und entsprechend Zeitmangel;
5) die große soziale und kulturelle Kluft zwischen den Generationen;
6) und ein autoritäres Ein-Partei-System.[41]

Trotz dieser Faktoren, die sich zumindest in westlichen Gesellschaften negativ auf Empathie auszuwirken scheinen, darf man den unterschiedlichen kulturellen Gesamtzusammenhang nicht vergessen. Man denke hier nur daran, in welchem Maße die chinesische Kultur vom Respekt gegenüber alten Menschen geprägt ist. Das komplexe Erbe des Konfuzianismus hat sich hier vielleicht mit Parteihörigkeit vermischt und vielfältige neue Ausformungen gefunden. Um Empathie-Fähigkeit und Empathie-Gebrauch in China zu erwägen, müsste man also die unterschiedlichsten sozialen Konstellationen in die Untersuchung einbeziehen, die für die chinesische Kultur eine wichtige Rolle spielen. Das kann hier nicht geleistet werden. Dazu gehört etwa, dass »Einfühlung« in China regelmäßig nicht Personen, sondern der Landschaft gilt. Wenn wir diese Form

38 Melissa Ann Birkett, »Self-Compassion and Empathy across Cultures: Comparison of Young Adults in China and the United States«, in: *International Journal of Research Studies in Psychology* 3.1 (2013), S. 25-34.

39 Dafür, dass Geschwister sich positiv auf Empathie auswirken, siehe Corinna Jenkins Tucker, Kimberly A. Updegraff, Susan M. McHale und Ann C. Crouter, »Older Siblings as Socializers of Younger Siblings' Empathy«, in: *The Journal of Early Adolescence* 19, no. 2 (1999), S. 176-198.

40 Ökonomischer Wohlstand wird auch von Sara Konrath als negativer Faktor für Empathie identifiziert: Konrath et al., »Changes in Dispositional Empathy ...«.

41 Stephen F. Myler erinnert an die Effekte der Ein-Kind-Politik und der Überbevölkerung, siehe »Chinese Cultural Lack of Empathy in Development«, ⟨http://www.academia.edu/3620724/Chinese_Lack_of_Empathy_in_Development⟩, letzter Zugriff am 15. 1. 2015.

der Einfühlung auf westliche Länder übertragen würden, dürften diese plötzlich als schwach in der Einfühlungs-Empathie dastehen. Vielleicht würden junge Menschen in China weniger Empathie gegenüber Altersgenossen einer anderen Klasse zeigen, aber zugleich deutlich mehr Empathie gegenüber älteren Menschen an den Tag legen als etwa junge Menschen in Deutschland.[42]

Statt im Falle Chinas oder der westlichen Kultur eine einseitige positive Bewertung von Empathie und eine einseitig negative Beurteilung ihrer Abnahme abzugeben, können wir bislang nur vorschlagen, kulturintern zu beobachten, ob die Menschen ihren konkreten zwischenmenschlichen Anforderungen gewachsen sind. Im Falle der amerikanischen Jugend können wir etwa fragen, ob es den Jugendlichen gelingt, auf die derzeit weitverbreiteten Versagensängste ihrer Freunde einzugehen. Im Falle der chinesischen Jugend könnten wir etwa fragen, ob sie die wachsende Kluft zwischen den Generationen durch stärkere Bindungen innerhalb ihrer Gruppen ausgleichen können.

Wer nationale Vergleiche durchführen will, muss natürlich zudem daran erinnert werden, dass der Begriff der Empathie ebenso wie die mit ihm verbundenen Tests von der westlichen individualistischen Kultur geprägt sind und innerhalb der westlichen Kultur von der akademischen Mittelschicht und den in ihr typischen Verhaltensformen und Familienstrukturen und dem Vokabular. Dass sie den chinesischen Bedingungen nicht gerecht werden, ist offensichtlich.

42 Vgl. auch N. Enz, N. Zoll »Cultural Differences in Empathy between China, Germany and the UK«, ⟨www.nicve.salford.ac.uk/elvis/resources/empathy⟩, letzter Zugriff 23. 11. 2006.

II. Schwarz-Weiß-Malerei

1. Die Architektur der Empathie

Beginnen wir mit einem drastischen Beispiel. Hannah Arendt hat beschrieben, wie auch die sensibleren Nazis sich vom Mitleid mit ihren Opfern »befreien« konnten. Der von Himmler »angewandte Trick« bestehe darin, das »Mitleid im Entstehen umzukehren und statt auf andere auf sich zu richten. So daß die Mörder, wenn immer sie die Schrecklichkeit ihrer Taten überfiel, sich nicht mehr sagten: Was tue ich bloß!, sondern: Wie muß ich nur leiden bei der Erfüllung meiner schrecklichen Pflichten, wie schwer lastet diese Aufgabe auf meinen Schultern!«[1] Jeder kann sich mit dieser Strategie zu jedem Zeitpunkt als Opfer empfinden und Mitleid einfordern. Vor allem zeigt diese Strategie, dass Empathie nicht schlicht auf einen Prozess mit Auslöser und Ablauf reduziert werden kann, sondern zudem durch Blockaden und Umlenkungen gekennzeichnet ist. Um derartige Möglichkeiten in den Blick zu bekommen, will dieses Kapitel eine allgemeine Architektur von Empathie vorschlagen und dann eine besondere Möglichkeit des Auslösens von Empathie genauer entwickeln.

Das erste Kapitel hat bereits die Idee eingeführt, dass es zuviel Empathie geben kann. Nietzsche geht so weit zu behaupten, dass der empathische Mensch seine eigene Identität permanent verliert und nur in anderen unabhängige Wesen erkennen kann, denen er sich unterwirft. Diesem Argument wurden neuere Forschungen gegenübergestellt, denen zufolge bei der heutigen Jugend zumindest in Amerika eine rapide Abnahme von Empathie zu verzeichnen ist. Damit stellt sich die Frage, wann ein Zuviel oder Zuwenig an Empathie zu beklagen ist. Ist der Empathie-Mangel eine der großen Herausforderungen unserer Epoche, wie etwa Barack Obama es artikuliert, oder stellt er eine Befreiung aus der Abhängigkeit von anderen dar?

Die Frage nach einem Zuviel oder Zuwenig an Empathie führte im vorangegangenen ersten Kapitel zu allgemeinen kulturellen und philosophischen Fragen. Doch nun wollen wir diese Fragen

1 Hannah Arendt, *Eichmann in Jerusalem. Ein Bericht von der Banalität des Bösen*, München, Zürich: Piper, 2011, S. 195.

rückbinden an die konkreten psychischen und verhaltensbezogenen Mechanismen von Empathie. Wir werden fragen, was für Kontrollmechanismen unser psychischer Apparat entwickelt, um zwischen dem Zuviel oder Zuwenig an Empathie zu unterscheiden. Und was sind wiederum die Konsequenzen, die sich aus solchen Mechanismen der Empathie-Kontrolle ergeben?

In diesem zweiten Kapitel wird eine Architektur der Empathie vorgeschlagen. Diese Architektur geht davon aus, dass Empathie als Ganzes von der Gefahr des Exzesses, also des Selbstverlusts, geprägt ist. Das Kapitel diskutiert, wie man sich den Kontrollmechanismus *als Teil* der Empathie vorstellen könnte. Das wird uns zum Modell einer dreigliedrigen Empathie führen. Die Annahme ist dabei nicht, dass diese drei Glieder direkt in drei verschiedene neuronale Routinen übersetzt werden können, sondern dass sie eine treffende phänomenale Beschreibung von Empathie erlauben.

Die vorgeschlagene Architektur ermöglicht Überlegungen zu der Frage, in welchen Fällen Empathie erlaubt und in welchen sie unterdrückt wird. Zentral geht es also um die Veranlassungen und das Zulassen von Empathie. Von hier aus kommen wir dann zu Fragen der Voreingenommenheit, der Vorurteile und der Ungerechtigkeit, die sich aus Empathie ergeben, mithin den dunklen Seiten.

Für ein Modell des tatsächlichen Gebrauchs von Empathie kann die bloße Fähigkeit zur Empathie nur ein Element sein. Zudem muss erörtert werden, wann und wie sie aktiviert wird. Die Mehrzahl von Menschen ist mit einem beeindruckenden Maß an empathischen Fähigkeiten ausgestattet, die auf reiche Art und Weise mit unserem Erleben und unserer Identität verzahnt sind. Bevor wir einige dieser Fähigkeiten skizzieren, soll aber zunächst die bloße Vielzahl der Empathie-Fähigkeiten betrachtet werden.

Ein Blick auf die Frühgeschichte der Empathie-Forschung kann die starke Befähigung zur Empathie veranschaulichen. Den ersten modernen Empathie-Forschern ging es um das Verstehen von ästhetischen Prozessen der *Einfühlung*. Das Wort »Einfühlung« wurde 1909 von Edward Titchener als »empathy« ins Englische übersetzt,[2] von wo aus es als »Empathie« ins Deutsche rückübersetzt wurde. Zuvor analysierte Theodor Lipps, Professor für Ästhetik an der

2 Gustav Ahoda, »Theodor Lipps and the Shift from ›Sympathy‹ to ›Empathy‹«, in: *Journal of the History of the Behavioral Sciences* 41 (2005), S. 151-163.

Universität München in Nachfolge von Robert Vischer, wie Betrachter sich in einfache gezeichnete Formen und Figuren projizieren. Seine Grundannahme bestand darin, dass jedes ästhetische Vergnügen im Kern eine Selbstbegegnung beinhaltet. Wenn man also mit Vergnügen eine Zeichnung einer geometrischen Figur betrachtet, dann deshalb, so Lipps, weil man sich darin wiederfindet.

In seiner *Ästhetik: Psychologie des Schönen und der Kunst* (1903/1906) argumentiert Lipps, dass der Beobachter noch die einfachsten Skizzen aber auch die komplexen Kunstwerke dadurch zum Leben erweckt, dass er seine Gefühle, Stimmungen und Emotionen in sie hineinprojiziert. In diesem Prozess des Hineinlegens unserer Gefühle in die Zeichnung manifestiert und objektiviert sich etwas von uns selbst, dem wir gegenüberstehen und das wir also erleben können wie eine objektive Sache.

Lipps betont, dass die menschliche Wahrnehmung im Allgemeinen ebendiese Tendenz habe, tote Dinge mental in lebende zu verwandeln.[3] Man könnte diese von Lipps hervorgehobene Tendenz als einen »Empathie-Bias« bezeichen, also als Empathie-Voreingenommentheit, der darin besteht, dass wir auch mit nicht-lebenden Dingen empathische Beziehungen aufbauen und sie mental als Lebewesen behandeln. Der Animationsfilm hat diese Tendenz kurz darauf genutzt, um jeden Besen zum Akteur zu verwandeln.

Ein jüngerer Kollege von Lipps, Wilhelm Worringer, bezeichnete diesen Empathie-Bias als »Einfühlungsdrang«.[4] Das Projekt Worringers war dabei kritisch gegen diesen Einfühlungsdrang gerichtet, nicht weil er ihn für unerheblich hielt, sondern genau im Gegenteil für ubiquitär im menschlichen Erleben. Gegen den als übermächtig verstandenen Einfühlungsdrang versuchte Worringer eine andere Form der Kunstrezeption geltend zu machen, nämlich eine Rezeption, die sich auf Abstraktion gründet. Es sei hier nur kurz angemerkt, dass Worringers berühmtes Buch *Einfühlung und Abstraktion* (1907) genau an diesem Ziel scheitert. Es gelingt ihm durchaus, die Übermacht der Einfühlung zu belegen. Doch mit seinem Gegenvorschlag einer zweiten Rezeptionsform geht ihm die Stoßkraft aus, da das andere der mimetischen Rezeption stets eben

3 Vgl. Malika Maskarinec, *Balancing Acts: The Acrobatics of Form and Force from 1900 to 1930*, unveröffentlichte Dissertation.

4 Wilhelm Worringer, *Abstraktion und Einfühlung. Ein Beitrag zur Stilpsychologie* (1907), hg. v. Helga Grebing, München: Fink, 2007, S. 72.

nur als anderes von Mimesis und Einfühlung eingeführt wird und selbst blass bleibt.

Die Entdeckung des Empathie-Bias oder Einfühlungsdrangs ist für uns heute keine große Neuigkeit mehr. Jeder kennt die ästhetische Erfahrung, dass ein einfaches Strichmännchen, ein Smiley oder das nur angedeutete »Gesicht« eines Roboters bereits Gefühle auslösen. Vittorio Gallese und seine Mitarbeiter haben etwa nachgewiesen, dass die Spiegelneuronen bei ästhetischen Prozessen vor Gegenständen auf ähnliche Art und Weise feuern, als stände ein Mensch vor einem.[5] Man muss kein Spezialist im Marketing sein, um zu verstehen, dass Produkte vom Auto bis zur Zahnpasta den Konsumenten anlächeln sollen, um gekauft zu werden. Doch ebendiese Einsichten hatten Neuigkeitswert um 1900, als die Reduktionen und Vereinfachungen der Kunst die moderne Design-Kultur freisetzten und das moderne Branding sowie Marketing erfunden wurden.

In der Geschichte der Ästhetik gilt Lipps als Vertreter einer Theorie der ästhetischen Projektion. Man kann ihm in der Tat vorwerfen, dass der ästhetische Gegenstand durch die Einfühlung »ausschließlich nach Maßgabe einer bloßen Ich-Erweiterung konstituiert« wird, wie Christiane Voss formuliert.[6] Insofern ist es durchaus nicht ohne Ironie, dass Lipps zugleich das akademische Interesse an zwischenmenschlicher Empathie angestoßen hat. Man denke hier nur an Edward Titchener, an Edith Stein und ihre Arbeiten zur menschlichen Einfühlung als Projektion sowie an Edmund Husserls Phänomenologie. Auch wenn Daniel Batson den auf Lipps zurückgehenden Begriff der ästhetischen Empathie eher als Verirrung einstuft,[7] liegt eben hier der Beginn modernen wissenschaftlichen Nachdenkens über das Phänomen.

Der Zweck dieses kurzen historischen Exkurses bestand dabei aber nicht in einer Ehrenrettung Theodor Lipps' oder dem bloßen Aufzeigen, wie jung diese Diskussion historisch eigentlich ist. (Im

5 Vgl. David Freedberg und Vittorio Gallese, »Motion, Emotion and Empathy in Esthetic Experience«, in: *Trends in Cognitive Sciences* 11, Nr. 5 (2007), S. 197-203.

6 So Christiane Voss, »Einfühlung als epistemische und ästhetische Kategorie bei Hume und Lipps«, in: Robin Curtis und Gertrud Koch (Hg.), *Einfühlung. Zu Geschichte und Gegenwart eines ästhetischen Konzepts*. München: Fink, 2009, S. 31-47: 43.

7 Vgl. Daniel C. Batson »These Things Called Empathy«.

Bezug auf das Alter der Diskussion muss natürlich auch auf die Diskussion des Mitleidens bei Aristoteles und dann bei den Aufklärern wie etwa Hume, Lessing und Adam Smith hingewiesen werden.) Vielmehr besteht der Sinn dieser Rückschau in der Betonung ebendieser Tendenz zur Über-Empathisierung, des Empathie-Bias oder »Einfühlungsdrangs«. Diese Tendenz prägt die menschliche Wahrnehmung wohl in der Tat. Wir würden heutzutage zwar nicht von einem »Drang« oder Trieb sprechen, was auch immer dies genau sein mag. Dennoch leuchtet die These ein, dass es eine Grundbereitschaft zu Animation, Anthropomorphisierung, Einfühlung und Empathie gibt, selbst in den Fällen, wo wir keinem anderen Menschen oder Lebewesen gegenüberstehen.

Zu dieser Tendenz kommt noch ein zweiter Faktor hinzu, der die schnelle Empathie-Bereitschaft verstärkt. Anscheinend haben wir als Menschen nicht nur einen Weg zur Verfügung, wie wir zu einem empathischen Verstehen unserer Mitmenschen gelangen können, sondern eine Mehrzahl. Angedeutet wurde diese Mehrzahl an Zugangsmöglichkeiten bereits in der Einführung und der Diskussion der unterschiedlichen Begriffe von Empathie. Die Spannbreite an möglichen Mechanismen, die von Wissenschaftlern in den letzten Jahrzehnten untersucht wurden, reicht dabei von intellektuellen Verfahren des gezielten Erratens der Gefühle und des Berechnens der Gedanken des anderen bis hin zu nicht-bewussten emotionalen Simulationen und gezielten Kopierverfahren, etwa wenn man die Körperposition eines anderen einnimmt.

Selbst wenn man sich auf eine etwas engere Definition von Empathie einigt – etwa im Sinne des »perception action models«, welches die Nutzung ähnlicher neuronaler Prozesse und Routinen beim Handelnden und beim empathischen Beobachter beschreibt –, kann man feststellen, dass dieses emotionale Miterleben auf einer Reihe von Wegen aktiviert werden kann. Zu derartigen Auslösern gehören nicht-bewusste Aktivierungen wie emotionale Ansteckung in Massen (also etwa die Massenpanik),[8] das Beobachten eines starken Affekts, das Beobachten von zielgerichteten Handlungen, das Einnehmen einer Perspektive, der Transport in eine fiktive Welt,[9] das Einnehmen einer körperlichen Haltung, intellektuelle Fokus-

8 So bereits Preston und de Waal, »Empathy«.

9 Mazzocco et al., »This Story is not for everyone«.

sierung und Einfühlung. Es ist dabei auch anzunehmen, dass es zwischen den verschiedenen Prozessen von empathie-verwandten Reaktionen regelmäßig zu einem Umschlagen vom einen in den anderen kommt. Ein eher intellektueller Anstoß kann auch emotionale Prozesse auslösen usf.

Wir werden am Ende dieses Kapitels weitere spezifische kulturelle Auslöser von Empathie vorstellen. Beeindruckend ist jedenfalls, dass der Empathie-Apparat im Gehirn von vielen Seiten aus aktiviert werden kann.

Für jetzt soll nur festgehalten werden, dass wir auf vielfältige Art und Weise auf Empathie vorbereitet sind. Sowohl in biologischer als auch kultureller Hinsicht werden wir in Richtung Empathie geführt. Unsere soziale Umwelt ist sehr gut zur Ausbildung von Empathie geeignet, da unser emotionales und intellektuelles Verstehen von anderen uns handgreifliche Vorteile bringt. Wir werden in vieler Hinsicht zur Empathie angeregt, erzogen und verführt. Man kann auch sagen, dass wir in einer Welt des sozialen und empathischen Lärms leben. Andere Menschen, aber etwa auch Produkte der Medienwelt stehen im Wettbewerb um unsere empathische Aufmerksamkeit. Unsere Tendenz zur Empathie lässt sich dabei leicht aktivieren, so dass wir auch schnell bereit sind, Empathie mit nicht-lebenden Dingen, Fantasieprodukten oder längst Verstorbenen zu haben. In einem Wort: Wir sind hyperempathische Wesen.

Hyperempathie klingt nach einer guten Anpassung für ein soziales Wesen. Trotzdem müssen wir an die »Kosten«, wie man in der Evolutionsbiologie sagt, erinnern. Empathie birgt, wie wir oben entwickelt haben, das Risiko eines Selbstverlusts, eines Verlierens der eigenen Interessen und Perspektiven. Selbstverlust wurde oben als ein Effekt der Simulation, Adaption oder Perspektiveinnahme eines anderen beschrieben, der zu einer Abschwächung der eigenen Interessen, Gefühle, Selbstwahrnehmung, Intensität, Identität, des Selbstwerts oder Selbstbewusstseins führt. Im ersten Kapitel hatten wir diesen Selbstverlust dabei nicht als Verlust einer schlicht existierenden psychologischen Instanz wie des Ich dargestellt, sondern vielmehr als eine *Verselbstung* des anderen; der andere wird erzeugt oder projiziert als übermächtig, realer und wichtiger als die Idee, die man im Vergleich von sich selbst hat. Statt von Selbstverlust müsste man daher mit sachlichem Recht von einer Selbsterzeugung sprechen, aber eben eines Selbsts, das einem selber strukturell schlicht verwehrt ist und das als Tendenz der Beobachtung nur dem anderen zugesprochen wird. Wie ein Kinoheld, der uns als übermenschlich erscheint, so können einem auch die anderen in der Form des empathischen Selbstverlusts erscheinen. Ein Selbst oder Ich hat immer nur der andere. Dieser »Selbstverlust« war dabei durchaus auch das Tor zu einem reicheren Erleben mittels der Perspektiven der anderen. Auch daran muss hier zumindest erinnert werden.

Von diesem Befund kommen wir zum zweiten Schritt des vorgeschlagenen Modells. Wenn Menschen hyperempathisch sind, müssen wir fragen, mit welchen Mechanismen oder Techniken sie den Selbstverlust verhindern oder limitieren. Einfach gefragt: Wie gelingt es ihnen, ihre Empathie zu kontrollieren, zu fokussieren und zu blockieren? Pointiert könnte man formulieren, dass Empathie nur gelernt und perfektioniert werden kann, wenn unsere emotionale und intellektuelle Aufmerksamkeit für andere auch ausgestellt, gefiltert und gesteuert werden kann. Ohne Mechanismen oder Techniken der partiellen Empathie-Blockade würden wir in einer Welt des permanenten Perspektiv-Verlusts und eines strukturellen Stockholm-Syndroms leben. Im Extremfall müssten wir ständig unfreiwillig die Perspektiven nicht nur von anderen Menschen, sondern womöglich auch von Tieren oder gar mythischen und fiktionalen Wesen einnehmen und ihr reales oder imaginiertes Erleben teilen. In diesem andauernden geteilten Erleben oder Simulieren der anderen würden wir unseren Selbstbezug verlieren, wie Nietzsche es skizziert.

Wie bei den verschiedenen Fähigkeiten zur Empathie können wir vorsichtig vermuten, dass es nicht schlicht eine Form der Empathie-Blockade gibt, sondern eine Vielzahl. In Frage kommen dabei eine Reihe von bewussten Steuerungen bis hin zu erlernten Formen der Abhärtung und Abstumpfung,[10] die der Vielzahl von Formen von Empathie zugeordnet sind.

Auf der Ebene der neuronalen Aktivität gibt es neben Aktivierungen auch unterdrückende Mechanismen. Neben den Spiegelneuronen gibt es möglicherweise eine Gruppe von steuernden

10 Siehe Elizabeth A. Shirtcliff, Michael J. Vitacco, Alexander R. Graf, Andrew J. Gostisha, Jenna L. Merz und Carolyn Zahn-Waxler, »Neurobiology of Empathy and Callousness: Implications for the Development of Antisocial Behavior«, in: *Behavioral Sciences & the Law* 27, Nr. 2 (2009), S. 137-171.

Neuronen, die andere Neuronen unterdrücken.[11] Man muss hier natürlich auch berücksichtigen, dass das Verhältnis der Spiegelneuronen zur Empathie bisher nicht geklärt ist. Wir können vermuten, dass die neuronalen Routinen der Spiegelneuronen weitgehend quasi-automatisch, präreflexiv und prärational ablaufen,[12] doch dies heißt nicht, dass diese Aktivitäten der Spiegelneuronen zu Empathie-Prozessen führen.[13]

Am anderen Ende des Spektrums der Kontrollmechanismen stehen bewusste Prozesse, mit denen man sich selektiv von anderen Menschen distanzieren kann. Empathie zu blockieren, kann gelernt werden. Ein Chirurg etwa sollte sicherlich nicht zu sehr mit dem Patienten mitfühlen, während er ihn operiert. Es ist anzunehmen, dass Menschen in vielen spezialisierten Berufen oder Aufgabenfeldern Techniken zur Unterbindung von Empathie entwickeln. Man denke etwa an Juristen,[14] Pfleger, Ärzte und Sanitäter.[15]

Zwischen den Extremen von vollständig nicht-bewussten Kontrollen bis zu den erlernten Techniken der Empathie-Blockade können wir eine Vielzahl an anderen unterdrückenden Mechanismen vermuten. Diese können auf neuronaler ebenso wie auf psychischer und kultureller Ebene beschrieben werden. Wie diese Mechanismen aber klassifiziert werden können, ist in vielerlei Hinsicht eine offene Frage. Was konstituiert eine Empathie-Blockade? Welche Rolle spielen psychische Systeme höherer Ordnung (wie etwa das »Bewusstsein«)? Welche Rolle spielen kollektive kulturelle Techni-

11 Marco Iacoboni, »Imitation, Empathy, and Mirror Neurons«, in: *Annual Review of Psychology* 60 (2009), S. 653-670.

12 Vittorio Gallese, »The ›Shared Manifold‹ Hypothesis. From Mirror Neurons to Empathy«, in: *Journal of Consciousness Studies* 8.5-6 (2001), S. 33-50; Vgl. auf Deutsch auch: Vittorio Gallese, »Die mannigfaltige Natur zwischenmenschlicher Beziehungen. Die Suche nach einem gemeinsamen Mechanismus«, in: Claudia Breger, Fritz Breithaupt (Hg.), *Empathie und Erzählung*, Freiburg: Rombach, 2010, S. 21-52.

13 Gegen überzogene Erwartungen an die Spiegelneuronen wendet sich Hickok, *The Myth of Mirror Neurons*.

14 Jody Lynee Madeira, »Lashing Reason to the Mast: Understanding Judicial Constraints on Emotion in Personal Injury Litigation«, in: *UC Davis Law Review* 40, Nr. 137 (2006).

15 Ezequiel Gleichgerrcht und Jean Decety, »Empathy in Clinical Practice: How Individual Dispositions, Gender, and Experience moderate Empathic Concern, Burnout, and Emotional Distress in Physicians«, in: *PLoS One* 8.4 (2013), e61526.

ken (anscheinend können ganze kulturelle Gruppen verschiedene Ausnahmen von Empathie entwickeln – lange Zeit hat man zum Beispiel wenig Empathie mit Sklaven gehabt)? Und wann wiederum wird Empathie dennoch zugelassen?

Es wäre verfrüht, eine vollständige und systematische Übersicht über alle Empathie-Blockaden zu liefern. Stattdessen können hier nur eine Reihe von einzelnen Phänomenen der Blockade, Steuerung oder Unterdrückung von Empathie genannt werden.[16] Dazu gehört auch die Himmler zugeschriebene Strategie der Umleitung der Empathie vom Opfer auf sich selbst als bemitleidenswerter Täter.

Wie bereits in der Einleitung erwähnt wurde, kann Empathie etwa für die Leiden von Menschen, denen wir moralisches Versagen vorwerfen, limitiert werden. Wenn wir andere als strafwürdig einstufen, tendieren die meisten von uns dazu, weniger Empathie zu empfinden, wenn die als schuldig betrachteten eine Strafe erdulden müssen.[17] Was uns hier interessiert, ist, dass die Zuweisung von Schuld als Auslöser einer Blockade von Empathie operieren kann. Zumindest lassen die Daten vermuten, dass Zuweisungen wie »Es ist ihre eigene Schuld« die Intensität von Empathie beeinflussen.

Die einschlägige Studie von Tania Singer fasst »Schuld« im engeren Sinne als ein aktives Betrügen in einem Spiel. Doch dürfen wir uns im Kontext von Empathie-Blockaden fragen, inwiefern auch andere Formen der Attribution als Auslöser dienen können. Wenn jemand einem Teenager Fahrlässigkeit bezüglich seines Verhaltens vorwirft, weist er ihm damit auch die Schuld für mögliche Selbstverletzungen zu. Heißt dies, dass man weniger Empathie mit dem Teenager hat? Und welche Rolle spielt Sprache in diesem Prozess? Wir haben eben von Zuweisung oder Attribution gesprochen. Ist das eigentlich zutreffend? Wenn wir einen Betrüger oder Schumm-

16 Zu weiterführenden Vorschlägen und Ansätzen vergleiche Aleida Assmann und Ines Detmers (Hg.), *Empathy and its Limits*, New York: Palgrave, 2016.

17 In einer der wenigen Studien, die einen signifikanten Unterschied zwischen den Geschlechtern festgestellt hat, haben, wie bereits berichtet, Tania Singer und ihre Mitarbeiter beobachtet, dass weit weniger Männer Empathie empfinden (gemessen wurden Gehirnströme mittels fMRI), wenn sie beobachten, wie ein Übeltäter bestraft wird. Frauen dagegen reagieren nach wie vor mit Empathie, wenn der Straftäter physisch bestraft wird, allerdings mit geringerer Intensität als gegenüber einem unschuldig Bestraften, vgl. Singer et al., »Empathic Neural Responses are Modulated by the Perceived Fairness of Others«.

ler für strafwürdig halten, könnte dies auf eine moralische Intuition im Sinne von Jonathan Haidt zurückgeführt werden, die nur zu einem geringen Maße rationalen Kontrollmechanismen untersteht.[18]

Wir können hier nur spekulieren, wie der Empathie-Entzug oder die Empathie-Blockade zustande kommt. Eine Möglichkeit ist die sprachlich vermittelte Zuweisung oder Attribution.[19] Man könnte aber auch über das Sprachliche hinaus untersuchen, ob etwa irreversible Attributionen eine Sonderrolle spielen. Irrevesible Attributionen wie etwa besonders starke Diffamierungen könnten sogar auch dann noch eine Rolle spielen, wenn sie sich als unbegründet erwiesen haben.

Dies könnte dann über Fragen der Schuld hinaus vielleicht auch viele andere Formen annehmen. Etwa könnte eine Gruppe schlicht eine andere als schlecht und minderwertig bezeichnen. Die solcherart gekennzeichneten, sprachlich markierten Menschen würden dann bereits weniger Empathie auf sich ziehen, unabhängig davon, wie sie als Individuen handeln. Die Geschichte nicht nur des 20. Jahrhunderts ist leider allzu reich an möglichen Beispielen.

Eine andere Erklärung könnte darin bestehen, dass eine Person, die schlecht gehandelt hat, von uns mental markiert wird. In diesem Falle würde das heißen, dass wir der markierten Person gegenüber auch dann weniger Empathie empfinden, wenn ihr ein Missgeschick passiert, welches weder kausal noch temporal als Strafe für ihre Verfehlung aufgefasst werden kann. Wieder eine andere Möglichkeit könnte darin bestehen, dass wir, immer wenn wir eine empathie-relevante Szene beobachten, ein schnelles und selten bewusstes Urteil darüber fällen,[20] ob wir uns mitfühlend einschalten sollen. Experimentell kann zwischen diesen und anderen Varianten unterschieden werden, etwa indem man die Information in unterschiedlicher Reihenfolge präsentiert oder die zeitliche Spanne zwischen Untat/Missgeschick und Strafe vergrößert.

18 Zur Einführung Jonathan Haidt, *The Righteous Mind: Why Good People are Divided by Politics and Religion*, New York: Vintage, 2012.

19 Zur diesbezüglichen Rolle der Sprache siehe die Arbeiten von Eva-Maria Engelen, etwa: »Innenleben und Dialog«, in: *Paragrana* 24, Nr. 2 (2015), S. 177-190.

20 Etwa im Sinne der von Antonio Damasio beschriebenen vorbewussten Prozesse, siehe Antoine Bechara, Hanna Damasio, Daniel Tranel und Antonio R. Damasio, »Deciding Advantageously before Knowing the Advantageous Strategy«, in: *Science* 275, Nr. 5304 (1997), S. 1293-1295.

Es wäre zu spekulieren, ob die hier skizzierten Mechanismen auch einen Anteil an ethnischer, nationaler oder religiöser Gewalt haben könnten. Doch statt diesen Gedanken hier nachzugehen, ist es für unsere vorliegenden Zwecke zunächst wichtiger festzustellen, dass Empathie offensichtlich individuell und situativ zurückgehalten oder unterdrückt werden kann, und zwar aufgrund der Vorgeschichte eines Leidens. Die gleiche Szene der Bestrafung kann in dem einen Fall Empathie auslösen und in dem anderen viele Beobachter kalt lassen – bzw. sogar positive Gefühle im Belohnungszentrum des Gehirns freisetzen.

Ähnlich könnte auch ein anderer Fall liegen. Versuchspersonen wurden Bilder von körperlichem Schmerz vorgelegt. Dazu erhielten sie Informationen, wie viel Geld die abgebildeten Personen für die Schmerzzufügung bekommen hatten. Wenn die Summe groß war, hatten die Versuchspersonen wenig Empathie. Bekamen die gleichen abgebildeten Menschen jedoch laut der gelieferten Informationen eine geringe Summe oder keine Kompensation, so nahm die mittels fMRI gemessene Empathie zu.[21]

Eine andere und weitverbreitete Form von Empathie-Steuerungen liegt anscheinend in der Gruppenzugehörigkeit. Wir wissen aus zahlreichen Studien, dass Menschen im Durchschnitt weniger Empathie mit Menschen haben, die nicht Teil ihrer Gruppe sind. Auch dass Ähnlichkeit zwischen Beobachter und Beobachteten eine wichtige Rolle spielt, ist oft bestätigt worden.[22] Allerdings ist hier nicht klar, ob wir eher von Empathie-Blockade oder umgekehrt von einer Empathie-Bevorzugung sprechen sollten.

Ein anderer Fall von möglicher Empathie-Blockade findet sich in der Vertrautheit mit einer Situation. Wenn ich meine Studenten frage, welche Rolle es für Empathie spielen könnte, dass man eine bestimmte Situation selber erlebt hat, bevor man sie bei anderen beobachtet, antworten sie routinemäßig, dass das eigene

21 Guo, Xiuyan, Li Zheng, Wei Zhang, Lei Zhu, Jianqi Li, Qianfeng Wang, Zoltan Dienes und Zhiliang Yang, »Empathic Neural Responses to Others' Pain Depend on Monetary Reward«, *Social Cognitive and Affective Neuroscience* (2011), nsr034.

22 Dennis Krebs, »Empathy and Altruism«, in: *Journal of Personality and Social Psychology* 32.6 (1975), S. 1134; vgl. auch Claus Lamm, Andrew N. Meltzoff und Jean Decety, »How do We Empathize with Someone who is not like Us? A Functional Magnetic Resonance Imaging Study«, in: *Journal of Cognitive Neuroscience* 22.2 (2010), S. 362-376.

Erleben wichtig für Empathie ist. Die Studenten vermuten hier, dass man Emotionen und Empfindungen besser teilen kann, wenn man sie gewissermaßen nachempfindet und früheres Erleben erinnert. Das klingt nach einer vernünftigen Spekulation und wird im Falle unmittelbarerer Beobachtung von physischem Schmerz von empirischen Befunden gestützt.[23] Dennoch bleiben hier einige Forschungslücken, um nicht zu sagen einige Unklarheiten. Es ist immerhin denkbar, dass in bestimmten Situationen auch das Gegenteil der Fall sein kann. Wenn wir eine Situation bereits erlebt haben, könnte es sein, dass wir weniger neugierig sind, denn immerhin ist eine Attraktion von Empathie das Miterleben von etwas, das uns sonst verwehrt wäre. Oder wir selbst wissen bereits, dass eine bestimmte Erfahrung »nicht so schlimm« ist, verweigern andern daher das Mitgefühl und sind vielleicht im Gegenteil angewidert von dem, was wir im Nachhinein als pathetischen Gefühlsexzess einstufen. Oder wir haben eine Aversion gegenüber dem vergangenen Ereignis und wollen es nicht noch einmal erleben. Insofern kommt das vorherige Erleben einer Situation als Anlass für Abhärtung, Aversion oder Vermeidung und entsprechend als Top-down-Blockade-Mechanismus in Frage.[24]

Die Spannweite der möglichen Formen von Empathie-Blockade ist groß. Wie bereits angedeutet wurde, können die verschiedenen Formen von Empathie-Blockade nach den Graden von Bewusstheit unterschieden werden. Man kann ebenfalls unterscheiden, ob die Blockade eher objekt-bezogen oder subjekt-bezogen ist. Ob-

23 Vgl. etwa M. A. Preis und B. Kroener-Herwig, »Empathy for Pain: The Effects of Prior Experience and Sex«, in: *European Journal of Pain* 16.9 (2012); Michael E Robinson und Emily A. Wise, »Prior Pain Experience: Influence on the Observation of Experimental Pain in Men and Women«, in: *The Journal of Pain* 5.5 (2004), S. 264-269. Y Cheng et al., »Expertise Modulates the Perception of Pain in others«, in: *Current Biololgy* 17 (2007), S. 1708-1713; auch Jakob Eklund, Teresi Andersson-Straberg und Eric M. Hansen, »I've also experienced Loss and Fear: Effects of Prior Similar Experience on Empathy«, in: *Scandinavian Journal of Psychology* 50, Nr. 1 (2009), S. 65-69; Lisbet Goubert et al., »Facing others in Pain: The Effects of Empathy«, in: *Pain* 118, Nr. 3 (2005), S. 285-288.

24 Differenzen zwischen Beobachtern mit und ohne Erfahrung, die diese Spekulationen unterstützen könnten, finden sich bei Mira A. Preis, Carsten Schmidt-Samoa, Peter Dechent und Birgit Kroener-Herwig, »The Effects of Prior Pain Experience on Neural Correlates of Empathy for Pain: An fMRI study«, in: *Pain* 154, Nr. 3 (2013), S. 411-418.

jektbezogen sind Empathie-Blockaden, die Empathie von einem spezifischen anderen (dem Objekt) abziehen, etwa weil diesem Schuld zugewiesen wird oder weil er der falschen Gruppe angehört. Subjektbezogen sind dagegen die Empathie-Blockaden, die vom empathischen Menschen ausgehen und seine Empathie schlicht stoppen, etwa aufgrund von starkem Selbst-Fokus. Ebenso kann man die Empathie-Blockaden in einer Spanne von eher individuell erlernten Verhaltensformen und kulturellen Mustern verorten.

In dem hier vorgestellten Modell entspringt der Bedarf einer Empathie-Blockade aus der vorgängigen Hyper-Empathie bzw. dem Empathie-Bias. Man könnte diese Notwendigkeit von Empathie-Blockade auch auf eine andere, aber durchaus verwandte Art und Weise herleiten. Stephanie Preston und Frans de Waal haben ein einflussreiches Entwicklungsmodell von Empathie vorgeschlagen, dem gemäß Säuglinge ebenso wie viele soziale Tiere in einem Zustand leben, in dem sie zwischen Selbst und anderen emotional nicht klar unterscheiden können.[25] Dieser primäre Zustand der Ununterschiedenheit von Selbst und anderen zeige sich in Fällen der geteilten Emotionen wie der emotionalen Ansteckung. Wenn ein Individuum eine starke Emotion wie Angst fühlt, kann diese Emotion eine ganze Gruppe anstecken und kollektive Panik auslösen.[26] Soziale Lebewesen befinden sich in einer Sphäre der »geteilten Mannigfaltigkeit«.[27] Preston und de Waal haben vorgeschlagen, dass Menschen und manche andere Tierarten lernen können, zwischen sich und anderen zu unterscheiden, und dadurch die Emotionen der anderen ausblenden können. So betrachtet besteht die Funktion des Ich oder Selbst darin, das Individuum von den Gefühlen und Emotionen der anderen abzuschirmen. Empathie besteht entsprechend im Verstehen und Mitfühlen bei gleichzeitigem Bewusstsein der Differenz zwischen Ich und anderem.

Das Modell von Preston und de Waal ist einleuchtend, wenn man Phänomene der emotionalen Ansteckung oder Schwarmverhalten zum Ausgang der Untersuchung wählt. Doch das Modell ist in anderer Hinsicht durchaus problematisch. Es setzt voraus, dass ein Gefühl von Selbstheit erst im Laufe des Lebens erworben wird.

25 Stephanie Preston und Frans de Waal, »Empathy«.

26 Elaine Hatfield, John T. Cacioppo und Richard L. Rapson, *Emotional Contagion*, Cambridge: Cambridge UP, 1994.

27 Vittorio Gallese, »The Shared Manifold Hypothesis«.

Zudem wird meist angenommen, dass emotionale Ansteckung als eine primitive Mimikry auf ein paar wenige starke Emotionen und Affekte reduziert ist, vor allem Angst, Aggression und Müdigkeit.[28] Mithin müssen diese starken Affekte als wichtig für die Ausbildung des Ich oder Selbst verstanden werden. In Kulturen oder Populationen ohne viel Aggression und Angst dürfte es demnach kaum zur Ausbildung eines Ich oder Selbst kommen. Eine weitere problematische Konsequenz des Preston-de-Waal-Modells besteht darin, dass Empathie ihm zufolge als eine Art des Regresses erscheinen muss, der uns zumindest teilweise in einen früheren Entwicklungszustand der Ununterschiedenheit zurückführt.

Die Liste möglicher Top-down-Mechanismen zur Unterbindung, Blockade oder Aushebelung von Empathie ist mit den genannten Fällen nur angedeutet. Hier bleibt noch viel zu tun.

Der dritte Schritt in der Empathie-Architektur besteht in den Mechanismen und Techniken, die die Blockaden umgehen oder neutralisieren, dergestalt, dass Empathie zugelassen wird. Wenn wir also in der Tat zu Recht als hyperempathisch beschrieben werden können (Schritt 1), aber lernen, unsere Empathie zu unterdrücken, zu kontrollieren und zu limitieren (Schritt 2), fragt es sich, wann und wie wir dennoch Empathie zulassen.

Eine Reihe von Möglichkeiten kommt für diesen dritten Schritt in Frage. Die schematische Darstellung erlaubt uns eine erste Sortierung. Dass es sich dabei um theoretische Konstrukte handelt, soll dabei aber betont werden. Die metaphorische Natur dieser Übersicht wird durch einige Anführungszeichen betont. Natürlich gibt es auch Fälle, in denen die Blockade-Mechanismen nie zum Zuge kommen, sondern der äußere Anstoß zum Mitempfinden (wie das Beobachten einer Verletzung) schlicht zu Empathie führt. Empathie ist, so viel kann mit Sicherheit gesagt werden, einer Vielzahl an Top-down-Prozessen und also Steuerungen zugänglich.

A. Die erste Möglichkeit besteht darin, dass der Empathie-Blockade Mechanismus »umgangen« wird.

28 Hatfield, Cacioppo und Rapson, *Emotional Contagion*, S. 5. Zu Erweiterungen des Konzepts der emotionalen Ansteckung siehe auch Hillary Anger Elfenbein, »The Many Faces of Emotional Contagion. An Affective Process Theory of Affective Linkage«, in: *Organizational Psychology Review* (2014), S. 177-190.

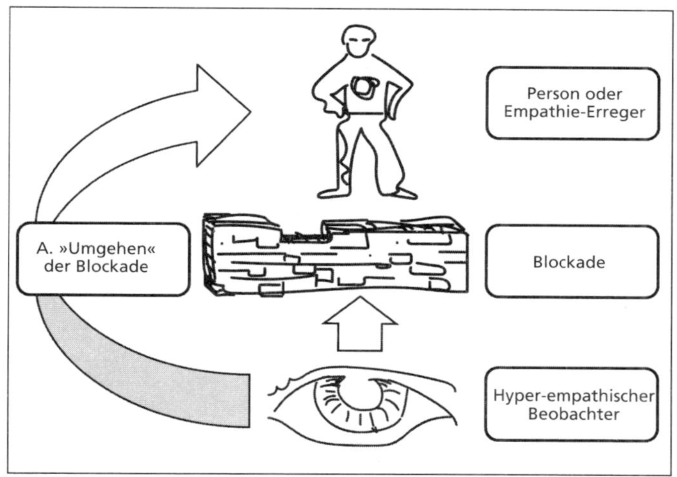

Abb.: Umgehen der Empathie-Blockade.

Ein solcher Fall liegt vor, wenn der Blockade-Mechanismus schlicht nicht auf einen bestimmten Stimulus von Empathie vorbereitet ist. Vielleicht ist er »spezialisiert« auf andere Fälle und wird so überlistet. In diesem Fall darf man vermuten, dass das Blockade-System diesem Stimulus bald auf die Schliche kommt, sich gegen ihn immunisiert und bald besser vorbereitet ist.

B. Ein anderer Fall liegt vor, wenn ein Empathie-Auslöser schlicht so stark ist, dass das Blockade-System »durchbrochen« wird. Unter »Stärke« eines Empathie-Auslösers kann man sich nun wiederum einiges vorstellen. Körperliche Reaktionen gehören hierher, denn Beobachtungen eines anderen werden vielfach leiblich wahrgenommen. Die Stärke eines Auslösers könnte auch schlicht in seiner Klarheit oder Eindeutigkeit bestehen. Filme, Kunstwerke und Narrationen bewegen uns meist stark, und ein Grund dafür liegt in der Klarheit der Situation, die nicht von Vorwissen und anderen Dingen getrübt wird. Andere »starke« Empathie-Auslöser sind etwa im Kindchenschema oder im ungerechtfertigten Leiden zu finden. Die starke Emotion der Empörung über das unverdiente Leiden eines anderen »schwappt« über in Empathie.

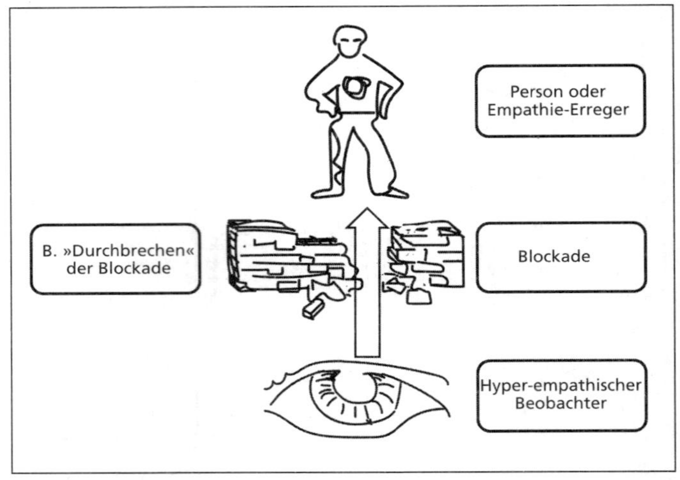

Abb.: Durchbrechen der Empathie-Blockade.

C. Den »starken« Empathie-Auslösern, die das Abwehrsystem »durchbrechen« (B), ähneln kulturell positiv sanktionierte Formen von Empathie-Auslösern. In ihrem Fall gibt es quasi einen »Kanal« durch die Empathie-Blockade. Bei bestimmten Auslösern wird Empathie zugelassen oder die Empathie-Blockade zumindest »gesenkt«. Es gibt Situationen, in denen der äußere Stimulus vorab sanktioniert worden ist, so daß die Blockade nie zum Zuge kommt. Dahinter liegen variable Programme, die von Kultur zu Kultur und von Gruppe zu Gruppe verschieden sein können. Ein Kind, das sich wehtut und schreit, wird in der einen Kultur Empathie erwecken, in einer anderen jedoch verärgert zum Schweigen gebracht. Kulturelle Verhaltenscodes steuern oder prägen vielfach unsere Erwartungen an uns selbst, ob wir Empathie zeigen sollen oder nicht.

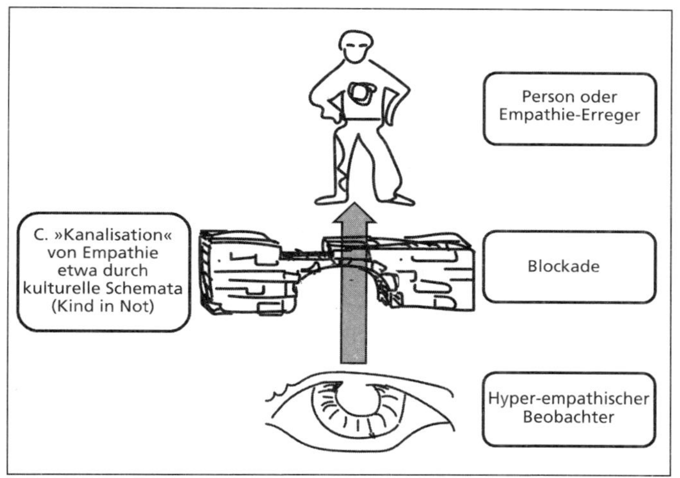

Abb.: Kulturell positiv sanktionierte und also zugelassene Empathie.

Dies führt uns zu einer weiteren Beobachtung, nämlich dass wir auch bewusst zu Empathie bewegt werden können. Wenn wir dazu aufgefordert werden oder uns selbst dazu bewegen, fühlen wir uns ein und »schalten Empathie an«. Statt Empathie »anzuschalten«, könnte dies aber auch eher ein »Freischalten«, also ein Vermindern der Blockade sein. Dieses bewusste Freischalten von Empathie sieht dabei ähnlich aus wie die kulturelle Kanalisierung von Empathie. Deutlich wird bei beiden, dass der Impuls hier nicht nur vom Stimulus ausgeht, sondern vom Subjekt und seiner Empathiebereitschaft. Man könnte zur Unterscheidung der kulturellen Kanäle und der bewussten Freischaltung eine Bewusstseinsfunktion ergänzen.

D. Eine weitere Möglichkeit der partiellen Blockade findet sich in zeitlich begrenzter Zulassung von Empathie. Zwei Möglichkeiten kommen hier in Betracht, die sich durch den Mechanismus unterscheiden, der das zeitliche Intervall begrenzt.

Der erste Fall besteht darin, dass der Blockade-Mechanismus selbst das zeitliche Intervall steuert. Man könnte dies als eine Art »Pulsieren« beschreiben, wenn die Blockade sich zeitweise als durchlässig erweist, sich danach aber wieder schließt.

Der zweite Fall einer zeitlich begrenzten Empathie verortet den Mechanismus einer zeitlichen Begrenzung im Zwischenspiel von Subjekt und Objekt der Empathie. Wenn das Subjekt annehmen kann, dass Empathie nur für eine begrenzte Zeit gebraucht wird, ist es wohl leichter gewillt, die »Schranken zu senken«, da es nach kurzer Zeit wieder zu sich selbst »zurückkehren« kann. Ein Beispiel für eine Unterscheidung empathischen Verhaltens in zeitlich begrenzten und in potentiell unbegrenzten Fällen bieten akute und chronische Krankheiten. Im Fall einer akuten Erkrankung wie einer Verletzung eines anderen kann ein Beobachter annehmen, dass es eine schnelle Entwicklung der Krankheit und hoffentlich eine Heilung geben wird. Im Fall einer chronischen Erkrankung dagegen ist an eine positive Veränderung nicht zu denken. Tatsächlich gibt es gewisse Anzeichen dafür, dass manche Menschen gegenüber akut Erkrankten eher Empathie zeigen oder empfinden als gegenüber chronisch Erkrankten.[29] In ethischer Hinsicht wäre das enttäuschend, aber aus Sicht der Empathie-Architektur durchaus nicht erstaunlich, sondern im Gegenteil naheliegend.

Ein anderes Beispiel für die Bevorzugung zeitlich begrenzter Empathie könnte Fiktion darstellen. Die meisten Menschen sind durchaus bereit, für eine kurze Zeit in die Haut eines imaginären Charakters zu schlüpfen, der extrem leidvolle Erfahrungen macht, wie die Charaktere in einer Tragödie. Werke der Fiktion haben, wie bereits Aristoteles betont hat, Anfang, Mitte und Ende. Einfach gesagt heißt dies, dass Werke der Fiktion wie überhaupt Narrationen versprechen, zu einem Ende zu kommen und also den Abzug von Empathie gestatten. Wenn das Stück am Ende ist oder die Narration zum Schluss kommt, können wir wieder zu uns »zurückkehren«.[30]

Beide genannten Fälle der Krankheit und der Tragödie sind komplexer, als diese kurze Übersicht zeigen kann (auf die Tragödie kommen wir später zurück). Hier geht es einzig um die Möglich-

29 Zu unterschiedlichen Gehirnreaktionen bei akuter und chronischer Schmerzbeobachtung vgl. Miiamaaria V. Saarela, Yevhen Hlushchuk, Amanda C. de C. Williams, Martin Schürmann, Eija Kalso und Riitta Hari. »The Compassionate Brain: Humans Detect Intensity of Pain from another's Face«, in: *Cerebral Cortex* 17, Nr. 1 (2007), S. 230-237.

30 Solcherart wird Selbstverlust verzeitlicht. Die Selbstrückkehr ist Teil des Kontrakts zwischen Fiktion und Rezipient, siehe Breithaupt, *Kulturen der Empathie*. Vgl. auch Keen, *Empathy and the Novel.*

keit, dass das Versprechen eines Endes Empathie anregen kann und Blockaden senkt.

Dieses Wechselspiel zwischen Objekt und Subjekt von Empathie zeigt uns auch, dass es zu einfach wäre, den Auslöser von Empathie schlicht in der äußeren Welt zu suchen. Vielmehr kann auch das Subjekt in seiner Empathiebereitschaft sich die Objekte suchen und – wie im Falle von Fiktion und Fantasie – durchaus selbst erzeugen.

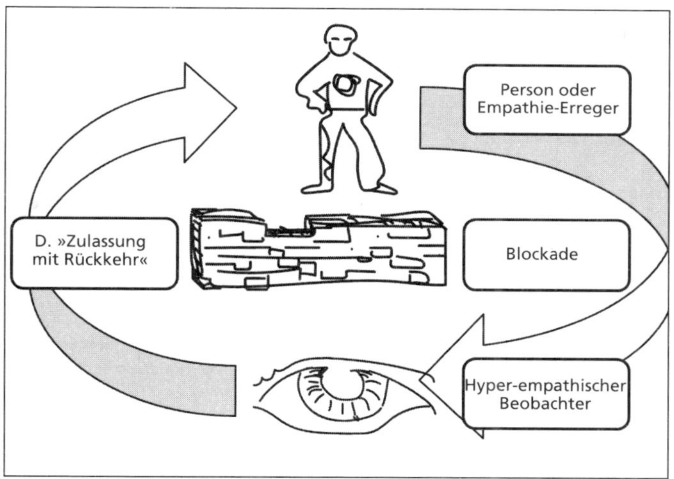

Abb.: Zeitlich begrenzte Empathie mit »Rückkehr«.

E. Eine weitere Möglichkeit, Empathie zu aktivieren, besteht darin, dass eine sekundäre Aktivität im Gehirn wie etwa eine Erregung oder Dynamik, die eigentlich nicht mit Empathie verbunden ist, »überschwappt« und dabei die Blockade umgeht oder ausschaltet. Eine derartige Möglichkeit wird im nächsten Kapitel näher untersucht, wenn wir Parteinahme diskutieren. Die Liste möglicher sekundärer Aktivitäten ist lang. Dazu gehören beinahe alle Formen der Aufmerksamkeit, die auf den anderen gerichtet sind, auch wenn sie Empathie nicht direkt betreffen. Dazu zählen auch starke

Emotionen wie Liebe und Leidenschaft, aber auch Bewertungen oder Beurteilungen von anderen, etwa in moralisch relevanten Fällen oder bei Wettkämpfen, Auswahlverfahren und Preisvergaben. Bereits die bloße Aufmerksamkeit auf den anderen kann in diesen Fällen unsere hyperempathischen Tendenzen stärken. Da der Impuls oder Stimulus hier nicht von empathietypischen Situationen ausgeht, könnte man von einem »Schlafen« der Blockade sprechen; sie wird quasi »umrundet«.

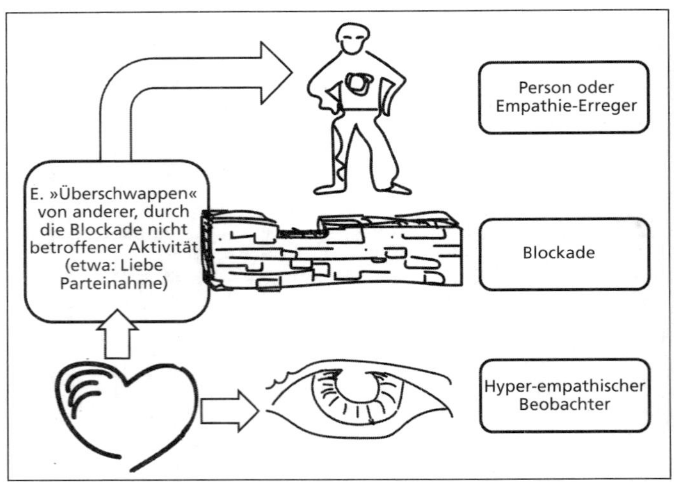

Abb.: Sekundäre Aktivität »schwappt über« und wird Empathie-Auslöser.

F. Schließlich gibt es die Möglichkeit einer Systemeinheit der hier vorgeschlagenen Architektur, dergestalt, dass, die Aktivierung eines einzelnen Elements der Architektur bereits das *ganze* System und die Empathie-Routinen aktiviert. Es wäre dann zumindest eine theoretische Möglichkeit, dass selbst die Aktivierung von manchen Empathie-Blockaden Empathie auslösen. Wer Empathie blockiert, kann ebendeshalb stärker auf das Objekt der Blockade fixiert werden und dadurch sekundär Empathie anheizen, wie manche literarischen Helden der Romantik sich just in diejenigen verlieben, die sie zu zunächst verteufeln und hassen. Auf den ersten Blick scheint das paradox zu sein. Doch wenn man bedenkt, dass jedes Element der Architektur Teil der Empathie-Routinen ist oder sein kann, leuchtet es durchaus ein, dass die gesamte Empathie-Architektur mobilisiert wird, wenn ein Element angestoßen wird. Bereits gegangene Wege werden bestritten. Das Zurückhalten von Empathie bei einem Strafvollzug etwa könnte sekundär wieder zu Empathie führen.

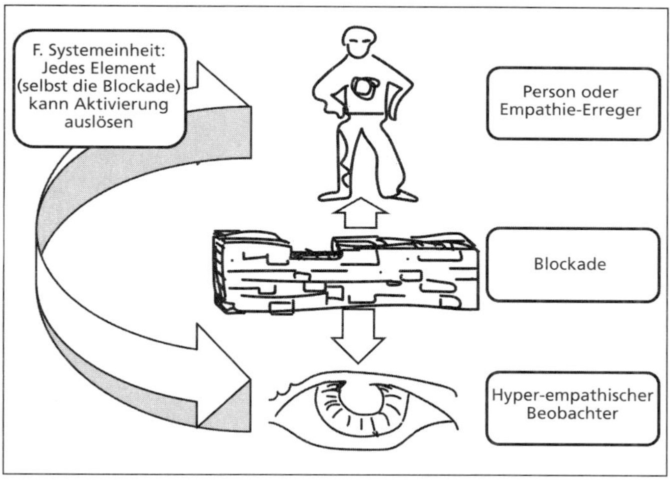

Abb.: Systemeinheit empathischer Prozesse; jedes Element kann Empathie auslösen.

Es soll noch einmal betont werden, dass die hier vorgeschlagene Architektur nicht eine Repräsentation des Gehirns und seiner Komponenten darstellt. Stattdessen liefert dieses Modell eine phänomenologische Beschreibung logisch getrennter Prozesse von Empathie. Das Gehirn wird dabei eher als eine Black Box aufgefasst, welche wir anhand von Input und Output zu verstehen versuchen. Der zentrale Nutzen dieses Modells liegt dabei in der Einbettung unserer prinzipiellen Befähigung zur Empathie in soziale, kulturelle und individuelle Prozesse, die bestimmen, wann wir tatsächlich Empathie empfinden oder aktivieren.

Die dreistufige Architektur von Empathie erlaubt uns, die komplexe Balance von Empathie und Blockade zu denken. Zudem gestattet es uns Vorhersagen, wie etwa diejenige, dass Empathie am stärksten ist, wenn sie von einigen sekundären Aktivitäten angeregt wird. Im Mittelpunkt dieser Überlegungen stehen dabei individuell erlernte und kulturelle Differenzen im Gebrauch von Empathie. Ausgehend von den allgemeinen Fähigkeiten zur Empathie, wie sie die Theory of Mind oder die Simulation beschreiben, wären individuelle Differenzen in der Empathie-Verwendung schwer zu fassen. Man könnte Menschen dann nur als unterschiedlich empathisch begabt auffassen. Das kann im Falle von massiven Beeinträchtigungen von Empathie wie bei Autisten durchaus angemessen sein. Doch dies hilft wenig zur Erklärung der Muster der Empathie-Aktivierung der meisten Menschen im Alltag. Wann und wie benutzen Menschen, die durchaus die Disposition zur Empathie haben, Empathie? Und wann nicht?

Indem die Blockade-Mechanismen als Teil der Empathie-Architektur verstanden werden, können wir auf komplexe individuelle Differenzen des Empathie-Gebrauchs aufmerksam werden. Zudem können wir uns von der zu einfachen Vorstellung befreien, dass der empathische Mensch der bessere Mensch ist. Vielmehr können wir die Notwendigkeit der Blockade mitberücksichtigen.

Im Folgenden wenden wir uns einer sekundären Aktivität zu, die für Empathie von besonderem Interesse sein dürfte.

2. Das Drei-Personen-Modell der Empathie[31]

Die oben vorgeschlagene dreistufige Architektur von Empathie legt nahe, dass es für das Zustandekommen von Empathie nicht genügt, dass Menschen die Fähigkeit zur Empathie haben. Sie müssen in einer konkreten Situation erst dazu gebracht werden, Empathie zu benutzen, also empathisch zu denken und fühlen, und zudem müssen ihre Steuer- oder Blockade-Mechanismen von Empathie deaktiviert werden. Wir hatten vorgeschlagen, dass bestimmte externe Reize wichtig sind, also etwa ein Kind in Not, das

31 Siehe Fritz Breithaupt, »A Three-Person Model of Empathy«, in: *Emotion Review* 4.1 (2012), S. 84-91; zuvor Breithaupt, *Kulturen der Empathie*.

wir beobachten. Aber interne Vorbereitungen, Erfahrungen oder auch erworbene Empathie-Blockaden sind ebenso wichtig, um das tatsächliche Stattfinden von Empathie zu erklären.

Ein Auslöser von Empathie, so hatten wir oben angedeutet, besteht in der Dynamik der Parteinahme, wenn ein Beobachter Zeuge von zwei anderen Parteien ist und sich zwischen ihnen entscheidet. Dies soll im Folgenden entfaltet werden. Beginnen wir mit einem Beispiel.

Während der Abfassung dieses Kapitels im Winter 2015/2016 wütet in den USA der Vorwahlkampf, der nach amerikanischer Sitte nicht auf das Programm, sondern auf die Persönlichkeit der Kandidaten zielt. Bei den Republikanern steht der Unternehmer und politische Außenseiter Donald Trump überraschend an der Spitze der Umfragen und der ersten Wahlergebnisse. Seine Wahl zum Präsidenten liegt plötzlich als realistische Möglichkeit in der Luft. Sein öffentliches Auftreten hat die Wähler nicht nur gespalten, sondern in verfeindete Lager getrieben. Man ist für oder gegen Trump. Die beiden verbliebenen Kandidaten der Demokraten, nämlich Hillary Clinton, die der Öffentlichkeit schon lange bekannt ist, und der Sozialist Bernie Sanders, spalten die Wähler nicht in derartiger Weise. Wie kam es also zu dieser Lagerbildung rund um die Kandidatur von Donald Trump?

Trump hat sich in den Debatten und öffentlichen Auftritten deutlich anders verhalten, als man es von einem Politiker gewohnt ist, und sich allem Anschein nach wiederholt von spontanen Emotionen leiten lassen. Trump sagt viele Dinge, die als politisch unratsam gelten, bricht moralische Tabus, richtet sich aktiv gegen politische Korrektheit und macht beleidigende Aussagen, die sich gegen Mexikaner, Moslems, Frauen, Behinderte und Journalisten wenden. Außenpolitisch pocht er auf ein harsches, militärisches Eingreifen und will Moslems die Einreise in die USA verweigern. Innenpolitisch hat er sich zu Verallgemeinerungen über mexikanische Einwanderer hinreißen lassen und sie »Vergewaltiger« genannt. Seine Kontrahenten im Wahlkampf hat er vielfach diffamiert. Es gibt kaum Nuancen. Zugleich wechselt er häufiger als die anderen klassischen Politiker seine Positionen, widerspricht sich selbst, verbreitet Unwahrheiten, beschimpft seine Kontrahenten, diffamiert und verwendet sexistische Stereotype. Dabei sind durchaus nicht alle seine Positionen radikal. Radikal ist nur das von ihm projizierte Selbstbewusstsein. In jeder Redesituation behauptet er sich spontan, auch gegen die Fakten. Damit hat er die Imagination der Öffentlichkeit auf sich gezogen. Jeder Beobachter hat zu ihm Position bezogen.

In den Vorwahlen ist die Situation entstanden, dass alle anderen Politiker sich »gegen« Trump wenden. Auch die Medien haben sich sehr auf ihn fokussiert. Das Resultat kann in Begriffen von Empathie nun einfach beschrieben werden. Seine Emotionen, Wutausbrüche, die vielen Tabubrüche und sein selbstbewusstes Auftreten, gepaart mit dem Image des politischen Außenseiters, haben einen nicht unbedeutenden Teil der Bevölkerung zur Einnahme seiner Perspektive verleitet. Dass er nun als »einer gegen alle« dasteht, macht ihn empathisch nur noch anziehender.

Wer einmal Trumps Partei ergriffen hat und diese Parteinahme mit Empathie paart, kann sich in seiner Parteinahme nun immer wieder bestätigt fühlen. Für jeden Wutausbruch, für jede Diffamierung und jeden Lapsus in seinem Verhalten können Gründe und Ausreden gefunden werden. Ja, jeder Gefühlsausbruch von »Donald«, wie er häufig nur genannt wird, bestätigt nach dem Motto »Jetzt erst recht« für seine Anhänger nur, dass sie sich richtig entschieden haben. Begeistert warten sie, wie er sich gegen die (selbstverschuldeten) Vorwürfe zur Wehr setzen wird. Parteinahme, Identifikation und In-Schutz-Nehmen sind hier ein Amalgam eingegangen. Er ist zum großen Baby der Politik geworden. Und viele wollen ihm helfen und beistehen, denn seine Gefühle sind nun ein Faktum geworden. Es mag ihm dabei helfen, dass Hillary Clinton von den Medien als emotional kalt beschrieben wird. Dass er sich an die symbolische Stelle des Babys setzt, das nicht ein Land führen sollte, wird schnell vergessen.

Wir können diese Beobachtungen verallgemeinern und das Zusammenwirken verschiedener Kräfte analysieren. Den Ausgang nehmen wir dabei von der menschlichen Eigenschaft, Partei ergreifen zu können. Diese Eigenschaft – und es ist in der Tat eine Eigenschaft, wenn auch eine sonderbare, die bei anderen Tieren wohl so nicht zu finden ist – kann kaum überschätzt werden. Sie ist sicherlich Teil unserer Entwicklung als soziale Wesen. Menschen sind ungemein auf Parteinahme und auf die Beurteilung durch ihre Mitmenschen fokussiert. Es gibt zwar auch bei einer Reihe von Tierarten Koalitionsbildungen und Parteinahme, vor allem bei unseren nächsten Verwandten, den Schimpansen,[32] doch, soweit wir wissen, schwächer ausgeprägt als bei Menschen. Man denke nur daran, wie nachtragend Menschen sind, wie einmal gefällte Verdikte über einen Mitmenschen perpetuiert werden, Konkurrenzverhältnisse gepflegt werden und wie genau wir einander beobachten. Vergleichbares wurde bei Schimpansen bislang nicht beobachtet.

Parteinahme und moralisches Urteil sind sicherlich nicht dasselbe, und das Verhältnis zwischen ihnen ist auch unklar. Zwar ist es wohl häufig so, dass wir die Partei derjenigen teilen, denen wir auch moralisch zustimmen, doch in welcher Reihenfolge Parteinahme und moralisches Urteil stehen, ist ungewiss. Halten wir andere für moralisch legitimiert, weil wir für sie sind? Oder ergreifen wir ihre Partei, weil sie moralisch auf der richtigen Seite stehen? Beides ist nicht nur denkbar, sondern wohl auch eine Struktur tatsächlichen Verhaltens. Es scheint keine vollkommen abwegige Vermutung, dass Parteinahme die primäre und evolutionär ältere Struktur ist, der die Entwicklung moralischer Intuitionen schlicht nachfolgt. Wenn diese Vermutung stimmt, dann haben wir moralische Intuitionen entwickelt, weil wir für oder gegen andere sind, vielleicht um unsere schnelle Parteinahme zu legitimieren.[33]

Daniel Batson und seine Mitarbeiter haben Experimente durchgeführt, in denen sie Versuchsteilnehmer baten, begrenzte Güter zwischen hilfsbedürftigen Menschen aufzuteilen. Diejenigen, die instruiert worden waren, Empathie zu vermeiden, teilten die Güter nach Prinzipien der Fairness auf. Doch die Teilnehmer, die mit Empathie handelten, widersprachen in ihren Verteilungen den Prinzipien von Fairness und Gerechtigkeit und bevorzugten deutlich die Partei, für die sie entsprechend der Instruktionen Empathie

32 Vgl. Alicia P. Melis, Felix Warneken und Brian Hare, »Collaboration and Helping in Chimpanzees«, in: Elizabeth V. Lonsdorf et al. (Hg.), *The Mind of the Chimpanzee: Ecological and Experimental Perspectives*, Chicago: Chicago UP, 2010, S. 278-393; Frans de Waal, *Chimpanzee Politics*, Baltimore: Johns Hopkins University UP, 1998.

33 Diese Überlegungen spielen eine zentrale Rolle für Moral und die von Jonathan Haidt dargelegten fünf oder sechs moralischen Intuitionen. Die Befunde Haidts deuten darauf hin, dass moralisches Urteilen weniger rational als »intuitiv« ist. Doch das Verhältnis zu Parteinahme und Empathie ist in diesen Studien bisher sehr unterbelichtet. Immerhin legen die moralischen Intuitionen von »Autoritätshörigkeit« und »Loyalität« nahe, dass soziale Gruppendynamik einer der Ursprünge dieser Intuitionen sein könnte.

entwickelt hatten. Zudem gaben sie an, dass Empathie den Prinzipien von Fairness und Gerechtigkeit widerspreche.[34]

Ein weiteres Indiz für die Vermutung eines Primats der Parteinahme gegenüber dem moralischen Urteil und anderen Formen des eher rationalen Entscheidens besteht in der ungeheueren Geschwindigkeit, mit der wir andere beurteilen. Dies gilt für die Einschätzung von Gesichtern, die wir in Sekundenbruchteilen beurteilen.[35] Auch in juristischen Situtionen kommen die meisten Menschen lange vor der eigentlichen Argumentation und der Erwägung der Fakten zu einem Urteil.[36]

Eines der Rätsel, die diese Überlegungen zu lösen versuchen, besteht darin, dass das schnell getroffene Urteil sich meist festsetzt – selbst wenn spätere Informationen dem schnell getroffenen Urteil nicht entsprechen. Auch in den politschen Vorwahlen, von denen wir eben berichtet haben, dienen die meisten Debatten wohl weniger dazu, die Wähler von der einen oder anderen Person oder Position zu überzeugen, sondern vielmehr von der Richtigkeit ihrer bereits ergriffenen Position, um sie so auf eine Richtung oder Partei einzuschwören. Die Antwort, die ich weiter unten ausführen werde, ist, dass Parteinahme schrittweise durch Empathie befestigt wird.

Parteinahme setzt voraus, dass es mehr als eine Option gibt und dass man eine Wahl treffen kann. Selbst wenn die Wahl mehr oder

34 Daniel C. Batson, Tricia R. Klein, Lori Highberger und Laura L. Shaw, »Immorality from Empathy-Induced Altruism: When Compassion and Justice Conflict«, in: *Journal of Personality and Social Psychology* 68, Nr. 6 (1995), S. 1042-54. Dieser Effekt kann nun zugleich wiederum positiv genutzt werden, etwa zur Überwindung von Vorurteilen gegenüber anderen Gruppen. Wer einmal die andere Perspektive einnimmt, entfaltet eine gewisse positive Einstellung, indem er die anderen der eigenen Gruppe angleicht. Vgl. Adam D. Galinsky und Gillian Ku, »The Effects of Perspective-Taking on Prejudice: The Moderating Role of Self-evaluation«, in: *Personality and Social Psychology Bulletin* 30, Nr. 5 (2004), S. 594-604. Doch auch dieser positive Effekt hat seine Grenzen, wie wir anhand des Schulexperiments in Nordirland in diesem Kapitel sehen werden.

35 Alexander Todorov, Manish Pakrashi und Nikolaas N. Oosterhof, »Evaluating Faces on Trustworthiness after Minimal Time Exposure«, in: *Social Cognition* 27.6 (2009), S. 813-833.

36 Vgl. Stephen Porter, Leanne ten Brinke und Chantal Gustaw, »Dangerous Decisions: The Impact of First Impressions of Trustworthiness on the Evaluation of Legal Evidence and Defendant Culpability«, in: *Psychology, Crime & Law* 16.6 (2010), S. 477-491.

weniger vorbestimmt ist, erscheint es dem Wählenden wohl regelmäßig so, als würde er hier entscheiden. Zudem muss der Unterschied zwischen den Optionen eine minimale Signifikanz haben. Diese Signifikanz wird unter anderem dann gewährleistet, wenn zwischen den verschiedenen Positionen eine Spannung besteht, etwa ein Streit, eine Auseinandersetzung, ein Wettbewerb oder dergleichen. Es genügt bereits, dass die unterschiedlichen, zur Wahl stehenden Personen eine verschiedene Meinung oder Rolle haben und somit einen eher indirekten Konflikt haben.

Parteinahme gibt es bei Menschen und Wesen, denen ein Geist oder Eigenwille unterstellt werden kann. Man ergreift nicht die Partei eines Dings, außer wenn es ein Roboter oder ein animiertes Ding ist, das als Wesen mit Geist wahrgenommen wird. Wesen mit Geist und Eigenwillen haben Gefühle, Gedanken und Intentionen, die von außen nie ganz wahrgenommen und miterlebt werden können. Von einem Parteinehmenden ist nicht zu erwarten, dass er die Partei, die er ergreift, akkurat versteht, dass er ihre Gefühle teilt und ihre Intention durchschaut. Aber es ist anzunehmen, dass er in ihr eine »Tendenz« erkennt oder vermutet. Eine »Tendenz« wird von außen unterstellt und geht aus den wahrnehmbaren Aktionen mit ihrer Stoßrichtung und ihren Implikationen hervor.[37]

Aufbauend auf diesen Überlegungen können wir das Drei-Personen-Modell der Empathie rekapitulieren.[38]

37 Der Begriff Tendenz wird hier im Sinne von G. E. M. Anscombe verwendet, die hervorgehoben hat, dass jede Aktion eines Wesens mit Geist von außen auf verschiedene Art und Weise beschrieben werden kann: G.E.M. Anscombe, *Intention*, Cambridge, MA: Harvard UP, 1957.

38 Vgl. ausführlicher Fritz Breithaupt, »A Three-Person Model of Empathy«.

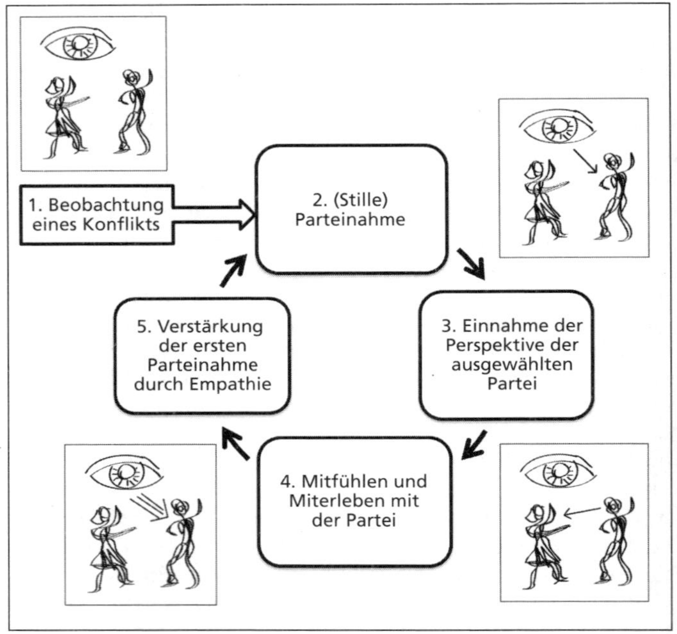

Abb.: Das Drei-Personen-Modell der Empathie. Ein Beobachter wohnt einem Konflikt bei, ergreift spontan Partei, sieht die Situation aus deren Perspektive und entwickelt dadurch langsam Empathie. Dies wiederum führt zu einer Bestätigung und Verstärkung der ersten spontanen Parteinahme.

Die Dynamik von Parteinahme und Empathie erzeugt einen sich verstärkenden Kreislauf. Wenn ein Beobachter intuitiv und schnell (oder auch langsam, wenn er sich zurückhalten kann) eine Partei (A) ergreift, kann er die Situation aus der Perspektive dieser Partei wahrnehmen. Aus der Perspektive dieser Partei (A) stellt sich die andere mögliche Partei (B) als in irgendeiner Art und Weise abstoßend oder fehlgeleitet dar. Die andere Partei (B) kann dabei durchaus auch als Aggressor wahrgenommen werden, der der eingenommenen Partei (A) schadet. Je mehr die geteilte Perspektive von Beobachter und Partei (A) die beiden Parteien gegeneinanderstellt und polarisiert, desto wahrscheinlicher wird es, dass der Beobachter auch das Leiden und Empfinden der von ihm eingenommenen Partei (A) teilt. Kurz: Der Beobachter erlebt die emotionale Situation von A mit, entwickelt Empathie.

Empathie ist hier aber nicht der Endpunkt, sondern zugleich der Ausgangspunkt von erneuter Parteinahme und damit also wiederholter und verstärkter Entscheidung für diese Partei. Es ist dabei sehr wahrscheinlich, dass der Beobachter-Empathiker nun erneut die Partei der bereits gewählten Partei ergreift und sein erstes schnelles Urteil solcherart erhärtet.

Dieser sich verstärkende Kreislauf muss dabei nicht von der Parteinahme ausgehen, sondern kann an jeder Stelle beginnen. Statt der ersten Beobachtung eines Konflikts und der Parteinahme kann er auch mit der Übernahme einer Perspektive oder Empathie beginnen und dann erst zur Parteinahme führen. Entscheidend ist die wechselseitige Bestätigung und Verstärkung dieser drei Elemente (Parteinahme, Perspektiveinnahme und Empathie). Die Dynamik bleibt die gleiche.

Zwei Faktoren führen dazu, dass diese Kreisdynamik besonders bindend ist. Der erste, bereits genannte besteht in der menschlichen Eigenschaft, sehr schnell Urteile zu fällen und Partei zu ergreifen. Der zweite besteht darin, dass eine Konfliktsituation ein besonders empathierelevantes Ereignis darstellt. Das klare Gegeneinanderstehen von A und B in einer Spannung und einem Konflikt erlaubt es, die Situation von A oder B gegenau zu verstehen und zu simulieren: Die Situation von A besteht darin, gegen den anderen zu stehen, sein Opfer zu sein. Solche klaren Situationen sind ungemein empathisch anziehend bzw. ästhetisch, wie wir es in der Einleitung genannt haben. Parteinahme steigert die Klarheit einer Situation dabei durch die Bevorzugung einer Perspektive weiter und spitzt sie häufig auf eine einzige Handlung oder Entscheidung zu.

Das Drei-Personen-Modell von Empathie versucht eine Erklärung dafür zu liefern, wie durchaus verschiedene Elemente und Formen von Empathie prozessual miteinander verbunden sind und ineinander umschlagen können. Einerseits können eine Vielzahl von Fähigkeiten und empathieähnlichen Verhaltensformen von der Theory of Mind bis zur Fürsorge unterschieden werden.[39] Doch

39 Zu einigen dieser Unterscheidungen siehe die Einleitung sowie Daniel Batson,

andererseits wirken viele dieser verschiedenen Verhaltensformen im täglichen Leben regelmäßig zusammen, inklusive derjenigen, die wir nicht direkt mit Empathie assozieren. Eine zunächst rationale Beobachtung, die zu Parteinahme führt, kann in stark emotionale Empathie münden. Umgekehrt kann eine stark emotional gefärbte und spontane Empathie dazu führen, dass wir die Partei eines Menschen ergreifen und dafür rationale Gründe bemühen, auch wenn wir diese erst ex post aus dem Ärmel schütteln.

Dieses Modell bietet zudem eine Erklärung dafür, wieso arbiträre, zufällige, oberflächliche und schnelle Urteile oder Parteinahmen hängen bleiben können und sich zu Empathie verdichten, auch wenn sie moralischen Intuitionen widersprechen. Warum sich genau jene Menschen zusammentun und nicht andere, hat viele rätselhafte Züge. Vielleicht besteht das Mysterium ebendarin, dass man mit jedem Empathie-Bande entwickeln kann und eine Gruppe formen kann – wenn ein bestimmtes Je-ne-sais-quoi zum Zuge kommt.

Trotzdem sollte man die menschliche Urteilsfähigkeit nicht unterschätzen. Auch das ungeheuer schnell oder intuitive getroffene Urteil stimmt häufig.[40] Die einfachen Heuristiken übertreffen oft komplexe Kalkulationen,[41] und auch in moralischer Hinsicht irren wir relativ selten, wie zumindest Robert Kurzban und seine Mitarbeiter argumentieren.[42]

Der Vollständigkeit halber sei noch erwähnt, dass es gemäß dem hier entwickelten Modell nicht entscheidend ist, nach welchen Kriterien wir die erste Parteinahme treffen. Hier kommen viele Muster in Frage. Dazu gehören:

a) Ähnlichkeit zwischen dem Beobachter und einer Partei.[43] Men-

»These Things Called Empathy«; und Susanne Leiberg und Silke Anders, »The Multiple Facets of Empathy«.

40 Oder es entspricht zumindest von uns erlernten Verhaltensformen und Intuitionen, wie Antonio Damasio argumentiert, vgl. Antonio R. Damasio, *Descartes' Irrtum: Fühlen, Denken und das menschliche Gehirn*, Berlin: Ullstein, 2014.

41 Vgl. Gerd Gigerenzer und Peter M. Todd, *Simple Heuristics that Make Us Smart*, Oxford: Oxford University Press, 1999.

42 Vgl. Robert Kurzban, Peter DeScioli und Erin O'Brien, »Audience Effects on Moralistic Punishment«, in: *Evolution and Human Behavior* 28.2 (2007) S. 75-84.

43 Siehe zur Spannbreite von dem, was ähnlich sein kann, etwa Vittorio Gallese, »The Shared Manifold Hypothesis«; Tania Singer, »Understanding others: Brain Mechanisms of Theory of Mind and Empathy«, in: *Neuroeconomics: Decision*

schen können allerdings durchaus auch nicht-ähnliche Erfahrungen verarbeiten und Empathie entwickeln.[44]

b) Strategische Kalkulationen, die dem Eigennutz des Parteinehmers dienen.
c) Moralisch-juristische Entscheidungen, welche Partei mehr recht hat.[45]
d) Vergangene Erfahrungen mit einer Person.[46]
e) »Selbst-reflexive« Formen von Parteinahme. Da der Beobachter als Beobachter eher passiv ist,[47] steht ihm die passive, erleidende Seite eines Konflikts näher.[48]
f) Stärke der gezeigten oder vermuteten Emotionen.
g) Diverse kulturelle Muster.
h) Opfer-Schema. Man hat mehr Empathie mit dem Opfer, da diese Seite Hilfe braucht und überhaupt stärkere Emotionen empfindet.

Zusammengefasst können wir sagen, dass Empathie diesem Verständnis nach vor allem eine Funktion hat: Sie festigt schnelle Urteile. Diese Festigung erlaubt klare Verhaltensformen. Als eine hochsoziale Tierart haben wir auch den Streit oder die Entzweiung als tägliche Aspekte unseres Lebens. Die Dynamik von Parteinahme und Empathie erlaubt es uns, schnelle und feste Entscheidungen zu treffen, bei Konflikten einzugreifen und klar Position zu beziehen. Verhaltensformen wie Moral wären nicht anders zu denken, wenn wir nicht Position beziehen könnten und es in den meisten Fällen auch tun würden. Je mehr ich den Schmerz der einen Seite fühle, desto stärker werde ich mich für sie einsetzen. Empathie legitimiert mich also zu positivem und negativem Verhalten gegenüber anderen. Wenn ich mich fest für einen anderen entschieden habe,

Making and the Brain (2009), S. 251-268; Breithaupt, *Kulturen der Empathie*, S. 22-25.

44 Vgl. Claus Lamm, Andrew N. Meltzoff und Jean Decety, »How do We Empathize with someone who is not like Us? A Functional Magnetic Resonance Imaging Study«, in: *Journal of Cognitive Neuroscience* 22.2 (2010), S. 362-376.

45 Robert Kurzban, Peter DeScioli und Erin O'Brien, »Audience Effects on Moralistic Punishment«, in: *Evolution and Human Behavior* 28.2 (2007), S. 75-84.

46 Tania Singer, »Understanding others«, S. 261-62.

47 Vgl. Philip L. Jackson, Eric Brunet, Andrew N. Meltzoff und Jean Decety, »Empathy Examined through the Neural Mechanisms Involved in Imagining how I feel versus how You Feel Pain«, in: *Neuropsychologia* 44, Nr. 5 (2006), S. 752-761.

48 Ausführlicher Breithaupt, *Kulturen der Empathie*, S. 159-60.

kann ich strafen oder Schadenfreude hinsichtlich der gegnerischen Partei empfinden. Empathie ist das Medium, welches schnelle und auch zufällige Parteinahmen in dauerhafte Allianzen überführt. Es sei jedoch zumindest angedeutet, dass die moderne Ästhetik (eine Ästhetik, die sich nur noch indirekt aus dem Begriff der Klarheit ableitet) ihre Aufgabe gerade darin sieht, schnelle Parteinahmen zu verhindern oder zumindest hinauszuzögern.

Von hier aus können wir zwei kaum zu überschätzende dunkle Seiten von Empathie in den Blick bekommen und diskutieren: Zum einen die Befestigung des Denkens in dualen Kategorien wie Gut und Böse, Schwarz und Weiß und Freund und Feind; zum anderen die Kultivierung der Selbstdarstellung als Opfer.

3. Radikalisierung von Konflikten, Moralisierungen

Im vorangegangenen Kapitel haben wir beschrieben, wie Empathie schnell getroffene Parteinahmen verfestigt und vertieft. In der Theorie kann dies zu Polarisierungen führen, die relativ moderate Spannungen zu akuten Konflikten ausweiten. Menschen und Gruppen können dadurch tief gespalten werden. Doch wie stellt sich das in der Praxis dar?

Ein besonders drastischer Fall der Polarisierung liegt im Terrorismus vor. Der moderne Terrorismus hat seinen Ursprung in der Zeit des aufflammenden Nationalismus des 19. Jahrhunderts, aber ebendamit auch in der Zeit der neuen Massenmedien. Insofern ist es nicht falsch, Terrorismus als effektives Marketing zu beschreiben. Eine relativ geringe Zahl an Menschen vermag es, eine Nation durch ihre Taten in einen Angstzustand, vielleicht sogar in einen Schock zu versetzen und auf ihre leitenden Ideen aufmerksam zu machen. Trotz des perfiden Kalküls und der Brutalität der Taten sind die Täter wohl nur selten als kühl kalkulierende Hasstäter zu charakterisieren. Stattdessen sind viele von ihnen eher durch ihre devote Hinwendung zu ihrer Gruppe, Religion oder Führerperson geprägt als durch die negative Abwendung von der als dominant wahrgenommenen Leitkultur und Herrschaftsmacht. Auch die Attentäter und Amokläufer der jüngeren Vergangenheit rufen häufiger »Allahu akbar« als »Fuck the West«. Terrorismus ist, aus dieser Perspektive betrachtet, zunächst eine Hinbewegung, eine Entscheidung für eine Partei und ein sensibles Mitfühlen mit einer Bewegung. Es gibt offensichtlich eine Reihe von gesellschaftlichen Ursachen für die Entwicklung zum Täter. Es gibt, wenn wir die derzeitigen Anschlagswellen vor allem von islamistischen Gruppen im Westen anschauen oder die ausländerfeindlichen Anschläge in Europa, aber auch die Konflikte zwischen Weißen und Schwarzen in den USA, sicherlich eine nicht geringe Zahl von Tätern, die gesellschaftlich ausgeschlossen sind, wenig Perspektiven haben und im Terrorismus eine der wenigen Möglichkeiten sehen, sich hervorzutun. Allerdings gibt es auch eine Reihe von Menschen mit privilegiertem oder zumindest sehr stabilem Hintergrund. Die meisten Täter sind anscheinend nicht persönlich als Opfer zu beschreiben, die selbst oder in der direkten Familie ein starkes oder gar traumatisches Erlebnis zu verarbeiten haben, das ihre Tat als unmittelbare Rache erklärbar machen könnte. Stattdessen haben sie sich anscheinend eine Seite zu eigen gemacht, deren Leiden sie derartig stark wahrnehmen, dass sie die Verteidigung dieser Seite zu ihrer Lebensberufung erklären.

Daher dürften auch wenige Momente deutlicher zur Initiierung geeignet sein als die öffentliche Beerdigung der eigenen Opfer, das Weinen der Angehörigen der Opfer oder die entsprechenden Narrativierungen des leidenden (islamischen) Volkes oder etwa der (schwarzen amerikanischen) Gruppe, auch in anthropomorphisierter Form (etwa als ein Körper oder als verwundeter Löwe usf.). Diese Darbietungen der Körper der Opfer und ihres Leidens sind natürlich ein Empathie-Initiator ohnegleichen, der die schon latent vorhandene Parteinahme oder das Gefühl der Gruppenzugehörigkeit immens anstachelt. Dagegen dürfte das Belohnungsdenken (etwa bezüglich dessen, was den Märtyrer im Jenseits erwartet) und vielleicht selbst der Hass sowie der unkontrollierte Groll ein sekundärer Anreiz zur Tat sein.

Man darf sich fragen, wie diese Polarisierung und Radikalisierung vermieden werden kann. Mein Kollege Keith Barton berichtet von einem faszinierenden Fall, in dem Empathie eingesetzt werden sollte, um einen gravierenden Konflikt zu besänftigen. Er ist Professor für Vergleichende Pädagogik und beschäftigt sich seit langer Zeit mit dem Konflikt in Nordirland. Dort hatten die Schulbehörden einen Schulplan ausgetüftelt, der über einen gut ausgewogenen

Geschichtsunterricht dazu beitragen sollte, den Konflikt zwischen Katholiken und Protestanten zumindest für künftige Generationen abzumildern. Zu diesem Zweck entwickelten die Geschichtslehrer der Klassen 6 bis 8 Unterrichtseinheiten, die zum besseren Verständnis zwischen beiden Seiten beitragen sollten. Alle Schüler, auch die Protestanten, lernten und wurden in entsprechenden Tests dazu geprüft, warum die Katholiken etwa die Home Rule Bill von 1888 unterstützten, welche Gewalttaten und politischen Ungerechtigkeiten die Katholiken erlitten usf. Umgekehrt mussten sich alle Schüler, inklusive der Katholiken, auch mit den gescheiterten Ideen und dem Leiden der protestantischen Seite auseinandersetzen. Die Idee hinter diesem Unterrichtskonzept bestand darin, dass man die Schüler dazu bringen wollte, auch die Perspektiven der anderen Seite einzunehmen und dadurch Empathie zu entwickeln, um so den Konflikt zu relativieren und abzuschwächen. Der Versuch war ein Erfolg, so schien es, denn die Schüler lernten die neuen Unterrichtsstoffe und bekamen angemessene Noten für ihre aktive Teilnahme am Unterricht.

Doch trotz gegenteiliger Hoffnung wurde in den nachfolgenden Erhebungen ermittelt, dass diese neue Generation von Schülern weiterhin stark polarisiert war und weit davon entfernt, den Konflikt beizulegen. Tatsächlich wurde die »Identifikation der Schüler mit der historischen Perspektive ihrer Gemeinschaft *stärker*«,[49] nachdem sie die dreijährige Unterrichtseinheit durchlaufen hatten. Die Untersuchungen ergaben, dass die Schüler zwar »hochgradig sympathetisch gegenüber Mitgliedern der je anderen Gemeinschaft waren: doch ihre Sympathie bestand vor allem darin, deren Erfahrungen in ihre eigenen Rahmenerzählungen zu assimilieren. Die

49 Die Autoren fahren fort: »Nach einem Jahr identifizierten sich die Studenten mit einer großen Spanne an historischen Themen, inklusive ihrer ›Führer‹, mit Aspekten der Lokalgeschichte (wie Schlössern) oder der allgemeinen Geschichte der ›Troubles‹ […]. Am Ende des dritten Jahres hatten sich diese Identifizierungen stark verengt: Ein viel größerer Anteil der Studenten identifizierte sich jetzt entweder mit einer nationalen oder durch die Union geprägten Version der Geschichte, und viel weniger Studenten identifzierten sich mit […] lokaler Geschichte […].« Keith C. Barton und Alan W. McCully, »Trying to ›See Things Differently‹: Northern Ireland Students' Struggle to Understand Alternative Historical Perspectives«, in: *Theory & Research in Social Education* 40:4 (2012), S. 371-408, S. 377.

Schüler ignorierten oder verwarfen die alternativen Standpunkte weniger, als dass sie sie reinterpretierten.«[50]

Was ist hier schiefgelaufen? Man kann diese Daten verschieden interpretieren. Eine Möglichkeit wäre es, dass der Schulplan es versäumt hat, die Emotionen der Schüler direkt mit einzubeziehen, so zumindest vermutet es Keith Barton selbst, wie er mir mündlich berichtet hat. Der Lehrplan zielte stattdessen weitgehend auf das kognitive Einnehmen von unterschiedlichen Perspektiven. Eine weitere Möglichkeit besteht darin, dass der kulturelle Druck aus dem sozialen Milieu der Schüler und die verbreiteten dichotomen Narrative schlicht zu stark waren, um ihnen eine freie Wahl zu lassen. Es wäre insofern eine übertriebene Hoffnung gewesen, dass der Schulplan des Geschichtsunterrichts allein eine Wende herbeiführen könnte.

Es besteht aber zudem eine plausible Möglichkeit, dass eine Tendenz aus den Strukturen von Empathie selbst hervorgeht, die diesen Friedensbemühungen entgegensteht. Statt dass Empathie die Kluft überbrückt, hat sie hier vielleicht zu einer Verstärkung des Konflikts beigetragen. Auch McCully und Barton vermuten im Nachhinein, dass der gut gemeinte Großversuch selbst die Struktur zur verstärkten Polarisierung enthielt.[51] Wenn Empathie eng mit Parteinahme verzahnt ist, wie hier vorgeschlagen wird, dann wird die Empathie oder Identifikation mit einer Seite nur verstärkt, wenn viele Konfliktsituationen dargestellt werden, selbst wenn diese die eigene Seite im schlechten Licht zeigen (wie wir im vorangegangenen Kapitel argumentiert haben).

Die Schüler haben aus diesen Lektionen vor allem gelernt, dass jedes Ereignis ihrer Geschichte von zwei Seiten gesehen werden kann, nämlich einer katholischen und einer protestantischen. Vertieft wurde mithin ebendie Struktur der Zweiteilung, die überwunden werden sollte. Und die Schüler wussten letzlich sehr genau, welche dieser Seiten die ihre war. Auch wenn die Schüler also kog-

50 Alan W. McCully und Keith C. Barton, »Trying to ›See Things Differently‹«, S. 379.

51 Das wird auch von Barton und McCully erwogen, siehe Keith C. Barton und Alan W. McCully, »You Can Form Your Own Point of View: Internally Persuasive Discourse in Northern Ireland Students' Encounters with History«, in: *Teachers College Record* 112:1 (2010), S. 142-181.

nitv (und wohl auch emotional) die Perspektive der anderen Seite einzunehmen gelernt hatten, zeigte ihnen dieser Lehrplan stets, dass die anderen ebendies waren: die anderen.

Das Projekt wurde, wie gesagt, aufgegeben. Wenn man die letzten Gedanken weiterspinnt, wäre es vielleicht sinnvoller, die gemeinsame Geschichte zu verfolgen. Das hieße etwa, die irische Hungernot um 1900 zu betonen, denn der Hunger hat keinen Unterschied zwischen den Lagern gemacht.

Ähnlich kann man sich fragen, welche Rolle Parteinahme und Empathie bei anderen Konflikten spielen. Kaum eine Region der Welt war im 19., 20. und selbst im 21. Jahrhundert frei von Konflikten und Spaltungen. Auch in den westlichen Demokratien tauchen diese Spaltungen immer wieder auf und werden, wie das Beispiel des Präsendentschaftskandidaten Donald Trump zeigt, politisch geschürt. Die Liste an akuten Beispielen der letzten Jahrzehnte mit Bürgerkriegen ist lang und braucht hier niemandem ins Gedächtnis gerufen zu werden. In vielen dieser Fälle gibt es zudem, anders als in Nordirland, kaum eine gemeinsame Geschichte, die bemüht werden könnte.

Diese Konflikte polarisieren die nationalen wie internationalen Beobachter regelmäßig. Man denke etwa an das zerfallende Jugoslawien, an den Israel-Palästina-Konflikt und an Syrien. Bei jedem der Konflikte entwickelten die internationalen Beobachter unterschiedliche Sympathien. Die Spannungen und Konflikte zwischen Israel und den palästinensischen Gebieten polarisierten die internationalen Beobachter aus der arabischen und der westlichen Welt deutlich, doch nicht immer in eindeutige Lager. Man denke hier nur an die vielen propalästinensischen Proteste und Anti-Siedler-Demonstrationen in Europa. Im Hinblick auf unsere Überlegungen zur Empathie ist hier bemerkenswert, wie häufig die gleichen Ereignisse die unterschiedlichsten Reaktionen provozieren. Wenn es Verluste und Greuel auf der einen Seite gibt, betrauern und beklagen die Parteinehmer dieser Seite dies, während die andere Seite es oft schulterzuckend wegsteckt und als gerechtfertigte Vergeltung anderer vorheriger Schreckenstaten oder Unterdrückungen bewertet. Beide Seiten sehen sich durch die meisten Ereignisse in ihrer Parteinahme bestätigt und empfinden umso mehr Empathie für ihre Gruppe, häufig unabhängig davon, wer der jeweils letzte Täter war. Parteinahme, Empathie, Legitimierung und Moralisierung gehen hier eine sich verstärkende Dynamik ein, die sich oft gegenüber Einwänden weitgehend immunisiert.

Es soll damit nicht in Abrede gestellt werden, dass Empathie dazu beitragen kann, einen Konflikt zu entschärfen und zu lösen. Das Ende der Sklaverei ist sicherlich historisch mit einer Aufwertung von Empathie (im Zusammenhang mit den Menschenrechten) verbunden. Doch im Falle der Sklaverei standen sich nicht schlicht zwei Seiten gegenüber, sondern die eine Seite beutete eine andere gnadenlos aus. *Es soll hier also vorgeschlagen werden, dass Empathie, wenn sie unkontrolliert und ungesteuert ist, dazu tendiert, Konflikte zu verschärfen, anstatt sie zu entschärfen.* Damit wird, wie gesagt, nicht behauptet, dass Empathie überhaupt nicht zur Konfliktbeilegung beitragen kann. Doch die Frage ist, wie dies geschehen kann. Das Beispiel von Nordirland mahnt jedenfalls zur Vorsicht.

Der Fall Südafrika, um ein weiteres Beispiel zu nennnen, scheint mir nicht eindeutig zu sein, da hier weniger Empathie im Zentrum stand als vielmehr die Kreation einer neuen Identität für alle. Der Mechanismus der Truth and Reconciliation Commisson ist insofern wichtig, als hier Vergebung als juristisches Resultat festgelegt war, auch unabhängig von Zuneigung, Empathie und Parteinahme. Wer ein vollständiges Geständnis ablegte, wurde begnadigt. Vielleicht hat ebendiese Bestimmung, dass Vergebung als Ende einer Verhandlung festgesetzt war, wenn nur die Wahrheit mittels von Geständnissen ans Licht gebracht wurde, die Erwartungen an Parteinahme und Empathie in Schach gehalten. Ziel dieser juristisch-politischen Apparatur war es, die Vertiefung des Konflikts zu verhindern, Strafe auszusetzen und weitere Eskalationen zu verhindern. Kurz: Gerade weil Parteinahme und Empathie unterbunden wurden, konnte der Konflikt weitgehend beigelegt werden.[52]

Wie anhand der Architektur der Empathie und dem Drei-Personen-Modell von Empathie dargestellt wurde, verfestigt und bestä-

52 Vgl. kritisch die Rekonstruktion des Vorgehens und der Tagesgeschäfte der Truth and Reconciliation Commission bei Richard A. Wilson, *The Politics of Truth and Reconciliation in South Africa: Legitimizing the Post-Apartheid State*, New York, NY: Cambridge University Press, 2001. Aufbauend auf zahlreichen Interviews argumentiert Wilson, dass die Arbeit der Kommission vielfach ungenügend und inkonsequent war und dass sie es letztlich nicht geschafft habe, Gefühle der Rache auszusetzen.

tigt Empathie schnell getroffene Vorurteile. Statt einen Beitrag zur Beilegung von Konflikten zu leisten, erweist sich Empathie immer wieder als Teil des Problems, das überwunden werden muss.

4. Radikalisierung der Moral durch Fiktion

Eine der fundamentalsten Eigenschaften der Fiktionen und Mythen der Weltgeschichte besteht darin, dass sie klar zwischen Gut und Böse unterscheiden. In vielen Märchen nicht nur der westlichen Traditionen zeichnen sich die guten Charaktere durch gute Handlungen aus, die schlechten begehen dagegen eine Untat nach der anderen, bis sie ihr gerechtes Ende finden. Auch in den Mythen und erstaunlich vielen Werken der kanonischen Literatur bleiben derartige Schemata erhalten. Zwar irren die Helden nun häufiger umher und begehen auch Fehltritte, doch sofern sie diese Fehltritte bereuen und später Besseres tun, finden auch sie ihr gutes Ende. Selbst in den ästhetisch-emotionalen Ausnahmen wie etwa den Tragödien und Trauerspielen werden zumindest die Bösewichte deutlich bestraft, während die Helden ein glorreiches Ende finden und in den Augen der Zuschauer erhöht werden.

Man muss sich fragen, wie es zu diesem klaren Muster von Gut und Böse in Narration und Fiktion gekommen ist. Möglicherweise sind Moral und Fiktion entwicklungsgeschichtlich miteinander verbunden. Es ist zumindest sehr auffällig, dass der Großteil der Werke der Fiktion sehr deutlich zwischen guten und bösen Charakteren unterscheidet. In der Wirklichkeit gibt es natürlich selten wirklich gute und wirklich böse Menschen. In der Unterscheidung wirken aller Wahrscheinlichkeit nach Einflüsse von Unterscheidungen wie Bekannte und Fremde oder Freund und Feind nach. Per Attribution werden zudem einzelne Handlungen, die man vielleicht als gut oder schlecht charakterisieren kann, als Eigenschaften auf die Charaktere projiziert.

In der Lebenswelt dagegen ist es wohl eher unüblich, in den Kategorien von moralisch gut und böse zu denken, wenn wir andere Menschen charakterisieren. (Meine Kinder berichten allerdings, dass sie ihre Lehrer durchaus in den Kategorien von gut und böse verankern.) Werke der Fiktion zeichnen diese moralischen Kategorien auf jeden Fall sehr deutlich. Doch warum eigentlich? Woher speist sich diese moralische Schwarz-Weiß-Malerei der Fiktion? Handelt es sich um ein Einüben von Moral? Wenn man hinzudenkt, dass Narrationen und Mythen seit Jahrtausenden, vielleicht seit Beginn der menschlichen Sprachfähigkeit vor vielleicht 70 000 Jahren zirkulieren und dass wir auch heute viele Stunden täglich mit Narration und Fiktion verbringen,[53] ist es nicht absurd zu fragen, ob es womöglich evolutionär relevante Aspekte gibt, die diese Betonung des Moralischen in Narrationen erklären. Oder handelt es sich um eher repressive kulturelle Muster, so dass etwa Revolutionäre klein gehalten werden sollen? Oder aber kann man diese Muster mit dem Unterhaltungswert erklären? Immerhin dürfte es angenehm sein, moralisch eindeutige und klare Gestalten vor sich zu haben. Viele weitere Erklärungen sind möglich. Leser von C.G. Jung könnten etwa auch an Archetypen denken.

Eine interessante Erklärung dieses Phänomens hat William Flesch geliefert.[54] Er argumentiert, dass Fiktion unser moralisches Empfinden anstiftet und vertieft. Wichtiger etwa als die Identifikation mit dem Helden oder Empathie sei das Bestrafen der Bösewichte, ebenso wie das Bestrafen derjenigen, die als Nutznießer einfach nur zuschauen, ohne einzuschreiten.[55] Flesch betont, in welchem Ausmaß der Kanon westlicher Literatur von den Geschichten des Alten Testaments bis zur Moderne durch Muster der poetischen Gerechtigkeit geprägt ist, dass jeder erhält, was er in moralischer Hinsicht verdient hat. Für dieses Muster findet er evolutionäre Erklärungen in der Notwendigkeit, den Anreiz für Schmarotzer (die sogenannten Freerider oder Trittbrettfahrer) zu begrenzen.

Aus der Perspektive von Flesch haben Literatur, Fiktion und Narration damit einen wichtigen Beitrag zum moralischen Funktionieren von Gesellschaft zu leisten. Wenn wir Moral als Ziel setzen, können wir sehen, wie Fiktionen nahezu optimale Trainingsbedingungen erzeugen, um mögliche Verfehlungen vorzuführen und mit oder ohne Empathie als emotionales Ereignis im Individuum

53 Vgl. Jonathan Gottschall, *The Storytelling Animal.*

54 William Flesch, *Comeuppance: Costly Signaling, Altruistic Punishment, and Other Biological Components of Fiction*, Cambridge und London: Harvard UP, 2007.

55 Wir kommen auf diese Überlegungen in Kapitel IV zurück und werden dort anders als Flesch Strafe und Empathie in der der Figur der Straffreude zusammendenken.

einzupflanzen. Auch die Übertreibungen der Fiktion, die Überzeichnungen von guten und bösen Charakteren, könnten insofern Mittel zum Zweck sein, als sie die Rezipienten auf die Kennzeichen unmoralischen Verhaltens besonders deutlich hinweisen.[56] Umgekehrt könnte Fiktion in manchen Situationen auch Milde lehren. Da das wirkliche Leben häufig ambivalenter ist als die klaren Wegweiser der Fiktion, kann man auch leichter vergeben und von Strafe absehen. Auch das kann durchaus seinen Sinn haben.

Im Folgenden soll jedoch eine andere These aufgestellt werden. Beginnen wir mit einer kurzen Bestandaufnahme: Es gibt kaum ein Volksmärchen in den westlichen Traditionen, aber auch in den meisten asiatischen, in dem wir nicht bald lernen, wer die guten und wer die bösen Charaktere sind. Die guten gewinnen am Ende meist, und die bösen Charaktere werden verbrannt, verbannt oder besiegt. Auch in den meisten Epen, Mythen und noch in den Schauspielen und Romanen erwarten wir als Leser, dass diejenigen bestraft werden, die es verdienen. Ein Großteil der Spannung vieler Werke könnte sich daraus speisen, dass wir darauf warten, dass jeder am Ende erhält, was er verdient. Der Graf von Monte Christo gewinnt am Ende, erhält seine Gelegenheit zur Rache. In den derzeit sehr beliebten *Game-of-Thrones*-Büchern von George R. R. Martin und der HBO-Fernsehserie wird diese Erwartung genüsslich strapaziert, insofern viele der guten Charakter leiden und sterben, während die Bösewichte triumphieren. Ebendiese »Strapaze« macht die Erwartungen besonders stark und wohl auch lustvoll, denn natürlich kann sich am Ende alles noch wenden und der »gute« Familien-Clan des Hauses Stark zum Zuge kommen (oder ein anderer Clan, den ein Leser sich als Liebling ausgesucht hat). Bis dahin hat man viel Spaß an den Untaten der Bösewichte und darf vermuten, dass der Autor mit den Erwartungen seiner Leser sein Spiel treibt. Dieses Spiel mit Leser und Zuschauer ist in zahlreichen der beliebten Fernsehserien der letzten Jahrzehnte zum Strukturprinzip geworden. Doch auch dabei bleibt die Grundannahme im Sinne Fleschs bestehen, dass Zuschauer und Regisseure

56 Moral erzeugt wichtige Effekte der gesteigerten Beobachtung der Charaktere und Mitmenschen. Flesch betont als dessen Voraussetzung das Markieren (»tracking«), also das Erinnern von vergangenen Handlungen eines Individuums, die Rückschlüsse auf künftiges Verhalten liefern.

beide wissen, dass die Erwartung ist, dass am Ende die guten Taten belohnt, die schlechten bestraft werden.

Ausgehend von den Überlegungen der vorangegangenen Kapitel gibt es nun eine andere Interpretation dieser Befunde, die nicht von der verdienten Strafe, sondern dem Überzeichnen der Kontraste ausgeht. Wenn wir in die Welt der Fiktion und Mythen eintauchen, sei es in Literatur, Film oder Fantasie, ist es eine Welt der deutlichen Kontraste. Die Charaktere treten klar hervor. Meist sind sie auch deutlich unterschieden oder werden im Laufe der Narration unterschieden, nicht nur als moralisch gute oder schlechte Charaktere, sondern auch in zahlreichen anderen Hinsichten wie als männliche oder weibliche Charaktere, als Abenteurer oder Duckmäuser, als Gutherzig-Naive oder Listige usf. Diese Kontraste erlauben es dem Hörer, Leser und Zuschauer, sich schnell auf die eine oder andere Seite zu schlagen, Partei zu ergreifen und aufbauend auf der Perspektive dieser Partei die Ereignisse mitzuerleben und zu bewerten.[57]

Der kognitive Vorzug der klaren Muster wie Gut und Böse liegt in der von ihnen gebotenen Orientierung. Dem widerspricht es nicht, dass zu Beginn der Narration die Unterscheidungen häufig noch nicht deutlich sind. Im Gegenteil, der Reiz der Narration besteht anscheinend oft ebendarin, die falschen Helden zu entlarven und damit Klarheit erst zu generieren.[58] Orientierung zu bieten, muss nicht direkt einen Vorteil beinhalten. Zunächst einmal ent-

57 Es gibt durchaus andere Erklärungen der menschlichen Betonung von Narration und Fiktion, die einen evolutionären Vorteil versprechen. Dazu gehören neben dem Lernen von Moral auch Gruppenkoordination, das Generieren von kollektiven Identitäten, religiöse Überhöhungen, soziale Kohäsion, Schaffen eines kollektiven Gedächtnisses, allseitige Überwachung, entspannende Unterhaltung und Antizipation von zahlreichen Situationen. Auch an das Einüben von Ausredestrategien und Erwägen von alternativen Verhaltensformen wäre zu denken. Vgl. zu all diesen Möglichkeitern Fritz Breithaupt, *Kultur der Ausrede*, Berlin: Suhrkamp, 2012, S. 60-109. Doch diese Erklärungen zielen weniger auf die klare Teilung in Gut und Böse, und können daher in diesem Zusammenhang übergangen werden.

58 Man denke etwa daran, dass schon Wladimir Propp in seiner kurzen Inventur des russischen Zaubermärchens einen Charakter hervorhebt, der zunächst als Held erscheint, sich dann aber als falscher Freund oder Feind entpuppt. Vladimir Propp, *Die historischen Wurzeln des Zaubermärchens*, München: Hanser, 1987.

lastet es schlicht, wenn einem klare Muster zur Verfügung stehen. In der Klarheit bzw. Ästhetik liegt ein Wert an sich, der nicht unbedingt in soziale Vorzüge und Überlebensvorteile übersetzt werden kann.

Gegen die direkte funktionale These einer Moralisierung von Fiktion als Einübung richtigen Verhaltens von Flesch soll hier also argumentiert werden, dass Narration und Fiktion so beliebt sind aufgrund der von ihn angebotenen Orientierung, die das Miterleben erlaubt und verstärkt. Diese prinzipielle Attraktivität ermöglicht dann wiederum zahlreiche andere Möglichkeiten von der Ausrede bis zur Feier des Helden, aufgrund derer Narration relevant wird.

Auf sekundäre Art und Weise hat diese Betonung der Orientierung nun aber auch wieder moralisch relevante Effekte. Entsprechend der Dynamik, die wir im vorausgegangenen Kapitel skizziert haben, kann man annehmen, dass die Parteinahme und Empathie eine Polarisierung befördern. In vielen Fällen kann das moralisch gut sein. Wir sind uns als Menschen meist einig. Das ist sehr wichtig und trägt innerhalb einer Gruppe zur Vermeidung von Konflikten bei. Robert Kurzban nennt diesen Effekt Zuschauerkoordination (»bystander coordination«), die darin besteht, dass Beiwohnende eines Streits oder Konflikts von diesem nicht gespalten werden, sondern sich auf dieselbe Seite schlagen.[59] Entscheidend an einem Konflikt sind die Dritten, die Zuschauer. Wenn sie in den Konflikt gerissen werden und unterschiedliche Parteien ergreifen, könnte ein einfacher Streit zwischen zwei Menschen eine große Gemeinschaft spalten. Das muss natürlich vermieden werden. Moral, verstärkt durch deutliche narrative Muster, kommt hier als Mechanismus in Frage, insofern Menschen in ihr einen Leitfaden haben, für wen sie sich je entscheiden sollen.

Der Knackpunkt dieser Argumentation liegt darin, dass Menschen sich tatsächlich für die gleiche Seite entscheiden müssen. Moral könnte hier Weisungen geben. Aber ebendies ist ungewiss.

59 Robert Kurzban und seine Kollegen gehen so weit, diesen Effekt als das evolutionär zentrale Anliegen von Moral zu bezeichnen, nämlich das Entzweien von Gruppen zu verhindern; siehe Robert Kurzban, Peter DeScioli und Erin O'Brien, »Audience Effects on Moralistic Punishment«, in: *Evolution and Human Behavior* 28.2 (2007), S. 75-84; Peter DeScioli und Robert Kurzban, »Mysteries of Morality«, in: *Cognition* 112.2 (2009), S. 281-299.

Streitende sind ja oft besonders raffiniert darin, die Reaktionen ihrer Zuschauer mit in ihr Verhalten einzubeziehen und plausible Argumente für sich zu finden, um somit zumindest einige Beiwohnende auf ihre Seite zu ziehen. Noch unklarer ist bei Fiktionen, auf welche Seite sich die Zuschauer schlagen, wenn es Alternativen gibt. Es gibt kaum ein fiktives Wesen, das nicht seine Parteinehmer findet. Die Zombies wurden in den Filmen der 1980er wohl auch deshalb erfunden, damit sie als Schlachtvieh bereitstanden, mit dem man keine Empathie haben musste. Doch seitdem haben zahlreiche jüngere Zombie-Filme mit diesem Muster gebrochen, ebenso wie bereits der originale Frankenstein von Mary Shelley ein Wesen präsentierte, mit dem man mehr Empathie haben kann als mit allen anderen Charakteren, schlicht weil niemand sonst Mitgefühl zu haben scheint. Selbst Zombies sind also mögliche Empfänger von Empathie und Parteinahme und umso mehr jedes andere Wesen in Fiktion und Film.

Doch wenn man die Tendenz zur Einigkeit betont, ergibt sich auf einer höheren Ebene ein anderes Problem. Die Dynamik der Einigkeit kann zwischen größeren Verbänden zu massiven Konflikten und Kriegen führen. Denn natürlich sympathisieren die meisten Menschen mit der eigenen Gruppe, die sie kennen und verstehen. Doch auf höherer Ebene stehen sich dann die Verbände von verschiedenen Gruppen gegenüber. Die Tendenz zur Einigkeit polarisiert, gerade weil jede Gruppe sich im Recht glaubt und – was wichtiger ist – sich im Recht *fühlt*. Man kann versuchen, das kriegerische Potential der Menschen zu minimieren, wie Steven Pinker es mit Berufung auf Empathie tut.[60] Doch wir sollten das zerstörerische Potential unserer Spezies nicht wegerklären. Narrationen und Werke der Fiktion stehen auf beiden Seiten von Kriegsparteien meist schnell bereit, um das Miterleben mit der eigenen Seite zu potenzieren. Unser heutiger fiktional gesteigerter Nationalismus ist zwar ein junges Phänomen, doch die Tendenz ist alt.[61]

Die These, die hier aufgestellt wird, lautet mithin: Es gibt die klaren Gut-Böse-Schemata in Fiktion, Mythen und Narrationen

60 Steven Pinker, *The Better Angels of Our Nature*, 2011.

61 Auch der Nationalismus gehört zu diesen Überlegungen, denn hier werden ebenfalls Parteien gebildet und Entscheidungen gesteuert; siehe Benedict Anderson, *Die Erfindung der Nation: Zur Karriere eines folgenreichen Konzepts*, Campus Verlag, 2005.

aufgrund der klaren Orientierung, aber tendenziell auf Kosten von moralischer und sozialer Gerechtigkeit. Die polarisierenden Überzeichnungen von Gut und Böse und verwandten Gegensätzen machen die Narrationen genussreich. Doch zugleich werden damit soziale Spaltungen vertieft und verfestigt, was zu offenen Konflikten führen kann. Natürlich gibt es großartige Werke der Fiktion, die die einfachen Schemata unterlaufen. Doch die Botschaft, die regelmäßig bei den Rezipienten hängenbleiben dürfte, besteht eben in der Zweiteilung der Menschen in verschiedene Kategorien, die diese von Grund auf auszeichnen. Fiktion schürt Verdacht.[62] Die durch Empathie und Parteinahme beförderte moralische Polarisierung mag also Orientierung, Ästhetik und Vergnügen in der erleichterten Wahrnehmung bieten, doch ein tatsächlicher Zuwachs an Moral, vor allem einer positiven Moral des Bestrafens wie etwa William Flesch sie skizziert, ist damit noch nicht gewonnen.

Diese Polarisierung hat, wie angedeutet, zwei fiktionalisierende Effekte. Der erste besteht in dem Schwarz-Weiß-Malen der sozialen Umwelt. Menschen tendieren dazu, hochgradig sensibel auf moralische Verletzungen zu reagieren, und »markieren« suspekte Mitmenschen oder auch Gruppen mental. Sosehr diese Dynamik Gruppen eint, so sehr kann sie verschiedenen Gruppen gegeneinander aufhetzen.

Die zweite Konsequenz besteht in der bevorzugten Selbstdarstellung als Opfer, um Empathie und Sympathie zu wecken. Seit es Empathie und Mitleid gibt, dürften diese auch von anderen manipulativ aktiviert werden, um Hilfeleistungen zu erhalten.

Menschen fiktionalisieren sich als Opfer, um andere auf ihre Seite zu ziehen. Opfersein ist mit Hilfsbedürftigkeit, Authentizität, emotionaler Tiefe und einem Im-Recht-Sein verbunden. Dies ist eine alte Tendenz. Bereits Nietzsche prangerte sie an (siehe die Anmerkungen zur *Genealogie der Moral* in Kapitel I).[63] Opfer oder Überlebende haben natürlich in vielen Fällen ein Anrecht auf unsere Sympathie, unsere Geduld und unser Wohlwollen. Vor allem müssen sich diejenigen, die von anderen als Opfer gesehen werden, selbst nicht mit der Rolle des Opfers identifzieren. Das Mindeste,

62 Narratives Denken besteht im Denken der Vielversionalität. Alles könnte auch anders sein oder kommen. So die These in einem Satz von Breithaupt, *Kultur der Ausrede*.

63 Vgl. auch Max Scheler, *Das Ressentiment im Aufbau der Moralen*.

was einem jeden zuzugestehen ist, ist, dass er oder sie ihre Rolle selbst mitgestalten kann und darf.

Dennoch gibt es anscheinend auch etwas an der Opferrolle, das attraktiv ist, wie bereits das Beispiel Himmlers gezeigt hat.

In meinen Übungen an der Universität spiele ich bisweilen ein Rollenspiel, in dem ich zwei Studenten bitte, ein Streitgespräch zu führen. Dazu bekommen sie eine thematische Vorgabe. Etwa sollen sie das Fürsorgerecht ihrer imaginären Kinder ausfechten. Oder sie sollen klären, wer von beiden für den Tod des Goldfischs im Aquarium der WG während der Ferien verantwortlich ist. Im Verlauf des Gesprächs dürfen sie sich alles Mögliche ausdenken und dem anderen an den Kopf werfen. Am Ende stimmt der Kurs darüber ab, 1) wer am besten argumentiert hat und insofern das Rededuell gewonnen hat, 2) wer mehr Empathie erweckt hat und 3) wem recht gegeben wird, wer also das Sorgerecht erhalten soll oder schuld an dem Tod des Goldfischs ist. Dabei ergibt sich regelmäßig folgendes Ergebnis, unabhängig davon, ob alle Teilnehmer vorab alle Spielregeln kennen: Einer der Konrahenten gewinnt in der Abstimmung das Rededuell (1), doch die Empathie-Punkte gehen an den Verlierer des Rededuells (2).[64]

Wenn man die Studenten fragt, was sie beobachtet haben, geben sie häufig an, dass der rhetorisch Schwächere ihr Mitleid und auch ihre Empathie geweckt hat. Etwa war er oder sie nervöser in der Diskussion vor Publikum oder wusste nichts zu sagen. Ein Zögern, eine Verlegenheit oder eine verschämte Körperhaltung wird von den Kursteilnehmern genau beobachtet. Selbst wenn jemand vollkommen unfähig zur Argumentation und Rede war, gewinnt er das Empathie-Rennen. Der selbstsicher auftretende Redner dagegen bleibt vielen empathisch unzugänglich.

In der Abstimmung darüber, wer am Ende recht behält (3), schwanken die Ergebnisse zwischen den Gewinnern von 1) und 2), tendieren aber zur Bevorzugung des Gewinners des Empathie-Rennens, schlicht weil er das »Opfer« des besseren Redners war.

Natürlich sind diese Abstimmungen nicht unter experimentell

64 Man könnte hier natürlich einwenden, dass die abstimmenden Studenten ihre Punkte gleichmäßig verteilen wollen und so dem Verlierer als Trostpreis den Empathie-Preis zuschieben. Das mag sein. Doch auch dies wäre interessant. Diese Spiele sind fern von tatsächlichem Experiment und dienen uns hier nur zum Einstieg einer Diskussion, nicht als Beleg.

sauberen Bedingungen zustande gekommen, und vielleicht verhalten sich nur amerikanische Studenten so, die besonders stark auf Opferrollen fixiert sind. Die Studenten waren zudem vorab beeinflusst und wussten oder rochen, dass es irgendwie um Empathie geht. Trotzdem ist interessant, mit welcher Regelmäßigkeit Empathie mit dem schwächeren Redner zu verzeichnen ist und dass just diese Eigenschaft, nämlich in rhetorischer Hinsicht unterlegen zu sein, in vielen Fällen zum Gewinn in der Debatte führte. Vielleicht ist das auch Donald Trumps Chance.

Man könnte hier weit ausholen und zu argumentieren versuchen, dass Empathie einen Ausgleich schafft bei sozialen Asymmetrien wie rationaler, intellektueller, physischer oder anderer Überlegenheit. Doch weniger spekulativ deutet dies zunächst darauf hin, dass es sich gelegentlich durchaus lohnt, sich als schwach zu präsentieren und als »Opfer« aufzutreten. Während die meisten Studenten in diesen Debatten unfreiwillig in die schwächere Position rückten, gaben manche Studenten in der Tat an, dass sie ebendiese Rolle ab einem gewissen Punkt zu ihrer Strategie machten. Dank Empathie gewinnen die echten ebenso wie die fiktiven Opfer.

III. Falsche Empathie.[1] Gefilterte Empathie

1. Helfer, Helden und Humanitarismus[2]

Es wird nur allzu gerne angenommen, dass Empathie mit Opfern eine »natürliche« Sache sei. In ähnlicher Weise wird häufig vermutet, dass Empathie eine entscheidende Rolle in der Entwicklung des westlichen[3] Humanitarismus gespielt hat. Doch stimmen diese Annahmen?

In diesem Kapitel wird der Versuch unternommen, unsere Faszination und Sympathie mit Opfern anders zu erklären. Unsere Untersuchung wird dabei phänomenologisch verfahren und die *Szene des Opfers und der Hilfeleistung* entfalten. Dies wird uns auch erlauben, die Konzeption des Humanitarismus aufzunehmen, also die Interventionen zugunsten Hilfsbedürftiger, Leidender, Armer oder Benachteiligter aufgrund des Verständnisses einer allgemeinen Menschlichkeit. Die Logik der Opfer-Empathie im Allgemeinen und des Humanitarismus im Besonderen scheint einfach zu sein: Wir sehen das Leiden einer anderen oder etwa die Ungerechtigkeit, die ihr widerfährt, und wir fühlen mit ihr. Und weil wir mit ihr fühlen und mitleiden, schreiten wir ein, intervenieren, helfen. Dieses Kapitel stellt diese einfache Logik in Frage.

1 Der Titel zielt auf das Konzept der »falschen Empathie«, das in juristischen Kontexten als eine schlechte Form der Annäherung vorgeschlagen worden ist, etwa wenn ein Weißer sich flüchtig vorstellt, wie es ist, ein Schwarzer zu sein, und daraus Schlussfolgerungen ableitet. Vgl. Richard Delgado, »Rodrigo's Eleventh Chronicle: Empathy and False Empathy«, in: *California Law Review* 84, Nr. 1 (1996), S. 61-100, S. 70. In diesem Kapitel findet die Verwechslung allerdings zwischen Empathie (mit einem Hilfsbedürftigen) und Identifikation (mit einem Helfer) statt. Diese Unterscheidung ist Gegenstand des Kapitels.

2 Dieser Abschnitt geht auf einen Vortrag am Centre for Global Research Cooperation zurück und wurde dort in einer früheren Fassung in der Research-Papers-Reihe »Global Dialogues« publiziert. Der Abschnitt verdankt Frank Adloff, Volker Heins und Christine Unrau wichtige Anregungen.

3 Es soll hier nicht vorgeschlagen werden, dass es Humanitarismus nur im Westen gibt oder geben kann. Die Betonung der westlichen Tradition dient hier schlicht der Einschränkung auf die Kulturen, die sich aus der Aufklärung im 18. Jahrhundert herleiten.

Historisch ist es sicherlich nicht falsch, auf eine zumindest zeitliche Nähe zwischen der historischen Aufwertung von Empathie und dem Humanitarismus am Ende des 18. Jahrhunderts zu schließen. Humanitarismus weitet die Hilfsmotivation von der Familie und Gruppe auf einen größeren Kreis anderer Menschen (und Tiere) aus. Die Historikerin Lynn Hunt hat in diesem Sinne argumentiert, dass die Ausweitung der Empathie im Familien- und Bekanntenkreis begann, dann aber diesen überschritt: »Leser im achtzehnten Jahrhundert empfanden Empathie, ebenso wie Leser der vorherhigen Jahrhunderte, mit ihnen nahestehenden und ähnlichen Menschen – also ihrer direkten Familie, ihren Verwandten, Angehörigen ihrer Gemeinschaft und den ihnen Gleichstehenden. Aber die Menschen im achtzehnten Jahrhundert mussten auch lernen, Empathie innerhalb weiter gefasster Grenzen zu empfinden.«[4] Auf die Frage, wie sich diese Ausweitung vollzog, antwortet sie, dass Romane und die neue Literatur als neues Kernmedium Empathie mobilisiert haben.

Ähnlich hat auch Thomas Laqueur in seinem Beitrag zu einem Band mit dem klingenden Namen *Humanitarianism and Suffering: The Mobilization of Empathy* vorgeschlagen, dass »das ethische Subjekt im achtzehnten Jahrhundert demokratisiert wurde. Immer mehr Menschen begannen zu glauben, dass es ihre Pflicht sei, Untaten gegenüber anderen zu vermeiden und zu verhindern. Immer mehr Menschen erschienen nun qualifiziert, als Mitglieder der ›Wir-Gruppe‹ gesehen zu werden.«[5]

Doch diese historische Nähe zwischen dem neuen Humanitarismus, der Anti-Sklavenbewegung und der Propagierung der Menschenrechte beweist weder, dass Empathie im Zentrum der historischen Entwicklung steht noch dass Empathie die beste Basis für Humanitarismus und etwa auch Entwicklungshilfe darstellt. Es ist

4 Lynn Hunt argumentiert weiter, dass das neue Medium des Romans Empathie einforderte und daher förderte. Einmal freigesetzt, führte der Weg von der Empathie schnell zu den Menschenrechten. Lynn Hunt, *Inventing Human Rights: A History*, New York: W.W. Norton, 2007, S. 38.

5 Thomas W. Laqueur, »Mourning, Pity, and the Work of Narrative in the Making of ›Humanity‹«, in: Richard Ashby Wilson und Richard D. Brown (Hg.), *Humanitarianism and Suffering: The Mobilization of Empathy*, Cambridge: Cambridge UP, 2009, S. 31-57: 38. Siehe auch Martha C. Nussbaum, *From Disgust to Humanity: Sexual Orientation and Constitutional Law*, Oxford New York: Oxford University Press, 2010.

damit nicht einmal zweifelsfrei gezeigt, dass Empathie wünschenswert ist.

Wir werden im Folgenden das historische Argument zunächst hinter uns lassen, um erst am Ende des Kapitels eine alternative historische Erzählung vorzuschlagen. Wenden wir uns also zunächst der ›Szene der Empathie‹ zu, die bei vielen Menschen zu altruistischen Taten führt.[6]

Diese Szene hat eine Reihe von klar beschreibbaren Aspekten. Dazu gehört zunächst das Leiden oder Unglück eines Wesens, das als Opfer beschrieben werden kann, dessen Leiden von einem Beobachter als unverdient oder zumindest unangemessen (etwa bei Straftätern) eingestuft wird. Das erste wichtige Merkmal dieser Szene besteht in der prinzipiellen Veränderbarkeit dieses Leidens. Es gibt Hinweise darauf, dass die meisten Menschen eher bereit sind, Empathie zu empfinden, wenn der von ihnen beobachtete Mensch Veränderungen durchläuft und auf dem Weg der Besserung ist, statt zu stagnieren, chronisch krank zu sein oder keine Hoffnung auf Besserung zu haben. Dies scheint ebenfalls für die Narrationen in Literatur und Film zu gelten, bei denen uns die künftigen, aber auch die vergangenen Entwicklungen anziehen.[7]

Die Betonung von Veränderung und zeitlicher Entwicklung gibt uns einen Fingerzeig, welche Kräfte hier am Werk sind. Positive Veränderung erlaubt es dem empathischen Beobachter, seine Empathie zurückzufahren, denn der andere braucht ja nun weniger Hilfe. Hier schließen wir an die eingangs formulierten Gedanken zum Selbstverlust (Kapitel I) an. Wir empfinden mehr Empathie, wenn wir eine Rückzugsstrategie haben, wenn der partielle Selbstverlust zeitlich begrenzt ist. Wenn eine Sache hoffnungslos aussieht, ist es insofern nicht verwunderlich, dass Menschen intuitiv weniger Empathie empfinden. Dies gilt für chronische Krankheiten, für das Altern, permanente Zustände und für Leiden, dessen Milderung jenseits unseres Einflusses steht. Natürlich können Menschen auch in diesen Fällen bewusst Empathie kultivieren, doch die Gefahr von Resentiment und Frustration ist deutlich: die Empathie kann zu Selbstverlust und dem Gefühl, gefangen zu sein, führen. Dies wiederum kann sich zu verschiedenen negativen Gefühlen entwi-

6 Vgl. Daniel C. Batson »The Empathy-Altruism Hypothesis«.

7 Zu einer Liste literarische Empathie-Auslöser siehe Suzanne Keen, *Empathy and the Novel.*

ckeln, also etwa Abstumpfung oder auch Straffantasien gegenüber dem Leidenden.

Diese zeitliche Dimension der Szene der Empathie enthält implizit auch ihr zweites zentrales Merkmal. Die allgemeine zeitliche Veränderbarkeit genügt vielen Beobachtern nicht. Sie scheinen in der einen oder anderen Art und Weise auch anzunehmen, dass ihre eigenen positiven Gefühle, ihr Mitempfinden, ihre Anteilnahme und vor allem natürlich ihre eigene Hilfe einen Unterschied in der Entwicklung des Leidens machen werden. Diese Zuversicht, dass das Mitgefühl selbst Einfluss auf das Leiden entfaltet, reicht von Allmachtsfantasien bis zur subtileren Hoffnung, dass Veränderung möglich ist und dass sie erfolgen wird, schlicht weil der Fall ja als hoffnungsvoll wahrgenommen wird. Eben hier kommen wir zu dem zweiten Aspekt der Szene der Empahie: Sie umfasst eine Intervention durch einen Helfer oder durch glückliche Umstände, die eine Entwicklung in eine bessere Richtung ermöglichen. Diese Intervention oder die glücklichen Umstände führen, so kann vermutet werden, am deutlichsten zu Empathie, wenn sie als narratives Ereignis konzeptionalisiert werden können[8] oder gar als Wendepunkt.[9] Anders gesagt, Empathie ist wahrscheinlicher, wenn wir nicht schlicht annehmen, dass Veränderung von allein erfolgt, sondern wenn sie von einem spezifischen Ereignis abhängig ist, auf das wir möglicherweise Einfluss haben, vielleicht einfach dadurch, dass wir es uns vorstellen.

Nun können wir die nur scheinbar einfache Frage stellen, mit wem wir eigentlich Empathie empfinden, mit wem wir hier mitfühlen und wessen Erfahrung wir imaginär teilen: Die des Opfers oder die des Helfers?

Zu einer ersten Antwort kommen wir dadurch, dass wir uns fragen, ob es zu Empathie auch ohne die Vorstellung eines intervenierenden Helfers kommen kann. Meine Vermutung lautet, dass es ohne vorgestellten Helfer oder imaginäre positive Umstände, die eine Veränderung bewirken, deutlich weniger Empathie gibt. Empathie haben die meisten Menschen, so die These, nicht schlicht

8 Vgl. Andrew Hamilton und Fritz Breithaupt, »These Things Called Event: Toward a Unified Narrative Theory of Events«, in: *Sprache und Datenverarbeitung* (SDV) 37 (2013), S. 65-87.

9 Vgl. Jerome Bruner, *Making Stories: Law, Literature, Life*, Cambridge, Mass.: Harvard University Press, 2003.

mit dem Opfer (dem Leidenden, Kranken, ins Unglück Gestürzten), sondern aufgrund der ganzen vorgestellten Szene der Empathie mit zeitlicher Veränderung und Helfer. Verkürzt heißt das: Wir haben Empathie mit dem Opfer, insofern wir uns mit dem heldenhaften Helfer identifizieren. Helfer-Identifikation ist das Medium von Empathie. Um Empathie zu empfinden, identifizieren wir uns mit einem Helfer.

Bevor wir die Implikationen dieser These weiter entfalten, soll die Szene der Empathie deutlicher dargestellt werden:

1. Der Auslöser von Empathie im Kontext von humanitärer Hilfe besteht in der Wahrnehmung einer anderen Person, die vom Beobachter als leidend, bedroht, hilfsbedürftig, benachteiligt oder Ähnliches wahrgenommen wird. Es ist dabei keine Voraussetzung, dass der Beobachtete selbst direkt leidet oder ähnliche Emotionen empfindet und seine Situation als bedrohlich wahrnimmt. Das Leiden, der Mangel oder die Gefahr bestehen in der Vorstellung des Beobachters.[10]

2. Ausgehend von der Perspektive des Beobachters entfaltet sich die Situation des Beobachteten als eine zeitliche Entwicklung mit narrativen Zügen, von einer Vorgeschichte hin zu dem späteren Leiden, dem Mangel oder der Gefahr.[11] Es ist dabei nicht entscheidend, dass die Vorgeschichte faktisch bekannt ist. Es genügt, dass sie erahnt oder schlicht vorausgesetzt wird. Typischerweise enthält diese Vorgeschichte auch die Unschuld des Beobachteten, seine Naivität oder zumindest das Merkmal der Unverdientheit oder Unangemessenheit seiner negativen Situation. Mit anderen Worten, der Beobachtete wird in die narrative Rolle des »Opfers« gerückt. Ob der Beobachtete sich dabei selbst als Opfer wahrnimmt, ist nebensächlich. (Eine solche Selbstwahrnehmung und Selbststilisierung als Opfer könnte die Fremdwahrnehmung sowohl fördern als auch stören, insofern sie als Selbstmitleid eingestuft werden könnte.)

3. Die Vorgeschichte und ihre narrative Entfaltung eröffnet auch die Möglichkeit einer besseren Zukunft. Gerade weil das Leiden des Opfers sich aus konkreten zeitlichen Umständen ableitet, die der Beobachter registriert, erahnt oder erfindet, können diese

10 See Blakey Vermeule, *Why do We Care about Literary Characters?*.

11 Narrationen und das Erzählen von Geschichten sind nicht nur besonders für Empathie geeignet, sondern stehen auch der psychologischen Produktion von Identität nahe, siehe Bruner, *Making Stories*, S. 63-87.

Umstände sich auch verändern oder verändert werden. Zeitliche Ereignisse, auch wenn sie nicht umkehrbar sind, implizieren häufig Hoffnung auf künftigen Wandel. Der Weg nach vorne kann in dem Umschlagen der negativen Umstände bestehen oder einer Befreiung des Opfers, er kann höchst unwahrscheinlich oder konkret greifbar sein. Entscheidend ist nur, dass dem Beobachter die Möglichkeit eines Auswegs vor Augen steht.

4. Es fehlt noch ein vierter Aspekt: Der Beobachter muss das Gefühl haben, dass die positive Veränderung möglich ist, aber nicht automatisch und von alleine kommen wird. Damit es zu der positiven Entwicklung kommt (oder sie beschleunigt wird bzw. wahrscheinlicher wird), bedarf es einer realen oder imaginären zweiten Person, die einschreiten wird. Wir brauchen den Helfer.

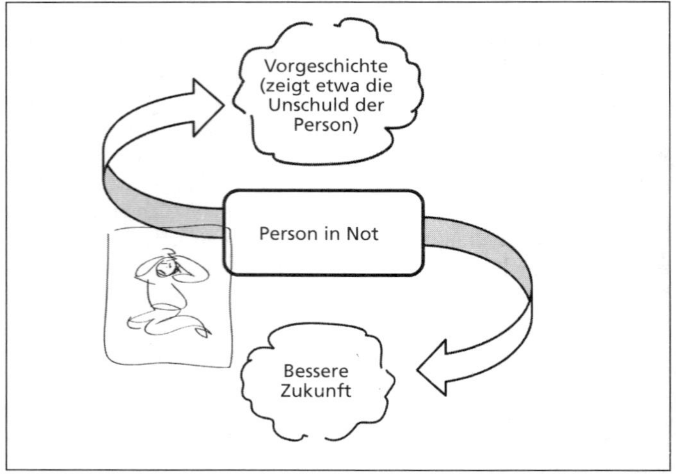

Abb.: Die narrative Szene der Empathie (ohne Beobachter und Helfer).

Die These dieser Überlegungen ist mithin, dass nur die gesamte Szene Empathie in einem Beobachter anregt. Fehlt eine Komponente dieser Szene, kann man weniger humanitäre Empathie erwarten. Zudem hilft uns dieses Schema auch zu verstehen, was Menschen im Alltag meinen, wenn sie sagen, dass sie »Empathie«

oder »Mitgefühl« mit einem Menschen in Not haben. Mitgefühl zu haben, heißt demnach nicht nur, dass wir das Leiden einer anderen Person kognitiv und emotional verstehen und nachempfinden. Es heißt in der Regel auch, dass wir eine zeitliche Situation mit Vergangenheit, Intervention und besserer Zukunft hinzudenken.[12] Vor allem aber, und hier liegt die Crux, ist die Annahme, dass wir als Beobachter (neben der eigenen) mindestens zwei Perspektiven einnehmen, nämlich die des »Opfers« und die des »Helfers«.

Es genügt nicht, dass ein leidendes Opfer vorgeführt wird, um humanitäre Gefühle und Aktionen zu stimulieren. Vielmehr müssen wir einen Helfer hinzudenken, real oder imaginär, der als Katalysator von positiver Veränderung auftritt, um die mentale Szene der Empathie zu vervollständigen. Einfacher gesagt: Um Empathie anzuregen, ist es vorteilhaft, eine Helferfigur zu erfinden.

Man könnte jetzt weiter spekulieren, dass eine dritte Perspektive hinzugedacht werden muss, von der aus die *gute* Handlung des Helfers registriert und anerkannt wird. Diese dritte Perspektive oder dritte Person kann als Beobachter zweiter Ordnung beschrieben werden, der gute Handlungen als solche wahrnimmt und dem Helfer damit das ihm zustehende Lob zuteilwerden lässt. Vielleicht ist auch diese Perspektive schlicht imaginär und entspringt unserem Begehren, dass das Gute belohnt wird. Auch dies kann Teil der mentalen Szene von Empathie sein: das Hinzudenken von Dank und Anerkennung. Natürlich bedarf es für das Hinzudenken von Anerkennung keines Dritten. Die ultimative Empathie-Fantasie besteht selbstverständlich im Dank des Opfers für die Anteilnahme.

12 Ein philosophisch inspirierter Leser kann hier einwenden, dass man sich natürlich in das Leiden eines anderen einfühlen kann ohne die Hoffnung auf positive Veränderung der Situation und ohne die mögliche Anerkennung der empathischen Leistung. Das stimmt sicherlich. Man kann sich hier empathisch einfinden und sollte es auch (wobei ich mich natürlich frage, inwiefern hier nicht stets eine minimale Hoffnung mitschwingt, sei es auch nur die Hoffnung, dass die Leistung der Einfühlung dem Opfer bereits eine gewisse Erleichterung bringt). Doch dass man es kann, heißt nicht, dass es auch regelmäßig geschieht.

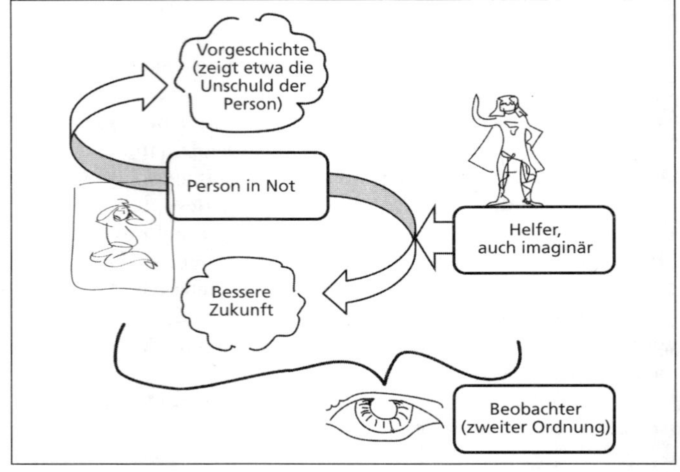

Abb.: Die narrative Szene der Empathie mit Beobachter und Helfer. Die mentale Bewegung des Beobachters besteht dabei primär in der Identifikation mit dem Helfer und nur durch diesen vermittelt in der Empathie mit dem Menschen in Not.

Dieses Schema mutet auf den ersten Blick überraschend kompliziert an. Es scheint dem Gefühl zu widersprechen, dass Empathie doch eigentlich nicht so schwer ist. Empathie ist ähnlich einer Emotion, und insofern wird angenommen, sie sei natürlich, intuitiv, unreflektiert. Das naive Verständnis von Empathie funktioniert so: Man sieht einen leidenden Menschen, leidet mit, kopiert vielleicht das Leiden in seine Gefühle und will daher, nun wieder von der eigenen Perspektive ausgehend, helfen. Doch dass eine kompliziertere Architektur hinter Empathie steht, wird durch viele Indizien nahegelegt (siehe dazu auch die Ausführungen in Kapitel I und II). Dazu gehört, dass nicht-menschliche Tiere allem Anschein nach viel weniger Empathie empfinden. Und Menschen entwickeln und vertiefen ihre empathischen Fähigkeiten nicht über Nacht, sondern über Jahre und Dekaden. Auch das menschliche Vergüngen an Fiktion und Narration mit höchstkomplexen und artistischen Szenarien muss in diesem Zusammenhang betrachtet werden: Vielleicht feiern wir die narrativen Künste, weil sie die empathie-fördernden Szenen in klarster Form entwickeln können.

Diese Struktur wird etwas nachvollziehbarer, wenn wir ein Beispiel betrachten. Einer der berühmtesten und einflussreichsten Filme zum Holocaust ist ohne Zweifel Steven Spielbergs *Schindlers Liste* (1993). Dort sehen wir als Zuschauer das Ghetto in Krakau, später Auschwitz, und wir sind Zeuge der Brutalität der Nazis. Eine Vielzahl an jüdischen Einzelschicksalen wird zumindest angedeutet. Doch die meisten der Ereignisse nehmen wir durch die Figur des deutschen Industriellen Oskar Schindler wahr, gespielt von Liam Neeson. Der von Neeson dargestellte Schindler ist ein Alkoholiker, Lebemann und Opportunist, der aus dem Krieg seinen Vorteil ziehen will, dann jedoch aufwacht und seine Mission in der Rettung vieler Leben sieht.

Ebendieser Kunstgriff, den Zuschauer auf den unwahrscheinlichen Helfer zu fokussieren, scheint diesen Film so erfolgreich gemacht zu haben, dass er finanziellen Massenerfolg und ästhetische Hochschätzung (gemessen etwa an der Zahl der Oscars und der Bewertung des Films durch das American Film Institute) mit Aufmerksamkeit für den Holocaust und Mitgefühl verbunden hat.

Zugleich hat ebendieser Kunstgriff massive Kritik an dem Film ausgelöst. Zu den Vorwürfen gehört, dass der Nazi-Staat durch einen psychopathischen Militär personfiziert wurde statt durch die scheinbar harmlosen Bürokraten. Der weitgehend schwarz-weiße Film verwische bewusst die Grenze zum Dokumentarfilm und mithin die Grenze zwischen Fiktion und Realität. Der Horror der Shoa wird aus der Touristen-Perspektive erlebt, wenn die Kamera einmal in die vermeintlichen Gaskammern, die sich als tatsächliche Duschräume entlarven, in Auschwitz ein- und wieder ausfährt. Das Miterleben gilt einem betrunkenen Großindustriellen und Profiteur statt den wirklichen und größtenteils jüdischen Opfern. Die rührendste Szene, nach vielen Aussagen, besteht darin, dass Oskar Schindler am Ende eine Träne darüber vergisst, dass er nicht mehr Menschen gerettet habe, bevor er in einer Limousine flieht. Überhaupt wird der Film über einen Völkermord zu einem Melodrama mit Wohlfühlmomenten.[13]

13 Emblematisch ist die Kritik des Films als »Holocaust Park«. Vgl. zu dieser und den anderen kritischen Positionen Yosefa Loshitzky (Hg.), *Spielberg's Holocaust. Critical Perspectives on Schindler's List*, Bloomington: Indiana UP, 1997.

Gerade die Heftigkeit der Diskussion ist ein Zeichen dafür, dass Erwartungen, die man an Empathie haben könnte, und das tatsächliche Mitempfinden weit auseinanderklaffen. Vielleicht benötigt die normale oder alltägliche Empathie ebensolche Kunstfiguren wie diesen Oskar Schindler, um sich entfalten zu können. Die Zuschauer dieses Filmes haben hier möglicherweise weniger Empathie mit den Opfern, als dass sie sich mit dem rettenden Helden identifizieren. Und durch diese Identfikation erleben sie nun mit, wie Oskar Schindler oder ein anderer humanitärer Helfer Mitgefühl, Mitleid oder eben auch Empathie empfindet. Identifikation ist eine einfache Form von Empathie oder eine Vorform, die die tatsächlichen Differenzen zwischen dem Beobachter und dem Beobachteten negiert. Wer sich identifiziert, sieht sich in der Situation des anderen und mit dessen Fähigkeiten ausgestattet. Doch anders als bei anderen Formen von Empathie geht es nicht um das Erleben des anderen, sondern um das eigene Empfinden in dieser Situation. Identifikation ist eine Form des Miterlebens, die die Situation ins Zentrum stellt, während ein jeder Mensch zur Variablen wird.[14]

Sich mit einem Helfer zu identifizieren, ist in vielerlei Hinsicht attraktiv. Man kann als Beobachter miterleben, wie eine schwierige Situation verändert wird und wie der Helfer-Held dafür die verdiente Anerkennung erhält. Man identifiziert sich mit jemandem, der Empathie hat (oder zu haben scheint), und partizipiert insofern an der Empathie. Vermittelt durch die Helferfigur kann man Empathie erleben, ohne der Gefahr des Selbstverlusts ausgesetzt zu sein. Wenn überhaupt etwas verloren geht, dann ist es ja nur die Identität oder das Selbst des Helfers.

Man könnte in diesem Sinne von gefilterter oder indirekter Empathie sprechen: Empathie wird gefiltert oder kanalisiert durch die Identifikation mit einem Dritten wie dem Helfer oder Helden. Diese gefilterte Empathie könnte eine typische Form dessen sein, was Menschen unter Empathie verstehen. Sie könnte auch eine typische Form der Identifikation sein, die in Film und Narration erfahren wird.

Die gefilterte oder indirekte Empathie dürfte auch bezeichnend

14 Nach der Schematisierung von Daniel Batson handelt es sich hierbei um klassisches Einfühlen (Empathie-Konzept 4). Siehe Batson, »These Things Called Empathy«.

für viele Fälle von humanitärer Hilfe sein und darüber hinaus für manche Form der Mitleid-Empathie mit »Opfern«. Die narrativen Formen gestalten den Raum für einen möglichen Helden, der für die Identifikation bereitsteht. Besonders stark dürfte die Empathie eines Beobachters dabei genau dann ausfallen, wenn der humanitäre Held *abwesend ist* und vom Beobachter *erfunden und in der narrativen Lücke hinzugedacht werden* muss. Gerade weil kein Helfer in Sicht ist, wird er herbeigewünscht, damit er zur Identifikation zur Verfügung steht. In einer Sitution, in der Besserung möglich ist, aber nicht zu erfolgen scheint, kristallisiert sich die Hoffnung in dem eingreifenden Retter, der man dann, weil ja niemand anders zu Verfügung steht, selbst sein könnte.

Bevor wir uns fragen, ob dies nun eine dunkle oder doch eine helle Seite der Empathie ist, soll kurz resümiert werden: Der Vorschlag lautet, dass ein starker Auslöser von Empathie in Szenen besteht, die vom Beobachter dergestalt wahrgenommen werden, dass sie ein »Opfer« enthalten. Die Spannweite solcher Szenen ist groß und umfasst alle Fälle, in denen ein Individuum oder eine Gruppe aus der Sicht eines Beobachters zu leiden scheint, sich in einer unglücklichen Sitution befindet, hilfsbedürftig ist, ohne dass eine einfache Abhilfe für das Leiden zu erkennen ist. Dies gilt für Hungersnot, Krieg, aber auch für individuelles Unglück. Zu diesen Szenen gehört weiterhin eine vom Beobachter angenommene zeitliche Entwicklung, die auch die Möglichkeit einer Verbesserung oder Milderung des tatsächlichen oder unterstellten Leidens enthält.

Der besondere Fall, der in diesem Kapitel im Zentrum steht, ist nun derjenige, in dem eine mögliche Intervention eines Helfers diese Verbesserung herbeiführen könnte. Für diesen Fall haben wir das weitgefasste Etikett der humanitären Hilfe gewählt, auch wenn viele Fälle über die klassische humanitäre Hilfe und Entwicklungshilfe hinausgehen. Derartige Szenen bieten dem Beobachter in der Figur des Helfers oder Helden ein Identifikationsangebot (wobei Identifikation hier verstanden wird als eine Identität von Beobachter und Beobachtetem: wenn ich mich identifiziere, befinde ich mich schlicht in der Situation des anderen und fühle, wie ich mich in dieser Situation fühlen würde). Mittels dieser Identifikationsfigur wird Empathie mit dem Opfer erleichtert und ermöglicht als eine gefilterte oder indirekte Empathie. Der intervenierende Helfer-Held wendet sich den Opfern zu, und diese Bewegung kann der Beobachter nachvollziehen. Damit wird der Helfer-Held, der wir nun als Beobachter ebenfalls sind, *zugleich* von außen positiv sanktioniert, gelobt und gepriesen, denn wir bewahren wohl meist auch einen Teil der Außenperspektive. Das heißt, indem wir uns mit dem Helfer identifzieren, loben wir uns selbst für unsere Empathie oder suchen nach Anerkennung durch Dritte.

Und noch in einer anderen Hinsicht ist diese Form der gefilterten und indirekten Empathie attraktiv: Sie entgeht der Gefahr des Selbstverlusts zumindest teilweise. Denn wir verlieren nicht uns selbst, sondern das Ich des anderen, in dessen Rolle wir kurz geschlüpft sind.

Solcherart sind wir bereits in den Modus der Bewertung dieser Form von Empathie gerutscht. Natürlich könnte man argumentieren, dass jede Form von Empathie, die humanitäre Intervention positiv sanktioniert und Hilfe für die Bedürftigen gutheißt, an sich gut ist. Für eine solche Position spricht erstens in moralischer Hinsicht, dass Empathie ja eine positive Rolle spielt, und zweitens in historischer Hinsicht, dass diese Szene der Empathie und dem Mitgefühl zum Durchbruch verholfen haben könnte, so dass in einigen Weltreligionen Nächstenliebe verankert wurde[15] und dass am Ende des 18. Jahrhunderts im Zuge der Aufklärung eine Ausweitung von Empathie zu positiven Effekten wie Toleranz, Menschenrechten und Gleichheitsgeboten führte.

Doch gegen diese beiden moralischen und historischen Argumente kann man begründete Einwände erheben. Beginnen wir mit dem moralischen Argument.

Problematisch an der Szene der Empathie ist, dass Empathie an sie gebunden ist und bleibt. Ohne die komplexe Ausstattung dieser Szene verschwinden auch das schöne Gefühl, etwas Gutes zu tun, und das Mitgefühl mit dem Opfer. Die Moral dieser Empathie ist schwach und sitzt einer narrativen Szene auf. Das Gefühl der Em-

15 Diese Szene findet ihre Grundform bereits in den Dokumenten der Weltreligionen, und zwar vor allem im buddhistischen Karuna (Mitgefühl) und in der Figur des Barmherzigen Samariters des Neuen Testaments (Lukas 10, 25-37), die sich auf das jüdische Gebot der Nächstenliebe des Alten Testaments bezieht (Moses 3 [Leviticus], 19). Auch wenn der Islam keinen äquivalenten Begriff und keine narrative Szene dieser Art kennt, so besteht doch auch dort die Vorstellung, dass alle Gläubigen einer weltumspannenden Gemeinschaft angehören (*umma*), in der alle einander als Geschwister behandeln sollen.

pathie – und in diesem Fall ist es wirklich vor allem ein Gefühl und weniger eine kognitive Einsicht in das Denken und Fühlen eines anderen – befördert weniger das Wohlergehen des anderen als vielmehr das des Einfühlenden. Die Kritik, die der Film *Schindlers Liste* auf sich gezogen hat, gilt insofern auch für die allgemeinere Form der indirekten Empathie. Es ist eine Empathie ohne Nachdruck und Nachhall. Aber ebendeshalb liegt die Schwelle hier nicht hoch. Man kann sich ja mal kurz Empathie mit den Opfern vorstellen.

Genau hier liegt das zweite und tiefere Problem: Der andere wird nicht nur zum Opfer gemacht, sondern auch auf die Opferrolle verpflichtet. Insofern Empathie in diesem Fall an die gesamte Szene gebunden bleibt, kann der andere auch nur dann intellektuell und emotional verstanden werden, wenn er das Opfer spielt (auch ohne es zu wissen). Daher handelt es sich eben nicht um eine Form der Empathie, die mit dem anderen »mitgeht«, sondern ihn nur als Opfer begreift und damit auch festhält. Dies kann natürlich in vielen Fällen hochproblematisch sein. Entwicklungshelfer halten Menschen in Abhängigkeit, Ärzte und Pflegepersonal gewöhnen Patienten an ihren Zustand der Hilfsbedürftigkeit, und Lehrer erziehen Schüler zu Unselbständigkeit. Dies ist ein Effekt der Identifikation mit dem Helfer-Helden, für den der andere ja nur insofern relevant ist, als er sich ihm helfend zuwendet.

Humanitäre Empathie in dem hier beschriebenen Sinne erweist sich als erstaunlich selbstsüchtig, also auf das Ich des Beobachters bezogen. Diese durch Identifikation vermittelte Empathie ist sogar mit dem Narzissmus, der gemeinhin als Gegensatz zur Empathie gilt,[16] zusammenzudenken. Das heißt nicht, dass jede Form von Empathie mit Menschen, die Hilfe brauchen, in dieser Dynamik gefangen ist. Es besteht für mich wenig Zweifel, dass unsere Welt mehr und nicht weniger humanitäre Intervention fordert und dass Empathie eine Rolle dabei zu spielen hat. Aber ich glaube auch, dass der Anstoß zur humanitären Intervention wohl weniger oft von Empathie ausgeht, als gerne angenommen wird. Stattdessen vermute ich, dass der Impetus zum Humanitarismus im weiten Sinne mehr mit Moral und mit unseren Vorstellungen von Kollektivität zu tun hat. Letzteres soll anhand der Diskussion der historischen Entwicklung am Ende des 18. Jahrhunderts skizziert werden.

16 Vgl. Konrath et al., »Changes in Dispositional Empathy ...«.

Kommen wir zum historischen Argument: Wie wir eingangs angedeutet haben, ist es im Rahmen der Epoche der europäischen Aufklärung zu einer Ausweitung von Empathie und Sympathie gekommen. Allem Anschein nach hat sich in einem relativ kurzen Zeitraum im 18. Jahrhundert das Mitgefühl von einem relativ engen Kreis von Mitmenschen potentiell auf alle Menschen ausgeweitet. Die Reste der Leibeigenschaft und die Sklaverei werden in einer Reihe von Ländern abgeschafft. Die Menschenrechte werden im Zuge der Französischen Revolution artikuliert. Auch in vielerlei anderer Hinsicht werden die politischen Emotionen, wie Martha Nussbaum es nennt,[17] global freigesetzt.

Bestritten werden soll nicht die Verschiebung und Ausweitung der Menschenrechte, des Mitgefühls, des Denkens und der Empathie in dieser Epoche. Allerdings soll die kausale Erklärung bezweifelt werden, die die Empathie ins Zentrum stellt (wie in der von Lynn Hunt vorgelegten Darstellung). Gegen die privilegierte Rolle von Empathie in dieser Entwicklung können eine Reihe von Gegenerzählungen stark gemacht werden. Zwei sollen hier kurz benannt werden.[18]

Eine der zentralen Konzeptionen des späten 18. Jahrhunderts ist die Individualität. Die Individuen wurden zunehmend aus den mit der Geburt gegebenen Determinierungen wie Konfession, Beruf, Familie und Lokalgewalten gelöst. Von einer hierarchischen Determinierung ging man zunehmend zu »stratifikatorischen Funktionalisierungen« über, wie Niklas Luhmann schreibt.[19] Die historischen Umwälzungen der »Sattelzeit« um 1770, wie Reinhart Koselleck diese Epoche genannt hat,[20] sind massiv. Einschneidend waren die Umstellung von der Groß- auf die Kernfamilie ebenso wie die verstärkte soziale Mobilität und die Freiheit der Berufswahl, die den Einzelnen immer häufiger auf sich allein

17 Martha Nussbaum, *Politische Emotionen*.

18 Eine andere Variante hat Joseph Vogl vorgelegt, der die Ausweitung von Sympathie und Empathie als einen Effekt politischer Herrschaftszugriffe im Zeitalter zunehmender Unsichtbarkeit politischer Kräfte beschreibt. Vgl. Joseph Vogl, *Kalkül und Leidenschaft. Poetik des ökonomischen Menschen*, München: Diaphanes, 2002.

19 Niklas Luhmann, *Gesellschaftsstruktur und Semantik*, Frankfurt/M.: Suhrkamp, 1993.

20 Reinhart Koselleck, *Vergangene Zukunft*, Frankfurt/M.: Suhrkamp, 1979.

stellten. Um 1770 kulminiert diese Umwälzung in einer neuen Konzeption von Individualität[21] und der Aufwertung des Begriffs »Ich«.[22]

Empathie und Mitgefühl (bzw. in den Begriffen der Zeit: Mitleiden, *sympathy*, *pity* und Sentimentalität) konnten am Ende des 18. Jahrhunderts entdeckt werden als Mittel, die dem isolierten Individuum erlauben, von einem Ich zum anderen Kontakt aufzunehmen. Solange alle Menschen als von oben determiniert, aber im Kern als ähnlich galten, waren dafür keine komplexen mentalen Operationen notwendig. Das eigentlich Neue ist dann vielleicht weniger die globale Empathie als vielmehr die Entdeckung, dass Empathie aufgrund ihrer Überbrückungsarbeit Ich-Stärke und sogar den Narzissmus fördern kann. Neu ist ab etwa 1770 die Rückbeziehung der meisten menschlichen Praktiken auf das Ich. Insofern wäre nicht Empathie, sondern zunehmende Individualisierung als Antrieb von Empathie der Anlass auch der Prokamation der Menschenrechte.

Eine zweite, alternative Erklärung, die der ersten teilweise widerspricht, besteht in einer Verschiebung des Verständnisses von Moral und Ethik. Bis zum Ende des 18. Jahrhunderts war die Leitvorstellung von Moral an die innere Stimme und das Gewissen gekoppelt, häufig mit religösen Obertönen. Doch ab der Zeit um 1800 verschwindet diese innere Stimme als Leitvorstellung und Metapher zunehmend, wenn auch nie vollständig, und wird durch Konzeptionen allgemeineren moralischen Urteils ersetzt. Man kann diese Umstellung zwar durch die Philosophie der Aufklärung erklären, aber ebenso wichtig dürfte es sein, dass die innere Stimme in der Romantik zunehmend suspekt wird und sich auch als Stimme des Unbewussten entpuppen konnte.[23] Die allgemeinere Perspektive des moralischen Urteils nimmt nun einen höheren Standpunkt ein, von dem aus alle Menschen gleich sind. Insofern

21 Dror Wahrman, *The Making of the Modern Self: Identity and Culture in Eighteenth-Century England*, New Haven: Yale University Press, 2006.

22 Fritz Breithaupt, *Der Ich-Effekt des Geldes. Zur Geschichte einer Legitimationsfigur*, Frankfurt/M.: Fischer, 2008.

23 Zur Übersicht vgl. Simon Burke, Katerina Mihayalova (Hg.), *Gewissen: Interdisziplinäre Perspektiven auf das 18. Jahrhundert*, Würzburg: K&N, 2015; Fritz Breithaupt, »Das romantische Gewissen«, in: Klaus Vieweg und Michael Forster (Hg.), *Die Aktualität der Romantik*, Frankfurt/M., New York, 2012.

kann angenommen werden, dass eben hier der Ursprung der Artikulation der Menschenrechte in der Französischen Revolution zu finden ist. Dieser höhere Standpunkt braucht keine tiefe Einsicht in die Gefühle und das Denken des anderen, braucht erstaunlich wenig Empathie.

Diese beiden angedeuteten alternativen historischen Erzählungen entkräften die Vorschläge Hunts nicht vollständig. Sicherlich ist es ab dem Ende des 18. Jahrhunderts zu einer Aufwertung von Empathie gekommen. Doch ihre Effekte sind nicht so eindimensional, wie gerne suggeriert wird. Ein weiterer Fall dieser durch Identifikation gefilterten oder indirekten Empathie wird im folgenden Kapitel aufgenommen, wenn wir die deutsche Reaktion auf die Flüchtlingskrise betrachten.

2. Deutschland, Weltmeister der Empathie: Angela Merkel und die Flüchtlinge

Wir sollten es nicht unterschätzen: Deutschland ist im Jahre 2015 zur Empathie-Nation Nummer 1 geworden – dank Angela Merkel. So wie die Nation 2006 ein Sommermärchen erlebte und während der Fußball-Weltmeisterschaft ein neues Selbstverständnis gewann und feierte, so gab es 2015 den Herbst der Willkommenskultur. Als in der Nacht vom 4. zum 5. September der Beschluss von Ungarn, Österreich und der Bundesrepublik gefasst wurde, die größtenteils via Türkei und Griechenland nach Europa kommenden Flüchtlinge nach Deutschland passieren zu lassen, war offenbar die Entscheidung für eine offene Grenze gefallen. Oder zumindest wurde in dem Moment die historische Tragweite der bereits gefallenen Vorentscheidungen sichtbar. Wie kam es zu dieser Entscheidung? Und inwiefern spielte Empathie eine Rolle in diesem Entscheidungsprozess?

Man kommt hier nicht umhin, über eine einzige Person zu reflektieren: Angela Merkel. Es ist nicht anzunehmen, dass eine andere politische Persönlichkeit in Deutschland diese Entscheidung getroffen und durchgestanden hätte – obwohl sich natürlich Politiker einer Reihe von Parteien hinter Merkel gestellt haben. Und außer der schwedischen Regierung ist keine andere Regierung der Welt ein derartiges Risiko eingegangen. Asyl und Immigration sind in vielen Ländern der Welt ein zentrales Thema, das die Menschen bewegt, was sich etwa in der österreichischen Präsidentenwahl und der Brexit-Abstimmung in Großbritanien im Juli 2016 niedergeschlagen hat. Was wissen wir also über Angela Merkel?

Es gibt hier natürlich eine lange Vorgeschichte. Es ist hier nicht falsch, an die deutsche Schuld und den Holocaust zu erinnern. Auch nach drei Generationen gibt es keine einfache Position zum Erbe der Schuld. Schlicht abwehren oder gar leugnen kann man das Nachwirken der Schuld auf jeden Fall nicht.

Die Bilder der zerstörten syrischen Städte und der Flüchtlingsströme rufen zudem auch Erinnerungen an die deutschen Kriegsvertriebenen am Ende des letzten Weltkrieges auf. Damals wurden viele Millionen Deutsche zu Flüchtlingen (und natürlich ebenso die Menschen vieler anderer Nationen, angefangen mit den Bewohnern der Sowjetunion). Auch meine Generation (geboren 1967) wuchs noch im Schatten der Kriegsvertriebenen auf, die in zahlreichen Erzählungen und Tischgesprächen präsent waren. Es sei nur kurz angemerkt, dass der semantische Unterschied zwischen »Vertriebenen« und »Flüchtlingen« die Vertriebenen begünstigt: sie sind passiv Opfer, es ist nicht ihre Schuld, während die »Flüchtlinge« ja aktiv handeln – auch wenn dahinter dieselbe politische Ausgangssituation steht.

Sicherlich ist es auch angebracht, an die Solvenzkrise Griechenlands seit 2013 zu erinnern, in der Angela Merkel zum Gesicht und zur ungeliebten Führungsfigur der Europäischen Union aufstieg. In ihrer halb strengen, halb nachgiebigen Position gegenüber Griechenland wurde sie zur Projektionsfläche zahlreicher Anfeindungen. Sie wurde in den nordeuropäischen Ländern als zu weiblich und weich angeprangert, in den südeuopäischen Staaten dagegen wurde sie als Karrikatur preußischer Kälte, als Hitler-Nachfolgerin, als gefühllose Prinzipienreiterin und Frau ohne Herz dargestellt. Wir dürfen annehmen, dass öffentliche Personen wie Politiker eine dicke Haut gegenüber heftiger Kritik entwickeln. Doch unverwundbar ist niemand. Gerade Politiker, die ja professionell in Beliebtheitswettbewerben stehen, träumen wohl davon, positiv wahrgenommen zu werden. Insofern gibt es auch hier die Möglichkeit eines nachträglichen Merkelschen Kompensationsbedürfnisses.

Schließlich sind inmitten der deutschen Gesellschaft neue Realitäten entstanden. Die multikulturelle Gesellschaft ist nicht mehr bloßes Schlagwort, sondern schlicht Realität.

Doch im Folgenden sollen diese möglichen Einflüsse auf Angela Merkel und die politischen Kräfte eher beiseitegelassen werden, zumal all diese Faktoren nur in einen unübersichtlichen Raum möglicher aber nicht zwingender Ursachen führen. Ihre Bedeutung sei damit aber nicht abgestritten. Stattdessen sollen hier einige konkrete Momente vor dem 5. September analyisiert werden.

Mitte Juli befand sich Angela Merkel in Rostock in einer Bürgerrunde im Kreise von Schülern. Ein palästinensisches Mädchen aus dem Libanon mit dem Vornnamen Reem erzählte der Kanzlerin in vorzüglichem und komplexem Deutsch, welches viele deutsche Altersgenossen in den Schatten stellte, dass seine Familie seit vier Jahren auf die Entscheidung bezüglich der Aufenthaltserlaubnis wartete, jetzt aber vermutlich abgeschoben werden würde. Sie betonte, dass sie es nicht leicht hätten. Die Kanzlerin versuchte daraufhin darzulegen, dass der Libanon keine Kriegszone sei und dass Deutschland die Menschen aus den dortigen Lagern nicht alle aufnehmen könne. Sie gab dem Mädchen aber auch Recht, dass vier Jahre Wartezeit zu lange seien und dass Deutschland das ändern müsse.

Damit schien der Dialog zu Ende zu sein, die Kanzlerin sprach wieder ins Allgemeine der Runde. Doch dann stockte sie und bemerkte, dass Reem weinte. Hier ist das Protokoll dessen, was dann geschah:

Die Kanzlerin stockt, schaut zu dem Mädchen, es weint – und Merkel geht zu ihm.

Merkel: Och, komm. Du hast das doch prima gemacht.

Die Kanzlerin streichelt das weinende Mädchen.

Moderator: Ich glaube nicht, Frau Bundeskanzlerin, dass es ums Primamachen geht, sondern eine sehr belastende Situation ist …

Merkel: Das weiß ich, dass das eine belastende Situation ist. Und deshalb möchte ich sie trotzdem einmal streicheln, weil ich, weil wir ja euch nicht in solche Situationen bringen wollen und weil du es ja auch schwer hast und weil du ganz toll aber dargestellt hast für viele, viele andere, in welche Situation man kommen kann. Ja?

Das Mädchen wischt sich die Tränen von den Wangen und wird von einem anderen Mädchen umarmt.[24]

24 Zitiert nach: »Was Merkel und das Mädchen wirklich besprochen haben«, in: *Die Welt*, 16.7.2015.

Offensichtlich ist der Patzer der Kanzlerin. Anscheinend wird ihr das selbst auch schnell klar: Wahrscheinlich weint das Mädchen nicht, weil seine mündliche Darstellung gescheitert ist. Es geht nicht darum, ob es das »prima gemacht« hat. Wie kommt es zu diesem Fehlschluss der Kanzlerin? Es kommen zwei unterschiedliche Fehlleistungen in Frage, und beide drehen sich um Empathie.

Erstens könnte die Kanzlerin hier im Kurzschluss von sich auf andere geschlossen haben. Die Welt einer Bundeskanzlerin und eines Spitzenpolitikers im Allgemeinen ist wahrscheinlich von der Sorge um den richtigen sprachlichen Ausdruck geprägt. Es muss einen starken Druck geben, nichts Falsches zu sagen oder zu implizieren. Gerade die kleinen Fehlerchen werden ja gerne von der Presse aufgegriffen, während vieles Entscheidende und Programmatische kaum erwähnt wird. Unter diesem Patzervermeidungsdruck zu stehen, ist nicht leicht. Einer Reihe prominenter Politiker sind etwas unbedachte Worte oder auch nur eine unklare Zitierweise im freien Sprechen zum Verhängnis geworden (man denke etwa an Bundestagspräsident Philipp Jenninger und seine Rede am 10. November 1988). Insofern scheint die Kanzlerin ihren Druck zur gelungenen Rede auf das Mädchen übertragen zu haben, anstatt das Mädchen richtig zu verstehen.

Zweitens könnte die Kanzlerin von ähnlichen Situationen aus ihrer bisherigen Erfahrung auf eine Interpretation Reems geschlossen haben. Sicherlich hat sie es schon oft erlebt, wie junge Menschen vor der Kamera zusammenbrechen, Lampenfieber bekommen, blockieren oder in Tränen ausbrechen. Insofern hätte sie von einer sehr allgemeinen Vorstellung von jungen Menschen fälschlicherweise auch auf die Situation dieses einzelnen Mädchens geschlossen.

In beiden Fällen würde gerade Merkels Mangel an Empathie manifest, ebenda, wo sie sich ungemein mütterlich und freundlich zeigt und einen weichen warmen Ton für ihre Stimme fand. Der Trost, den sie offensichtlich stiften wollte, schlägt ungewollt um in »false praise«, also Lob für die falsche Sache, und damit in ein deutliches Verkennen der Schülerin. Paradoxerweise kommt es zum Empathie-Versagen gerade dort, wo sie Empathie zeigt.

Der Moderator springt sofort ein. In der Sache hat er damit recht, dass die Kanzlerin die Schülerin missversteht. Doch im Ton und Gestus vergreift sich der Moderator, wird paternalistisch mit deutlichen Unterzügen des Sexismus (mit einem männlichen Politiker hätte er so nicht gesprochen). Angela Merkel reagiert verärgert, fängt sich. Dennoch darf man vermuten, dass der Moderator sie ihre Antwort von außen hat sehen lassen; und er bringt sie dazu, sich in der von außen beobachteten Unterhaltung zwischen Kanzlerin und Schülerin für die Schülerin zu entscheiden (gemäß der oben dargestellten Dreierszene der Empathie).

Es soll hier nicht argumentiert werden, dass die Kanzlerin sich falsch verhalten habe oder dass dieser kleine Empathie-Lapsus Symptom einer tieferen Störung sei. Auch soll der Kanzlerin keine emotionale Kälte unterstellt werden, wie es weite Teile der Öffentlichkeit getan haben, die sich deutlich auf die Seite der Schülerin Reem aus dem Libanon gestellt haben, als diese Episode intensiv in den sozialen Medien und der Presse diskutiert wurde. Das war zu erwarten, denn in der Abwägung zwischen einer individuellen und zudem schwachen Person und einer allgemeinen Position, wie sie von der Kanzlerin eingenommen wird, tendieren die meisten dazu, den einzelnen Fall überzubewerten.

Mein Anliegen ist hier stattdessen zu fragen, inwiefern diese Episode als Auslöser einer Umbesinnung der Kanzlerin gewertet werden kann. Bemerkenswert ist, dass Angela Merkel im Gespräch mit der Schülerin bereits explizit eine bedeutsame Formulierung verwendet. Kurze Zeit später sollte ebendiese Wendung berühmt werden, nämlich als sie unter anderem Vorzeichen erneut fällt:

> Merkel: [...] Das ist manchmal auch hart in der Politik. So, wenn du jetzt vor mir stehst, dann bist du ja ein unheimlich sympathischer Mensch. Aber du weißt auch, in den palästinensischen Flüchtlingslagern im Libanon gibt es noch Tausende und Tausende. Und wenn wir jetzt sagen: »Ihr könnt alle kommen, und ihr könnt alle aus Afrika kommen, und ihr könnt alle kommen.« *Das, das können wir auch nicht schaffen.* [...][25]

Wenige Monate später wird dann ebendieses »Wir schaffen das« zum Mantra von Merkels Flüchlingspolitik.[26] Der Spruch wird

25 Ebd., Hervorhebung von mir.

26 Der Satz wird vom 11.9.2015 bis prominent in der Rede vom 21.10.2015 vielfach von ihr wiederholt, siehe etwa ⟨http://www.faz.net/aktuell/politik/merkel-bekraeftigt-wir-schaffen-das-13869117.html⟩.

einer der meistdiskutierten, verspotteten und gepriesenen politischen Äußerungen des letzten Jahrzehnts.[27] Was ist hier passiert?

Es wäre naiv, hier eine eindimensionale Entscheidung zu vermuten. Angela Merkel hat als Kanzlerin vielfach das Abwägen, Aussitzen und langsame Handeln gepflegt. Dennoch gibt es im Leben aller Menschen Schlüsselszenen, die zu Entscheidungen führen. Wenn wir nun in der Tat eben in diesem Dialog mit der Schülerin Reem einen solchen Schlüsselmoment sehen (was der Sache und den Formulierungen nach naheliegend, aber natürlich nicht zwingend ist), dann ergibt sich eine spezifische Deutungsmöglichkeit: Der Schlüsselmoment könnte just in der »falschen Empathie« liegen.

Es gibt kaum stärkere Empathie-Auslöser als markierte empathische Fehler. Unter »falscher Empathie« verstehe ich eine inakkurate empathische Darstellung, deren Fehlerhaftigkeit von außen aufgewiesen wird und dem empathisierenden Menschen dergestalt kommuniziert wird, dass diese markierte Fehlerhaftigkeit zu einem Feedback für die empathische Leistung wird. Entsprechend der von außen kommenden Korrektur fällt dann auch die Selbst-Korrektur aus. Wenn das Schwergewicht der Korrektur auf intellektuellem Verstehen beruht, kann man schlicht mit einer intellektuellen Korrektur rechnen (etwa im Sinne der Theory of Mind). Das Schwergewicht des Falls von Angela Merkel liegt jedoch nicht auf dem intellektuellen Aspekt ihrer schnellen Fehleinschätzung, sondern auf der (fehlenden) emotionalen Parteinahme. Denn ihr wird letztlich vorgeworfen, sie habe emotional nicht die Partei des Mädchens ergriffen, und ebendies zeige sich in ihrer Fehlleistung.

Falsche Empathie entsteht aus der Spannung zwischen prinzipieller Empathie-Bereitschaft und gleichzeitigem Hinweis, dass die Empathie inadäquat ist. Es gibt eine Vielzahl von Situationen, die der falschen Empathie entsprechen, angefangen mit dem Hinweis desjenigen, mit dem man Empathie zu haben glaubte: »Du verstehst mich falsch.« Auch von Dritten kann dieser Einspruch kommen, wie im Fall von Angela Merkel und dem dreisten Mode-

27 Siehe etwa: Alexander Marguier, »Die Sprücheklopferin: Angela Merkels ›Wir schaffen das‹«, *Cicero* 16.9.2015, ⟨http://www.cicero.de/berliner-republik/angela-merkels-wir-schaffen-das-die-spruecheklopferin/59847⟩ und Tilman Borsche, »Auf wen bezieht sich das Wort ›wir‹ in Merkels Satz ›Wir schaffen das‹?«, in: *Philosophie Magazin* 2 (2016), S. 55.

rator. Der Hinweis kann als sachliche Korrektur, als Aufforderung, Kritik oder Vorwurf daherkommen. Er kann auch als Verbot zur Empathie erscheinen, wie es in den drei großen monotheistischen Religionen etwa in der Figur des Bilderverbots der Fall ist. Das Christentum wandelt dabei allerdings seine Einstellung. Während der Gott des Alten Testaments noch ein Verbot ausspricht und sich jenseits von Bild und Verstehen (also auch Empathie) ansiedelt, formuliert das Neue Testament in der Nachfolge Christi eine Empathieeinladung, die viel Raum für Projektion und Irrtum bietet.

Auch die Reaktionen auf falsche Empathie fallen unterschiedlich aus: »Falsche Empathie« kann zum Anstoß und Ansporn akkuraterer Empathie werden und insofern als Korrektiv wirken. Falsche Empathie kann zu Kompensationen führen, um das eigene Versagen wettzumachen und also empathische Überreaktionen anregen. Sie kann natürlich auch frustrieren und zum Aufgeben führen oder zur Aggression gegen denjenigen, mit dem man Empathie zu haben glaubte.

In dem Bürgergespräch der Kanzlerin zeigt sie sich insofern besonders verwundbar, als sie just in dem Moment der falschen Empathie bezichtigt wird, als sie eine selten warme und fürsorgliche Seite zeigt. In solchen Momenten trifft der Vorwurf besonders stark, und das Bedürfnis entsteht, das eigene Einfühlungsvermögen unter Beweis zu stellen. Der Satz, sie habe das »doch prima gemacht«, klingt vermutlich auch in den Ohren der Kanzlerin wie Hohn. Politiker haben gegenüber eigenen Fehlern natürlich ein besonders dickes Fell, doch zugleich ist ihr Streben nach Anerkennung nicht zu unterschätzen. Dass von diesem Pfeil der falschen Empathie ein emotionaler Stachel der Kompensation hängenblieb, ist nicht ausgeschlossen. Was nicht zu schaffen war, wird dann zum »wir schaffen das«. Und geschafft hat es die Kanzlerin dann in wenigen Wochen, hat alle, vielleicht sich selbst, überrascht in ihrer plötzlichen Entschlossenheit.

Vielleicht ist der Schritt der Kanzlerin nicht durch diese Episode zu erklären. Möglicherweise gab es andere Wendepunkte. In Frage kommen natürlich die vielzitierten, schrecklichen Zustandsberichte und Bilder aus den Flüchtlingslagern in Grenznähe zu Syrien.

Auch das bewegende Bild des toten Jungen, Alan Kurdi, am Strand hat Aufsehen erregt. Das Bild entspricht dabei durchaus einer westlich geprägten Ikonographie. Der tote Junge trägt westliche Kleider in den Farben rot und blau, also den Farben der Gottesmutter Maria. Es geht um Ankunft, Advent. Doch ebendiese Ankunft scheitert an der Schwelle, am Übergang vom Wasser zum Land. So wie der Junge dort liegt, mit dem Gesicht nach unten, könnte er allerdings auch schlafen oder schlicht kurz ruhen. Die antike Darstellungstradition des Todes als Bruder des Schlafs kommt in den Sinn, denn man wünscht sich wider besseres Wissen nichts so sehr, als dass dieser Junge doch noch, aufspringt. Ich zumindest kann dieses Bild nicht ohne Tränen sehen.

Abb.: Alan Kurdi, mit seiner Familie auf der Flucht aus Syrien, wurde am 2.9.2015 tot an den Strand gespült. Das Foto erregte in der ganzen Welt großes Aufsehen. © Nilufer Demir/DOGAN NEWS AGENCY/AFP

Trotz dieser Einwände soll hier die Vermutung vorgetragen werden, dass falsche Empathie so oder so zu einem kollektiven Phänomen in Deutschlands wurde. Um es noch einmal zu sagen: Gemeint ist damit nicht eine Art verlogene oder geheuchelte Empathie und auch keine unangemessene Empathie. Gemeint ist vielmehr, dass das Vorauseilen Angela Merkels über Nacht – buchstäblich der Nacht vom 4. zum 5. September 2015 – die Nation in einen Zustand des plötzlichen Aufwachens versetzt hat. Die Vorreiterin führt allen vor, dass sie schon lange vielmehr Empathie hätten haben müssen, dies aber versäumt haben. Sie zeigt allen, und zwar den Deutschen ebenso wie den anderen Europäern, den anderen Staatsoberhäupten aus allen Ländern des Westens, aber auch der arabischen Liga, dass sie bisher nur schwaches Mitleid oder gespielte Empörung gezeigt haben, statt angemessene und handelnde Empathie an den Tag zu legen. Vor allem zeigt Angela Merkel auch sich selbst, dass sie bisher zu wenig oder falsche Empathie hatte. Angela Merkel, die ihrerseits auf falsche Empathie reagiert haben könnte, wird allen anderen (und auch sich selbst) zum Vorwurf der falschen Empathie. Sie führt uns alle vor, und das zu Recht. Jetzt heißt es aufwachen.

In Reaktion auf Angela Merkel finden sich viele Menschen in Deutschland und der Welt aufgerüttelt, reagieren sehr stark, werden durch ihre bislang schläfrige Empathie aufgeweckt und reagieren hyper-empathisch. Andere allerdings wenden sich brüskiert ab von der Zumutung, sie hätten falsche Empathie, und verwerfen Empathie insgesamt als falsch. Aus dem Geist der falschen Empathie wird die Willkommenskultur geboren. Dass sie kurzlebig ist, liegt an der Natur der Sache. Falsche Empathie rüttelt dergestalt auf, dass man schnell und heftig reagiert, aber danach wieder in normale Lethatgie zurückfällt.

Falsche Empathie ist eine mächtige Droge. Sie führt zu Rausch und Begeisterung, durchaus auch zu tiefen Emotionen und Empathie-Steigerung. Allerdings ist zu fragen, ob Empathie der typische Effekt des Hinweises auf falsche Empathie ist. Oben haben wir bereits vorgeschlagen, dass eine weitverbreitete Reaktion auf die Flüchtlingskrise gar nicht Empathie, sondern Identifikation mit der helfenden Heldenfigur Angela Merkel gewesen sein könnte. Wer sich nämlich unter Druck sieht, Empathie zu zeigen, der sucht nach Vorbildern. Und statt dann direkt Empathie zu empfinden, ist es einfacher, sich diesen Vorbildern anzuverwandeln. Identifkation mit Helfern ist in diesem Sinne Empathie-Vermeidungsstrategie.

Identifiktion mit Heldenfiguren wie Angela Merkel oder den vielen freiwilligen Helfern der Flüchtlinge, die täglich im September und Oktober 2015 im Fernsehen gefeiert wurden, ist durchaus lobenswert. Allerdings ist Identifikation kurzlebig, stark selbstbezogen und abhängig von äußerer Anerkennung. Von der kollektiven falschen Empathie zum Unmut über die Flüchtlinge ist es ein kurzer Weg.

IV. Empathischer Sadismus: Empathie um der Empathie willen

In einem öffentlichen Diskussionsforum hat »Just_that_random_guy« im Dezember 2015 folgenden Kommentar veröffentlicht:

> Da war dieses Zitat von »Bedelia«, dem Charakter eines Arztes und Psychologen in der Fernsehserie Hannibal: »Extreme Handlungen von Grausamkeit verlangen einen hohen Grad an Empathie.« Ich glaube, dass dies stimmt. Wann immer ich jemanden anschaue und anfange, sadistische Gedanken zu haben, bin ich in der Lage, zu verstehen und zu fühlen, was die andere Person durchmacht und welche Schmerzen und Ängste sie erlebt, und das ist es dann, was mich erregt. Je stärker und je intensiver der Schmerz und das Leiden sind, von denen ich mir vorstelle, sie der Person anzutun, desto stärker ist die Befriedigung, die ich erlebe.[1]

Das Zitat des anonymen Autors (»just that random guy«) ist in dem Leser bereits aus der Einleitung bekannt. Der Autor ist nicht durch vollständige Empathieunfähigkeit geprägt, sondern durch den Wunsch nach Steigerung der Empathie. Um sich zu erregen, bedarf er dieser gesteigerten Empathie. Und um zu dieser Empathie zu gelangen, muss er sich den Schmerz der anderen Person vorstellen. Dabei stellt er sich vor, ihr selbst den Schmerz zuzufügen. Empathie wird hier *zum Ziel* der sadistischen Handlungen. Sie hat die erhöhte Erregung zu ihrem Zweck oder ist vielleicht bereits selbst ebendiese Erregung. Um ebendiesen Komplex soll es im Folgenden gehen. Der Vorschlag, den dieses Kapitel unterbreitet, besteht darin, dass es sadistische und gewalttätige Handlungen geben kann und tatsächlich gibt, die zur Erregung von Empathie ausgeführt werden.

Die vielleicht radikalste Form dieser These findet sich in der Figur des empathischen Vergewaltigers, die in dem Zitat von »Just_that_random_guy« mitklingt. Die Vorstellung ist dabei, dass ein Vergewaltiger seine Untat aus Empathie begehen könnte: um sein Opfer in der Peinigung zu verstehen und mit ihm empathisch mit-

1 Zum englischen Original siehe den Beginn der Einleitung S. 1: Just_a_random_guy, »Do Sexually Sadistic Serial Killers Really Lack Empathy?«.

zufühlen. Diese Überlegung widerspricht dem geläufigen Schema, den Vergewaltiger als gefühllose Bestie abzutun. Doch geht es hier keineswegs darum, die schreckliche Tat der Vergewaltigung zu mildern oder den Täter zu entschuldigen. Im Gegenteil geht es eher um eine Steigerung der Schuld, denn ein empathischer Täter weiß ja durchaus, welchen Schmerz er jemandem zufügt. Und auch ein mitfühlender Vergewaltiger ist ein Vergewaltiger. Es geht also um die Möglichkeit eines komplexeren Verständnisses des Täters und der Motivation zur Tat.

Am Ende des letzten Kapitels haben wir ausgeführt, dass Empathie in vielen Fällen auf das Selbst des Beobachters fokussiert ist und weniger auf das Wesen, mit dem er Empathie hat. Empathie kann dem Wohlbefinden des Menschen mit Empathie dienen, obwohl der andere leidet. Dieser Gedanken soll nun genauer gefasst und in seiner logischen Konsequenz ausbuchstabiert werden. Diese lautet in ihrer einfachsten Form, dass Empathie um der Empathie willen evoziert und genossen wird, selbst dann (oder auch gerade dann), wenn der andere leidet. Eine der Aufgaben dieses Kapitels wird es dabei sein, den empathischen Sadismus auch als Alltagsphänomen zu begreifen.

1. Das Paradox des Tragischen (Ästhetik)

Wir kommen zu unserer Frage und These auf verschiedenen Wegen. Einer dieser Wege führt über die Ästhetik. Erinnern wir uns zunächst daran, dass der Begriff der Empathie aus der Ästhetik enlehnt ist. Der Begriff der Einfühlung war um 1900 von Theodor Lipps zum Mittelpunkt der ästhetischen Rezeption ausgebaut worden (siehe Kapitel II, Abschnitt 1). In dieser Rezeption stand der Einfühlende im Zentrum, nicht das Objekt der Einfühlung, welches in den Texten von Lipps bezeichnenderweise auch ein totes Objekt sein konnte. Just diesen Begriff »Einfühlung« übersetzte Edward Titchener 1909 als »empathy«. In der Systematik von Daniel C. Batson erscheint diese Konzeption von Einfühlung entsprechend als beobachterkonzentrierte Form von Empathie und als »der Prozess, mittels dessen eine Person sich vorstellt, wie es wäre, eine bestimmte andere Person oder eine unbelebtes Objekt zu sein, wie ein knorriger toter Baum auf der Windseite eines Hügels«.[2] Das Beispiel des toten Baumes zeigt zumindest eins: der Gegenstand der Empathie, hat nichts von dem empathischen Menschen zu erwarten oder zu erhoffen. Im Gegenteil: Man denke daran, wie ästhetische Landschaftsplaner im 18. Jahrhundert im Names des Erhabenen oder Pittoresken (etwa Uvedale Price) derartige Ansichten kultivierten und knorrige Bäume in unfreundlicher Landschaft anbauten, um dieses äshetische Vergnügen der Betrachtung zu erwecken.

Aus dieser begriffshistorischen Perspektive ist die Sorge um das tatsächliche Wohlbefinden des anderen eine spätere, eher künstlich anmutende Ergänzung zur Einfühlungs-Empathie. Natürlich ist Empathie im heutigen Verständnis der entscheidende Anrieb zur Hilfe für andere in Not, wie die Rettung eines Ertrinkenden, oder, weniger dramatisch, zum einfachen Mitgefühl, das zur Folge hat, dass wir einem Frierenden etwas Warmes geben, ohne dass er uns darum bitten muss. Im Gegensatz zu den meisten Primaten teilen wir Essen in der Regel ohne Streit. Wir verstehen, was Säuglinge und Kinder brauchen, und reagieren nicht nur auf ihre akuten Bedürfnisse, sondern planen diese im Voraus ein. Wir beurteilen andere Menschen nicht schlicht nach ihren Taten, sondern auch nach ihren Absichten. Zudem gehen wir Gemeinschaften ein, in denen wir einander über Jahrzehnte immer besser kennen und schätzen lernen, so dass wir auch komplexe emotionale Vorgänge im anderen miterleben und teilen können.

Dennoch muss uns der Fall des Selbstbezugs der ästhetischen Einfühlung zu denken geben. In welchen Fällen überwiegt das Selbsterleben in der Einfühlungs-Empathie unser Interesse am Wohlbefinden des anderen? Wann schlägt Empathie in einen, vielleicht paradoxen, Modus des Selbst-Fokus um? Anders gefragt: In welchen Fällen oder ab wann dient Empathie ausschließlich oder hauptsächlich dem empathischen Menschen? Ist es angemessen, ähnlich der ästhetischen Maxime »L'art pour l'art« von einer Empathie für die Empathie zu sprechen?

Beginnen wir zunächst mit der Diskussion der Ästhetik. Die moralische oder ethische Frage des Wohlergehens des anderen steht dort nicht im Vordergrund. Trotzdem ist es nicht verwunderlich,

2 Batson, »These Things Called Empathy«.

dass diese Frage in der Diskussion von Tragödien, dem Tragischen und dem Traurigen immer wieder aufgeworfen wird. Das Paradox der Tragödie besteht in dem positiven oder irgendwie positiv konnotierten Gefühl des Zuschauers, das sich gerade daraus ergibt, dass der Held der tragischen Narration zugrunde geht.

Interessant ist bereits die Geschichte der Verdeckung des Paradoxes bzw. der Umdeutung der vermeintlichen Asozialität des Ästhetischen. Edmund Burke, der Theoretiker des Erhabenen und Schönen im 18. Jahrhundert, hat bekannterweise eben in dem erhabenen Gefühl des Beobachters aufgrund des Schmerzes der Beobachteten eine prosoziale Wurzel gefunden:

> Ich bin davon überzeugt, dass wir einen Grad an Vergnügen, und keinen kleinen, an dem wirklichen Unglück und dem Schmerz von anderen haben.
>
> Wenn diese Leidenschaft schlicht schmerzhaft wäre, würden wir mit der größten Umsicht alle Personen und Orte vermeiden, die sie erregen könnten […].
>
> Und wie unser SCHÖPFER es besorgt hat, sollten wir durch die Bande der Sympathie vereint sein […].
>
> […] es ist absolut notwendig, dass mein Leben außerhalb von jeder konkreten Gefahr ist, bevor ich das Vergnügen an dem Leiden von realen oder imaginären anderen empfinden kann. […][3]

Burkes Logik an dieser Stelle lautet, dass Schmerz Menschen aneinander bindet, weil wir den Schmerz alle teilen. Die Sym-Pathie ist ein gemeinsames Leiden. Wenn wir also das Leiden eines anderen wahrnehmen, freuen wir uns, weil dieses Teilen des Leidens eine Gemeinsamkeit und Verbindung evoziert. Offensichtlich existiert gemäß Burke dieses Band der Sympathie nicht ohne das Leiden oder wird ohne das Leiden nicht wahrgenommen.

3 »I am convinced we have a degree of delight, and not a small one, in the real misfortunes and pains of others […]. If this passion would be simply painful, we would shun with the greatest care all persons and places that could excite such a passion […].
And as our Creator has designed we should be united by the bond of sympathy […].
[…] it is absolutely necessary my life should be out of any immanent hazard before I can take a delight in the sufferings of others, real or imaginary […].« Edmund Burke, *A Philosophical Enquiry into the Origins of our Ideas of the Sublime and Beautiful* (1757), hrsg. von J. Boulton, Notre Dame und London: University of Notre Dame Press, 1958, S. 45-48.

Wir müssen uns an dieser Stelle fragen, ob Burkes Metapathologie eher einem Wunschdenken entspringt. Sicherlich hat Burke recht, wenn er annimmt, dass die Wahrnehmung des Tragischen irgendwie mit einem positiven Gefühl einhergeht, denn warum sonst würde diese narrative Kunstform derart gefeiert werden. Doch die Frage des Unglücks des tragischen Helden bleibt bestehen: Kultivieren Tragödien den Wunsch nach dem Unglück des anderen? Nehmen wir es schlicht in Kauf für einen anderen Zweck? Oder aber entspringt das positive Gefühl einem prosozialen Antrieb und dem Wunsch, dass der andere glücklich ist? Oder keines von alldem?

Die Differenzen sind nicht trivial, und die Linie ist keinesfalls einfach zu ziehen. Die meisten Theoretiker der Tragödie seit der Aufklärung privilegieren die Variante, dass das Tragische uns zu moralischeren Menschen mit prosozialen Gefühlen macht. Das moralisch und pädagogisch wertvolle Moment der Tragödie, etwa im Gegensatz zur Komödie, bestehe gerade darin, Mitleid zu lehren, wie bereits seit Burke und Gotthold Ephraim Lessing (*Hamburgische Dramaturgie*) in der einen oder anderen Art und Weise argumentiert wird.

Doch auch das Argument, es gehe in der Tragödie schlicht um die Gefühle des Beobachters, findet Zuspruch. In diesem Fall wäre das Tragische eine besonders starke Droge zur Erregung von Gefühlen im Einzelnen, die zwar vom Leiden des anderen ausgelöst werden, aber letztlich von der Sorge um dessen tatsächliches und nicht nur imaginiertes Wohlergehen abgekoppelt sind. Die Erregung des Zuschauers oder Rezipienten wäre in diesem Fall der letzte Zweck. Einige Kritiker wie Jean-Jacques Rousseau haben die letztere Position vertreten und aus diesem Grund die Tragödie als Ganzes abgelehnt.[4]

In den Filmwissenschaften wird ein nahe verwandtes Phänomen zur Tragödie unter dem Stichwort »sad movie paradox« verhandelt: Wir werden von traurigen Filmen emotional stark erregt und assoziieren diese Erregung mit ästhetischem Vergnügen und ästhetischer Qualität.[5] In ihren nüchternen und empirischen Studien

4 Siehe *Lettre à M. d'Alembert sur les Spectacles*, 1758.

5 Vgl. Julian Hanich, Valentin Wagner, Mira Shah, Thomas Jacobsen und Winfried Menninghaus, »Why We Like to Watch Sad Films. The Pleasure of being Moved in Aesthetic Experiences«, in: *Psychology of Aesthetics, Creativity, and the Arts* 8 (2014), S. 130-143.

argumentieren Winfried Menninghaus und seine Mitarbeiter, dass dabei das Gefühl des Bewegtseins (das rhetorische *movere*) im Zentrum der ästhetischen Wahrnehmung steht. Ob dieses Bewegtsein dabei aber auch prosoziale Züge hat, ist bislang eine offene Frage. Immerhin könnte das Bewegtsein den Einzelnen durchaus auch für andere öffnen; es könnte aber auch eher narzistisch einzig dem Wohlbefinden des Empfindenden dienen.

Zwischen den beiden Positionen, dass das Tragische zum Mitleid erziehe oder dass es schlicht um die berauschende Erregung des Einzelnen gehe, also zwischen Fremd- und Selbstbezug des Beobachters, bestehen diverse mittlere Positionen, die hier nicht angemessen dargestellt werden können.

Man könnte auch versucht sein, eine Sowohl-als-auch-Position zu beziehen, und vorschlagen, dass es von der Disposition des Einzelnen abhänge, ob er oder sie eher selbstbezogen oder fremdbezogen reagiert. Letzteres stimmt sicherlich, hilft uns aber nicht in der prinzipiellen Frage weiter, inwiefern die Wahrnehmung des tragischen Schicksals den Beobachter zu einer nicht-egozentrischen Form der Empathie anregt.

Ein weiterer Ansatz zur Auflösung des Problems besteht in der Möglichkeit, dass Fiktion (also auch die Tragödie) die Differenz zwischen dem Beobachter und der Figur des Helden, also dem Selbst und dem anderen, suspendiert, so dass sich die Frage der Differenz zwischen Empathie und Selbstbezug letztlich nicht stellt. Dies ist ein Argument, das Suzanne Keen in seinen Implikationen durchgearbeitet hat.[6] Man könnte dieses Argument auf die Spitze treiben, wenn man artikuliert, dass Menschen Fiktion erfunden haben, um Empathie ohne Mitgefühl und ohne Verpflichtung zur Hilfe zu genießen. Oder anders gesagt, Fiktion erlaubt eine Form von Empathie, in der Selbstverlust positiv erfahrbar ist.

Im Folgenden will ich die Frage der Empathie in der Tragödie von einer anderen Seite her aufrollen.[7] Der Vorschlag besteht darin, dass wir die Tragödie als eine Einladung für eine starke Dosis von anrührender Empathie verstehen, die mit der Einladung zur Einfühlung eine Exit-Strategie verbindet. Diese Exit-Strategie besteht

6 Keen, *Empathy and the Novel.*

7 Der erste Teil dieses Arguments ist eine Zusammenfassung der Argumentation meines früheren Versuchs in *Kulturen der Empathie*, der zweite Teil geht darüber hinaus.

im tragischen Ende. Wir fühlen mit dem tragischen Helden aus der Perspektive seines tragischen Schicksals mit. Es ist die Antizipation des schrecklichen Schicksals des Helden, die den Beobachter anzieht und zum Miterleben anregt.

Diese Antizipation ist in mehr als einer Hinsicht zentral. Zunächst ist Antizipation ein Strukturelement von Narration. Das typische narrative Denken besteht im Erwägen des Was-wäre-wenn und dem Auftun anderer Möglichkeiten als den vorgelegten.[8] Die Suche nach positiveren Alternativen steigert das narrative Denken des Beobachters immens. Im Extremfall der Tragödie kann man erwarten, dass das narrative Denken maximal intensiviert wird. Mit dem tragischen Helden sehen wir als Zuschauer seine Möglichkeiten, hoffen und bangen mit. Er ist »offen« für uns als Zuschauer, weil so viel von seiner noch offenen Zukunft abhängt, die wir uns mit ihm ausmalen.[9]

Doch auch in einer zweiten empathie-spezifischen Art und Weise ist Antizipation zentral. Wenn Empathie mit Selbstverlust einhergeht, dann werden voraussichtlich solche Formen von Empathie bevorzugt, die den Selbstverlust entweder eindämmen, entschärfen – *oder zeitlich begrenzen*. Das Letztere ist der Fall in der Tragödie. Die Tragödie verspricht dem Zuschauer, dass er sich empathisch oder identifikatorisch einfühlen kann, ohne dass er sich dauerhaft verloren geht, denn das Objekt seiner Einfühlung, der Held der Tragödie, wird ja sein Ende finden, so dass der Zuschauer »sich zu sich« zurückziehen kann. Die Tragödie macht ein großartiges Angebot an den Zuschauer. Nicht nur kann er ein besonders bewegendes, tiefes Menschenschicksal miterleben, er kann sich auch wieder von diesem verabschieden. Ja, die Arbeit am Ende der Einfühlung wird von dem Kunstwerk Tragödie selbst geleistet. Nach einigen starken Gefühlen wird der Zuschauer wieder entlassen. Die Tragödie hat eine emotionale Rückfahrkarte. Selbstverlust ist zeitlich begrenzt.

8 Breithaupt, *Kultur der Ausrede*.

9 Die »misslungenen« Tragödien sind hier mindestens so aufschlussreich wie die gelungenen. Im Deutschen ist eines der berühmtesten Beispiele wohl *Ugolino* von Heinrich Wilhelm von Gerstenberg (1768). Dort ist die höchste Unglückssteigerung mit der kompletten Hoffnungslosigkeit gepaart. Und wie viele der zeitgenössischen Kritiken andeuten, hat dies weitgehend störende Effekte auf die ästhetische Einfühlung bzw. das Mitleiden.

Das Tragische, Traurige, Erschreckende des Schicksals des anderen wird für den Einfühlenden zum Rauswerfer, dem Endpunkt seiner Empathie. Man denke daran, wie viele Denker der Tragödie über die Abgrenzung zwischen Einfühlendem und tragischem Helden sinnieren. Aristoteles betont zwar, dass der tragische Held wie wir ein mittlerer Mensch sein muss, nicht zu gut, nicht zu schlecht. Aber er muss einen Fehler begangen haben, ihm muss zumindest ein Patzer, eher aber ein deutlicher Fehltritt (*harmatia*) unterlaufen sein, der seine Schuld oder Verwicklung in das Geschehen erklärt. Aufgrund dieses Patzers kann der Zuschauer sich von dem Helden abziehen, denn diesen Fehler oder Patzer hat er ja nicht begangen.

Die Tragödie ist als kulturelles Artefakt derart in unserem Denken etabliert und ritualisiert, dass wir diese Rückkehr-Struktur wohl bereits relativ früh erlernen und schätzen lernen. Interessant ist, dass tragische Narrationen für Kinder beunruhigend oder auch schlicht uninteressant sind. Kinder erwarten von Geschichten, dass sie einen guten Ausgang haben. Ein Teil dieser Erwartung ist sicherlich Teil einer spezifischen Kultivierung unserer Zeit, dass Kindergeschichten heutzutage meist ein gutes und moralisch befriedigendes Ende haben. Doch dieses Versprechen ist historisch jung und nicht universell verbreitet. Auch die Schreckgeschichten und der moralisierende Horror eines *Struwwelpeters* fanden ihre kindliche Leserschaft. Vielleicht ist die kindliche Unlust an Tragödien zumindest zum Teil dem Umstand geschuldet, dass Selbstverlust sich für Kinder weniger als Bedrohung darstellt. Zu alltäglich ist die Erfahrung der Fremdbestimmung und wohl auch der Identität in einer kollektiven Eltern-Kind-Einheit. Entsprechend verschwindet die Attraktion des spezifischen Empathie-Rückfahrttickets, die die komplizierte Mechanik der Tragödie verspricht. Und was dann von der Tragödie übrig bleibt, ist, dass jemand, der es nicht oder nur halb verdient hat, scheitert. Wenn dies die Ausbeute der Tragödie ist, entscheiden sich Kinder wohl eher zur Identifikation mit dem triumphierenden Helden.

Anders gesagt: Die Tragödie ist vor allem für Menschen interessant, die zum einen die Genüsse der Empathie kennen, zum anderen aber bereits die Erfahrung des Selbstverlusts durch Empathie erlebt haben und daher eine Doppelstruktur der entschärften Empathie suchen.

Es wäre zu simpel, anzunehmen, dass Menschen gegenüber einem tragischen Schicksal oder einer Tragödie naiv sind und sich einfühlen, weil der andere es verdient. Die Erwartung des tragischen (oder eines dem Tragischen verwandten) Endes prägt bereits das Verhalten des Einfühlens. Man fühlt sich ein, *weil* der andere zugrunde gehen wird. Im amerikanischen Wahlkampf 2015/2016 gibt es zum Beispiel einen Typus von begeisterten Mitläufern des demokratischen Kandidaten Bernie Sanders, die ihr Mitgefühl mit ihm ins Höchste steigern, gerade weil, wie ich vermute, das Ende seiner Kandidatur bereits abzusehen ist.

Einfühlung, Identifiktion und Empathie erfolgen zwar häufig intuitiv, doch deshalb keineswegs naiv oder blind. Man fühlt sich dabei auch nicht schlicht in einen anderen Menschen oder dessen Situation ein, sondern findet sich in einem Prozess wieder, der Erwartungen der Entwicklung des anderen ebenso wie der Entwicklung der Empathie-Empfindung einschließt. Im Fall der Tragödie heißt dies, dass die Erwartung des tragischen Endes bereits als Teil des Prozesses in die Empathie-Entscheidung eingeht. Wir fühlen uns in den anderen (den fiktionalen oder realen Charakter) ein, weil er ein aufregendes und bedeutendes Schicksal hat und weil er an diesem Schicksal zugrunde geht.

Hier kommen wir nun zu der Ausgangsfrage zurück, ob wir eigentlich Empathie als Ausdruck unserer Fürsorge für den anderen haben oder ob wir Empathie um unserer eigenen Empathie willen empfinden. Im Fall der Tragödie und ihrer verwandten Formen spricht vieles dafür, dass der Auslöser von Empathie hier der erwartete gesamte Prozess der Empathie ist und dass mithin das Versprechen der Empathie eben in der Empathie selbst liegt. (Natürlich schließt dies nicht aus, dass andere nicht auch von Empathie und Einfühlung profitieren können, dass es kein altruistisches Verhalten gibt oder dass Wünsche für das Wohlbefinden des anderen nicht auch zu wohlwollendem Verhalten führen können.)

Von hier kommen wir nun zu der logischen Steigerung der Figur der Empathie um der Empathie willen, nämlich dem aktiven Herbeiführen des Leidens des anderen.

2. Erste Bestandsaufnahme des empathischen Sadismus

Der empathische Sadist quält sein Opfer, um mit ihm mitfühlen zu können, denn den Gequälten kann er verstehen und mit ihm leiden. Die Grundform des empathischen Sadismus besteht darin, dass jemand eine Gefahr- oder Leidenssituation für einen anderen herbeiführt, fördert, wünscht oder toleriert, damit er Empathie mit dem Opfer fühlen kann.

Hinter diesem empathischen Sadismus wiederum steht eine noch allgemeinere Tendenz, nämlich der Versuch, andere Menschen zu kontrollieren, so dass wir sie intellektuell und emotional verstehen können. Leiden ist dabei nur ein besonderer Fall, allerdings ein entscheidender, denn Emotionen des Leidens sind besonders stark und können von außen angeregt, ja verursacht werden (man denke auch daran, dass das deutsche Wort »leiden« lange Zeit zur Kennzeichnung des grammatischen Passivs verwendet wurde).

Wenden wir uns also direkt dem empathischen Sadismus und der empathischen Grausamkeit[10] zu. Dabei wollen wir nicht vorab entscheiden, ob es sich hier um eine perverse Form der Empathie handelt (eine »warped empathy«, wie manchmal gesagt wird[11]) oder schlicht die Perversion normaler Empathie, wie ein »random guy« sie empfinden kann.

Beginnen wir mit einer Bestandsaufnahme: Wir fangen dabei mit Werken der Fiktion an, nicht weil sadistische Empathie ein

10 Der Begriff der empathischen Grausamkeit wird als Manifestation von Freude bei Beobachtung des Schmerzes eines anderen verstanden. Vgl. zu all diesen Erwägungen auch Allan Young, »Empathic Cruelty and the Origins of the Social Brain«, in: *Critical Neuroscience. A Handbook of the Social and Cultural Context of Neuroscience* (2012), S. 159-176. Die Differenz der Begriffe »empathischer Sadismus« und »empathische Grausamkeit« liegt in der unterschiedlichen Gewichtung des involvierten Verstehens und in den ihnen zugrunde liegenden kulturellen Prozessen. In der empathischen Grausamkeit liegt das Gewicht auf einer neuronalen Umwertung von Emotionen, wenn der beobachtete Schmerz als Lust wahrgenommen wird (etwa weil das Subjekt insgesamt weniger Emotionen registriert). Im empathischen Sadismus geht es dagegen um die Simulation des (rationalen oder emotional-mitvollziehenden) Verstehens des anderen via negativen Emotionen. Wir werden indes sehen, dass die Grenzen an manchen Stellen verschwimmen.

11 So Liane Leedom, »Sadism and warped Empathy in Sociopaths«, 13. 11. 2008, ⟨http://www.lovefraud.com/2008/11/13/sadism-and-warped-empathy-in-sociopaths/⟩, letzter Zugriff am 15. 3. 2015.

fiktives Hirngespinst ist, sondern weil Werke der Fiktion als Teil unserer Kultur viele Strukturen deutlicher aufzeigen als der Alltag.

Eine Figur, die regelmäßig auftaucht, ist die der bösen Stiefmutter, die das Leiden ihrer Tochter provoziert. Man denke etwa an Aschenputtels Stiefmutter, als sie die Erbsen und den Reis auskippt. Statt einfach zu sagen, Aschenputtel könne nicht zum Ball gehen, gibt sie ihr die Aufgabe, die verschütteten Samen einzusammeln. Man darf vermuten, dass sie das Leiden von Aschenputtel genüsslich auskostet.

Eine andere, verwandte[12] Figur ist die des sadistischen Liebhabers, der die widerstrebende junge Frau für ihre zögerliche Erwiderung der Liebe straft. Derartige Figuren sind eng mit der Geschichte des Romans seit dem 18. Jahrhundert verbunden. Man denke hier an die englischen Romane von Richardson (*Clarissa* und *Pamela*). Es braucht einen Roman, um die gequälten Gefühle zu entfalten.

Auch die frühen deutschen Romane des 18. Jahrhunderts inszenieren derartige empathische Sadisten wie etwa *Die Geschichte der Fräulein Sternheim* von Sophie de La Roche und Ludwig Tiecks *Lovell* (man denke etwa daran, wie Lovell sich gegenüber Emilie Burton benimmt[13]). Aus dieser Perspektive scheinen die deutschen Romane der Zeit, die nicht im empathischen Sadismus der männlichen Figuren münden, die lobenswerte Ausnahme zu sein. Goethes *Werther* oder Hölderlins *Hyperion* widerstehen der Versuchung zum Sadismus, was allerdings nicht bedeutet, dass sie den von ihnen Geliebten durch ihre Abkehr nicht viel Schmerz bereiten (zudem besteht ihre Alternative nur in Selbstzerstörung und Masochismus). Auch Goethes vergeblich liebender Wilhelm Meister gehört hierher, insofern er in der Tat wohl *allen* weiblichen Wesen in seiner Umgebung Leid beschert,[14] allerdings ohne es bis zum Ende je zu bemerken. Erst dann holt ihn, ähnlich wie Faust, die Stimme des Gewissens ein.

Die Reihe der unterdrückten jungen Frauen und ihrer empa-

12 Auch die Schwiegermutter *straft* Aschenputtel vielleicht für ihre natürliche Schönheit.

13 Elke Reinhardt-Becker, *Seelenbund oder Partnerschaft? Liebessemantiken in der Literatur der Romantik und der Neuen Sachlichkeit*, Frankfurt/M.: Campus Verlag, 2005

14 Die Liste ist durchaus lang, siehe Jane K. Brown, *Goethe's Allegories of Identity*, Philadelphia: University of Pennsylvania Press, 2014.

thischen Quäler in den Romanen setzt sich im 19. Jahrhundert fort, kulminiert in vielen Werken der hohen Literatur wie etwa Flauberts *Madame Bovary* mit dem spöttischen Erzähler, Clarins *La Regenta*[15] und Theodor Fontanes *Effi Briest*[16] ebenso wie in den Werken der Giftschrankliteratur von de Sade oder der Populärliteratur von Sacher-Masoch.

Der Film hat eine Reihe von Figurationen des empathischen Sadismus entfaltet. Eine der Figuren ist etwa der große Manipulator, angefangen bei *Dr. Marbuse. Der Spieler* (1927) bis zu den Serienmördern wie dem gesuchten Antihelden in *Sieben* (1995), der die junge Frau des ermittelnden Polizisten tötet, um dessen verzweifelte Wut zu provozieren. Eine andere Figur ist der Psychopath, wie der Held in Brenton Easton Ellis Buch und Mary Harrons Film *American Psycho* (2000) oder die beiden gegensätzlichen Serienmörder in Jonathan Demmes Film *Das Schweigen der Lämmer* (1991), nämlich Buffalo Bill und Hannibal Lecter, die sich auf exakt entgegengesetzte Art und Weise in ihre Gegenüber einfühlen.[17]

Im Zentrum des letztgenannten Filmes steht die Ideologie der geistigen Gesundheit, die eine gesunde Balance von Selbstkenntnis und Nicht-Wissen verlangt. Die Extreme dagegen werden als pathologisch dargestellt: Buffalo Bill rennt vor sich selbst und vor Selbsteinsicht davon, will sich in einem Mantel aus menschlicher Haut verstecken; er versetzt sich buchstäblich in die Haut der anderen, um nicht er selbst sein zu müssen. Deren Körper wirft er als bloßen Überschuss fort. Hannibal Lecter dagegen kann andere Menschen lesen wie ein Buch, hat dafür aber jeden Respekt vor ihnen verloren, kann sie daher verspeisen und sie dergestalt, wenn man so will, in sich hineinversetzen. Beide sind sie insofern sadistische Empathie-Monster, die für oder wegen ihrer Empathie die anderen quälen und töten. Nur die Detektivin stellt das gesunde Mittelmaß dar und löst den Fall, in dem sie sich Stück für Stück

15 Vgl. Fritz Breithaupt, *Culturas de la Empatía*, Buenes Aires, Madrid: Katz Editores, 2011.

16 Breithaupt, *Kulturen der Empathie*, S. 175-84.

17 Carl Plantinga hat argumentiert, dass der Zuschauer mit jedem empathisch mitfühlen kann, inklusive »Buffalo Bill«. Carl Plantinga, »Facing others. Close-ups of Faces in Narrative Films and in *Silence of the Lambs*«, in: Lisa Zunshine (Hg.), *The Oxford Handbook of Cognitive Literary Studies*, Oxford: Oxford University Press, 2015, S. 291-311.

auf sich selbst einlässt und im gleichen Maße in der Lage ist, die Motivationen anderer zu erkennen.

Bereits diese kursorische Übersicht über einige literarische und fiktive Figuren aus Literatur und Film gibt Fingerzeige zu einigen relevanten Merkmalen des empathischen Sadismus. Es fällt etwa auf, dass zeitliche Dimensionen eine wichtige Rolle spielen. Der Auslöser des empathischen Sadismus kann, schematisch gesprochen, in Vergangenheit, Gegenwart und Zukunft liegen. Diese unterschiedlichen zeitlichen Dimensionen entsprechen vielleicht einer eher oberflächlichen Unterscheidung, aber sie erlaubt es uns, im Folgenden unterschiedliche Varianten des empathischen Sadismus getrennt zu betrachten.

In der *Vergangenheit* liegt der Auslöser etwa im Fall der Rache. Jemand soll zum Ausgleich für vergangene Taten bestraft werden. Dies kann in den oben erwähnten Fällen die nicht erwiderte Liebe sein. Das Leiden etwa des Mannes wird *als Tat* der Frau zugeschrieben, deren künftiges Leiden in den Händen des Sadisten damit als gerechtfertigt und angemessen erscheint. (Vielleicht wird mancher Leser dieser Zeilen in Gedanken ergänzt haben, dass ein solcher strafender Liebhaber »krank« oder »gestört« reagiere. Das stimmt natürlich. Doch der Umkehrschluss wäre falsch, denn nicht nur kranke oder gestörte Menschen reagieren so.) In der Strafe (und in diesem Falle also dem künftigen Leiden der Geliebten) erlebt der Liebende sein eigenes vorangeganges Leiden noch einmal.

In der *Zukunft* liegt der Auslöser der sadistischen Empathie dagegen, wenn die Situation eines anderen derartig manipuliert wird, dass man aufgrund der Situation des anderen seine Gefühle zu simulieren und zu verstehen hoffen kann. Die Kerndifferenz ist hier, dass der empathische Beobachter selbst die Situation herbeiführt, die zum Verstehen führen kann. So geschieht es in den genannten Filmen, in denen große Manipulatoren gegeneinander antreten.

Die direkte Beobachtung und das Erleben des emphathischen Sadismus in der *Gegenwart* scheint dagegen der Standardfall zu sein.

Beginnen wir mit dem empathischen Sadismus, der sich aus der Vergangenheit speist.

3. Strafen als empathischer Sadismus (Vergangenheit)

Im Folgenden soll es um das rätselhafte Phänomen der Straffreude oder Lust an der Strafe gehen. Untersucht werden soll, wie das Strafen aufgrund von sadistischer Empathie Teil des Repertoirs menschlichen Verhaltens werden konnte.

Das Bedürfnis nach Strafe für Übeltäter und Nutznießer ist allem Anschein nach weit verbreitet, vermutlich nahezu universell. Deutlich sind die Indizien für die Affekte und Emotionen bei der Strafe, angefangen von physiologischen Merkmalen der Wut und deutlichen Straf-Belohnungs-Kreisläufen im Gehirn, messbar mit fMRI,[18] bis zu diversen scheinbar wenig rationalen Entscheidungsstrukturen, wenn es um die Lust zur Strafe geht. Bereits in der Einleitung wurde darauf hingewiesen, dass die Straflust anscheinend eher ein männliches Phänomen ist.[19]

Man denke etwa an das sogenannte Diktator-Spiel, in dem eine Versuchsperson eine Summe Geldes zwischen sich und einer anderen Versuchsperson aufteilt. Die andere Versuchsperson hat nun die Option, die Teilung zu akzeptieren oder abzulehnen. Im ersten Fall dürfen beide das Geld behalten, im zweiten Fall bekommt keiner Geld. Regelmäßig entscheiden sich die Versuchspersonen zur Ablehnung des Vorschlags, wenn die verteilende Versuchsperson deutlich ungerecht teilt (etwa 80 % zu 20 %). Das ist eigentlich irrational, da die zweite Versuchsperson eigentlich nichts zu verlieren und nur zu gewinnen hat. Anders gesagt: Die zweite Versuchsperson lässt sich ihren Vergeltungsdrang etwas kosten.[20]

18 Dominique J. F. De Quervain, Urs Fischbacher, Valerie Treyer und Melanie Schellhammer, »The Neural Basis of Altruistic Punishment«, in: *Science* 305, Nr. 5688 (2004), S. 1254-1259.

19 Vgl. Singer et. al., »Empathic Neural Responses are Modulated by the Perceived Fairness of others«. Singer und ihre Kollegen hatten dort ermittelt, dass die weibliche Reaktion bei der Beobachtung von Strafe in einem bestimmten Szenario tendenziell empathisch sei, aufbauend auf einer Definition von Empathie der ähnlichen Gehirnströme des Bestraften und des Beobachters, wohingegen der männliche Beobachter tendenziell keine Empathie empfinde, da er den Vorgang ja mit Lust besetze. Hier wird nun gefragt, inwiefern dieses Lustgefühl nicht doch auch als Empathiephänomen gewertet werden sollte, wenngleich kein sympathetisches.

20 Vgl. zur Übersicht William Flesch, *Comeuppance*.

Es spricht also einiges für eine emotionale Struktur des Strafens – was natürlich nicht bedeutet, Strafen sei irrational. Im Gegenteil dürfte der Regelfall darin bestehen, dass Emotionen auch rational sind und in kognitiver Sicht angemessene Prozesse darstellen. Man kann vielleicht formulieren, dass die Strafe in der moralischen, juristischen und politischen Praxis eine Institutionalisierung rudimentärer Emotionen leistet. Bevor wir fragen, um welche Emotionen es sich dabei handelt, ist es wichtig, die Funktion des Strafens mitzubedenken.

In den Diskussionen des letzten Jahrzehnts wurde Strafe als Altruismus erkannt.[21] Der Strafende nämlich leistet etwas für die Gemeinschaft und nimmt dafür Arbeit, Unkosten und vielleicht auch Schaden auf sich. Die Leistung des Strafens besteht in der Unterbrechung einer der Gemeinschaft schadenden Tat. Ein Dieb stiehlt ein Objekt und unterminiert damit zugleich die allgemeine Struktur von Eigentum. Ein Schwarzfahrer erhöht indirekt die Fahrkartenkosten der anderen Mitfahrer usf. (Einen Sonderfall bildet dabei allerdings die Lüge.[22]) Die doppelte Leistung besteht dabei erstens in dem individuellen Akt, einen Täter zu stoppen, und zweitens dem symbolischen Aufzeigen, dass bestimmte Akte nicht toleriert werden. Aufgrund der symbolischen Leistung ist es auch sinnvoll, längst vergangene oder einmalige Untaten zu bestrafen. Der Strafende ist aktiv und handelt, das heißt er investiert Zeit und Energie. Er geht aber auch erhebliche Risiken ein, von denen nicht das Geringste in der Rache des zu Recht oder Unrecht Beschuldigten besteht. Insofern wird hier also von Altruismus gesprochen. Der Strafende tut etwas für die Allgemeinheit, ohne dass ihm, so scheint es, damit eine Belohnung entsprechend seiner Investition an Energie zuteilwird.

Doch warum straft jemand, wenn er damit selbst vor allem negative Konsequenzen zu fürchten hat? Was hat der Strafende selbst von der erwirkten Gerechtigkeit?

21 Zur Übersicht dieser Diskussion siehe erneut Flesch, *Comeuppance*, und Young, »Empathic Cruelty and the Origins of the Social Brain«.

22 Einerseits hat die Lüge die Grundstruktur der Schädigung der Allgemeinheit, da sich auf der Wahrheit der Rede alle anderen Einrichtungen einer Gemeinschaft gründen (so ist auch Kants Position). Andererseits wiederum ist es schwer, bei konkreten Lügen nachzuweisen, inwiefern sie der Gemeinschaft schaden, abgesehen von einigen juristisch kodifizierten Sonderfällen.

Strukturell gesehen ist es für die Gemeinschaft wichtig, ja notwendig, dass gestraft wird. Anders gesagt: Das Nicht-Strafen kann seinerseits wieder strafwürdig sein. Neben die Beobachtung des direkten Verhaltens der anderen tritt die Beobachtung zweiter Ordnung, die das Einschreiten zur Pflicht erhebt. Doch damit ist dem Einzelnen nur ein negativer Anreiz zum Strafen gegeben.

Ebendieses Dilemma könnte die Freude an der Strafe schließen: Der altruistisch Strafende handelt, weil er im Strafen eine Lust oder Befriedigung empfindet. Dem Strafenden winkt die emotionale Belohnung. Die Kombination von Wut und Wutbefriedigung verschafft den notwendigen Anreiz zum Strafen. In gewisser Weise handelt der Strafende dann eben doch nicht altruistisch, sondern selbstbezogen, weil er emotionale Belohnung zu empfinden hofft. Doch woher kommt der emotionale Gewinn der Wutbefriedigung? Eine Antwort könnte sich ergeben, wenn die Wutbefriedigung an sadistische Empathie gebunden ist: Das Ausmaß des Leidens des Gestraften wird in Freude übersetzt. Sadistische Empathie könnte also in evolutionärer Hinsicht entstanden sein, weil damit ein Anreiz für das sonst abwegige Strafen geschaffen worden ist. So gesehen wäre sadistische Empathie sinnvoll und würde einen Selektionsvorteil für die Gemeinschaft bedeuten.

Allerdings muss man natürlich zugleich in Erwägung ziehen, dass sadistische Empathie in den meisten anderen Fällen eine Bedrohung für die Gemeinschaft wäre. Dies gilt etwa für Schadenfreude. Schadenfreude steht dem Strafen nahe, denn auch hier kann man hinzudenken, dass der Mensch mit Schadenfreude die Freude als Belohnung für vergangenes Leiden sieht, das etwa aus Konkurrenz entsprungen ist. Doch anders als das altruistische Strafen förderte Schadenfreude die Gemeinschaft wohl nicht. Insofern kommen wir nicht umhin, die genauen Umstände des Zusammenhangs von Strafe und Empathie genauer zu beleuchten.

Um die Frage nach dem Zusammenhang von Strafe und Empathie zu stellen, müssen wir die *Szene der Strafe* mitdenken. Die Aktivität des Strafens ist eine hoch stilisierte, ritualisierte und diskursiv kodierte Handlung. Wer straft, hat das Bewusstsein, dass er im Recht ist. Das heißt nicht, dass der Strafende in jedem Fall überlegt vorgeht. Aber noch im Fall der impulsiven Vergeltungstat wohnt der Tat wohl ein Gefühl der Angemessenheit inne, da sie einen Ausgleich vorangegangenen Übels bedeutet. Dieses Gefühl der Angemessenheit impliziert die Annahme, dass der Gestrafte seine Bestrafung verdient hat und dass man die Strafe vor anderen legitimieren kann oder könnte. Mit anderen Worten, es ist eine theatralische Szene, die vor sich und anderen dargestellt werden kann. Es ist damit auch eine Szene, zu der es gehört, dass wir sie in unserem Leben immer wieder durchspielen, erproben und auch mit veränderten Rollen erleben.

Kurz: Es ist eine Szene, die wir von allen Seiten her miterleben können und bei der wir auch alle möglichen Verlaufsformen inklusive derjenigen, die nicht zum Zuge kommen, geistig durchspielen können. Unser Erleben kann (muss aber nicht) von einer Perspektive zur anderen hin- und herspringen.[23] Perspektivwechsel heißt natürlich noch nicht, dass es zu einem Wechsel empathischer Parteinahme kommt. Man kann die ›eigene‹ empathische Partei auch von außen wahrnehmen, und dies kann die Parteinahme und Empathie durchaus steigern. Allerdings dürfen wir annehmen, dass fortgesetzte Perspektiveinnahme regelmäßig, aber nicht immer zu Empathie führt.

Man sollte die Theatralität der Strafe weder über- noch unterbewerten. Auf der einen Seite steht eine Mechanisierung und Institutionalisierung des Strafens, in der das Rechtssystem schlicht agiert und verwaltet. Auch die Opfer wollen in vielen Fällen nicht einmal wissen, wer genau eine Tat begangen hat. Das abstrakte Wissen, dass die Täter erwischt und bestraft werden, genügt den Menschen häufig. Es gibt sogar viele Fälle (Einbrüche, anonyme Bedrohungen, Verwüstungen), bei denen die Opfer froh sind, keinen direkten Kontakt zum Täter zu haben, als würden sie von deren Individualität affiziert oder infiziert werden. Doch auch in diesem Falle kennen die Opfer die Szene und verlassen sich auf sie.

Auf der anderen Seite stehen Opfer, die den Schmerz und das Leiden der Täter und die öffentliche Szene miterleben wollen. Man denke etwa an die Opfer von Kapitalverbrechen in den USA, die darauf bestehen, bei der Exekution zugegen zu sein.[24] Was sind die Motivationen dieser Menschen? Handelt es sich hier um ein kru-

23 Derartig theatralisierte Szenen erlauben insofern einen Ausbruch aus der rigiden Dynamik der sich verstärkenden Schwarz-Weiß-Malerei, die wir in Kapitel II beschrieben haben.

24 Hierzu und zum Folgenden Jody Lyneé Madeira, Killing McVeigh: *The Death Penalty and the Myth of Closure*, New York, NYU Press, 2012.

des, vormodernes Verhalten, welches das aufgeklärte Europa vor zwei Jahrhunderten hinter sich gelassen hat?[25]

Dafür gibt es viele Motivationen. Dazu gehört zunächst einmal das öffentliche Markieren des Ereignisses, das Treffen der gemeinsam trauernden Überlebenden und Angehörigen, der ritualisierte Übergang des Überlebens zum Weiterleben und die Arbeit an der Erinnerung (»memory work«).[26] Bei dem Beispiel, das wir gleich darstellen werden, haben viele der Zeugen der Hinrichtung danach berichtet, dass der Wert ihrer unmittelbaren Anwesenheit bei der Exekution im Setzen eines Endes bestand. Die Exekution erlaube ihnen, so die Hoffnung, einen Neuanfang nach dem Bombenanschlag. Die Strafe hat hier also eine rituelle Funktion.

Um sich die möglichen Positionen der Beobachtung der Strafszene vor Augen zu führen, hilft ein drastischer und geradezu hyperrealer Fall: der gut dokumentierte Fall der Exekution des sogenannten Oklahoma City Bombers, Timothy McVeigh. Das Ereignis der Exekution im Jahre 2001 wurde in der amerikanischen Presse mit großem Interesse verfolgt. Die Angehörigen und Überlebenden, die der Exekution als Zeugen beiwohnten, wurden intensiv interviewt und waren sich der öffentlichen Aufmerksamkeit bewusst.

Überlebende und Angehörige hatten verschiedene Optionen, der Exekution beizuwohnen. Sie hatten die Möglichkeit, nur durch eine Scheibe vom Geschehen getrennt zu sein, oder sie konnten McVeigh via Großaufnahme des Gesichts über Kamera beobachten (sowohl im Gefängnis in Terre Haute als auch via Live-Übertragung

25 Michel Foucault hat in einer maßgeblichen Untersuchung den Wandel der Strafkultur in dem halben Jahrhundert um 1800 untersucht. Dabei hat er das Spektakel der öffentlichen Körperstrafe gegen die verschämtere, nicht-öffentliche Gefängniskultur der Moderne gestellt. Sicherlich hat Foucault damit recht, dass das moderne Verhältnis zur Strafe nach 1800 ambivalent und kompliziert, vielleicht verschämt ist. Bemerkenswert ist dabei allerdings eben auch, dass dieser Wandel nie vollständig vollzogen worden ist, sondern dass auch die nicht-öffentliche seelische Strafe von öffentlichen Ritualen und von Fantasien dessen, was dort hinter den Mauern geschieht, begleitet wird. Das Nicht-Beobachten der Strafe steigert die empathische Straffantasie. Bei aller Bewunderung für Foucaults Meisterwerk scheint es mir, dass Foucault die Rolle von Empathie im Strafprozess grob vernachlässigt hat (die Beobachterposition des Panoptikums ist nicht die einzige Form der Empathie). Siehe Michel Foucault, *Überwachen und Strafen*, Frankfurt/M.: Suhrkamp, 1994.

26 Madeira, *Killing McVeigh*, S. 229.

in Oklahoma City). Es gab also bereits im Raum der Hinrichtung mehrere explizite Orte der Beobachtung. Neben den professionell beteiligten Kräften des Strafvollzugs, die McVeigh betreuten, bewachten und ihm schließlich die tödliche Injektion gaben, waren die Zuschauer im Raum und an einer anderen Position im Raum die Kamera. McVeigh hat nach Berichten einen langen und vieldiskutierten Blick auf die realen Zuschauer und dann in die Kamera geworfen. Intensiv wurde diskutiert, ob McVeighs Blick in die Kamera kalt sei oder nicht. Auf jeden Fall registrierten alle Zeugen der Exekution, dass er mit seinem Blick in den Zuschauerraum und auch in die Kamera signalisiert habe, dass er wisse, dass sie sein Sterben beobachten würden, und dass er sie ebenfalls im Blick habe.

Die Presse war in keinem der Zuschauerräume zugelassen. Entsprechend war das Interesse an allen Zeugen, also an den Opfern, die überlebt hatten, und an den Angehörigen, umso größer. Diese verstanden ihren eigenen Zustand als einen der verschärften Beobachtung. Dazu gehörte auch ihr Bewusstsein, dass sie wieder interviewt werden würden.

Wer nun die empathisierenden Positionen nachvollziehen will, kann in diesem Geflecht von Blicken erster und zweiter Ordnung zu Recht jede für möglich halten, vom Vergeben bis zum Sadismus, von der medialen Beobachtung der Beobachter bis zur Identifikation mit McVeigh. Das Nachvollziehen der Emotionen McVeighs während der Hinrichtung war für viele Zeugen zentral. So berichtet etwa eine der Zeuginnen des Ereignisses danach: »Ich bin froh, dass ich ihn von so nahe gesehen habe und alles, denn so wusste ich von seinen Augen und seinem Ausdruck, was er gefühlt hat.«[27] Bemerkenswert ist dabei zugleich, dass McVeigh nach den Aussagen der meisten Beobachter keine Emotionen zeigte.[28] Es ging also um das Erraten von Emotionen und Gefühlen, die nicht zu sehen waren, sondern nur aus der Situation abgeleitet und projiziert werden konnten. Entsprechend differierten die Erlebnisse der Zeugen des Ereignisses immens. Eine Beobachterin etwa hatte eine spiri-

27 »I am glad that I saw him that close up and everything 'cause that way I knew from his eyes and his expression what he was feeling.« Madeira, *Killing McVeigh*, S. 232

28 »We didn›t get anything from his face«, sagt einer der Beobachter. Madeira, *Killing McVeigh*, S. 237.

tuelle Erfahrung der Begegnung, die es ihr erlaubte, McVeigh zu vergeben:

> [...] und plötzlich kam er zu mir [...]. Ich dachte an ihn als Timothy McVeigh, die Seele, und nicht an Timothy McVeigh, den Mann, und ich begann, für ihn zu beten, dass dies seine letzte Chance sei, dies ist sein letzter Atem, und ich betete für ihn, und es hat mich irgendwie überwältigt [...].«[29]

Die Position, in die sich diese Zeugin einfühlt, ist ein Gegenüber McVeighs, welches ihn von seinem Sterben her begreift. Anders gesagt, sie fühlt sich in eine bessere, religiösere Form von sich selbst ein, die vergeben kann.

Während dieses spirituelle Erleben eine Ausnahme war, sind sich viele der Zeugen einig, dass sie sich gewünscht hätten, dass McVeigh stärker leidet. Eine tödliche Injektion schien ihnen zu einfach zu sein: »Ich wollte, dass er ein bisschen leidet.« Oder: »Ich wünschte mir etwas Drastisches.« Oder: »Ich fand nicht, dass es grausam genug war. Es hätte schmerzhafter sein sollen.« »Ich wollte, dass er Schmerzen hat.« »Für mich war es eine Enttäuschung, denn es hat nicht lange genug gedauert. Ich wollte, dass er leidet. Ich wollte, dass er Schmerzen hat, verstehen Sie?«[30] Regelmäßig wurde dabei der Vergleich mit den Todesopfern gezogen, die viel länger zu leiden hatten, oder dem fortdauernden Leiden der Hinterbliebenen. Das Andenken an die Opfer führte im sich eine Strafe Wünschenden zu einer Annäherung des Schicksals von Opfer und Täter: im Leiden zumindest sollten sie sich gleichen.

Hier kommen unsere Überlegungen zur Szene der Strafe und des Fortwirkens der Vergangenheit zum Zuge. Die Ritualisierung der Strafszene erlaubt es, sie wie einen Film als Wiederholung der ersten Tat zu sehen. Der Beobachtung der späteren Strafe wird als

29 »[...] all of [sic] sudden he came to me [...]. I started to think of him as Timothy McVeigh, the soul, and not Timothy McVeigh, the man, and I started praying for him that this is his last chance, this is his last breath, and I prayed for him and it just like overtook me [...].« Madeira, *Killing McVeigh*, S. 237.

30 »I wanted him to do a little sufferin'.« Oder: »I wanted something severe.« Oder: »I don't think it was gruesome enough. It should have been more painful.« »I wanted him to be hurt.« »To me it was a letdown because it didn't last long enough. I wanted him to suffer. I wanted him to hurt, you know.« Madeira, *Killing McVeigh*, S. 254-255.

Matrix die Empathie mit dem Opfer der vorangegangenen Tat unterlegt. Die erste Tat wird zum Skript der zweiten Tat (der Strafe). Möglich oder befördert wird diese Wahrnehmung durch die Beobachterposition, der Zuschauer-Kamera-Perspektive. Ähnlich sind Strafe und erste Untat aus Sicht einer empathisierenden Beobachterposition, die Leiden mit Leiden vergleicht. Diese Perspektive ist nicht auf die moderne Filmkamera angewiesen, vielmehr leistet die ritualisierte Strafe, der Theaterraum des Gerichts, seit Jahrtausenden Ähnliches in der Einübung einer distanzierten, aber empathisierenden Beobachterposition. Der Trick besteht in der Überlagerung der ersten und zweiten Szene, die die gravierenden Unterschiede vergessen macht oder ausblendet.

Selbst in der scheinbar primitiven Logik des Auge-um-Auge-und-Zahn-um-Zahn scheint doch die poetische Gerechtigkeit auf und offenbart insofern eine durchaus komplexe kulturelle Dynamik, die Empathie voraussetzt und vom Opfer auf den Täter überträgt. Insofern scheint es der Exzess der Empathie bzw. der Überschuss an Mitleiden mit dem Opfer (und auch an Selbstmitleid) zu sein, der sich erhält und in der Bestrafung ein neues Ziel sucht. Die fortwirkende Gegenwart der Vergangenheit ist Voraussetzung dieser Form von empathischem Sadismus.

In dieser Überlagerungen der ersten und zweite Szene (von Untat und Strafe) besteht zugleich ein Schutz vor der Verabsolutierung des empathischen Sadismus jenseits der Strafszene. Nur wenn ein erstes Vergehen vorliegt, in dem der spätere Zeuge der Strafe oder der Strafende selbst mit dem Opfer mitempfindet, kann er danach legitim die als ähnlich wahrgenommene Strafe genießen. Die Formel der ethischen oder juristischen Angemessenheit wäre insofern ein kultureller Schutzmechanismus, der den Missbrauch sadistischer Empathie unterbindet. Nicht jeder Schmerz des anderen soll Freude bereiten, sondern nur der Schmerz, welcher in einem angemessenen Verhältnis zum Leiden des Opfers des Bestraften steht.

Zugleich kann man erkennen, dass ein solcher kultureller Schutzmechanismus nicht fehlerfrei funktioniert. Wer sich selbst oder andere als Opfer zu stilisieren weiß, darf genüsslich strafen. Dazu könnte auch eine Dynamik gehören, bei der man sich von »der Gesellschaft« oder einer spezifischen Gruppe schlecht behandelt sieht und nun genüsslich Repräsentaten dieser Gesellschaft oder Gruppe straft. Im Roman des 19. Jahrhunderts »strafen« viele verschmähte Liebhaber die Frauen, die sie nicht erhört haben.

Auch Schadenfreude gehört hierher. Sie ermöglicht, dass der freudige Beobachter einen früheren Triumph des anderen in einer Szene der Konkurrenz mit einem späteren Unglück vergleicht. In diesem Fall würde erneut ein Mechanismus der Angemessenheit angesetzt, doch zugleich würde sich zeigen, wie dieser Mechanismus versagt, denn für die frühere Konkurrenz kann der andere wahrscheinlich nichts. Der Schutzmechanimus der Äquivalenz der poetischen Gerechtigkeit zeigt sich hier offen für mögliches Versagen, denn eine Ausrede, warum ein Feind das schlechte Schicksal oder auch die böse Tat verdient habe, findet sich leicht.

Zu diesen Überlegungen passt eine Hypothese der Hirnforschung, dass Sadisten nicht unbedingt an einem Empathie-Mangel leiden, sondern vielmehr an einem Übermaß an Empathie, das aber nicht in Reaktionen wie das Helfen übersetzt wird.[31] Diese Überlegungen zur Szene der Strafe lassen zudem vermuten, dass auch der Strafende sich weniger als Täter empfindet und sich vielmehr selbst aus der Position eines Beobachters wahrnimmt.

4. Empathische Grausamkeit und sadistische Empathie (Gegenwart)

Der oben zitierte Blogger »Just_that_random_guy« kommt ohne Bezug zur Vergangenheit aus. »Wann immer ich jemanden anschaue und anfange, sadistische Gedanken zu haben, bin ich in der Lage, zu verstehen und zu fühlen, was die andere Person durchmacht […], und das ist es dann, was mich erregt.« Bemerkenswert ist hier zunächst, dass es zwei Erklärungen gibt, warum der Blogger erregt wird: 1) weil der andere leidet und Schmerz empfindet und 2) weil er den anderen versteht bzw. mitfühlt.

Die erste Form des Genießens von Schmerz gilt als empathische Grausamkeit. Empathische Grausamkeit wird verstanden als atypische Reaktion auf das Beobachten von Schmerz, in dem der Beobachter mit Genuss reagiert. In Studien des Gehirns mit Bildverfahren (*brain imaging*) wird beobachtet, wie in solchen Fällen

31 Vgl. Young, »Empathic Cruelty and the Origins of the Social Brain«.

Gehirnregionen, die für Lust und Belohnung zuständig sind, in die Schmerzbeobachtung integriert werden.[32] So hatte der Psychologe Alfred Heilbrun bereits 1982 vorgeschlagen:

Eine Art und Weise, diese Ergebnisse zu interpretieren, besteht in den Begriffen eines sadistischen [...] psychopathischen Modells von Gewalt, in dem das Verursachen von Schmerz oder Stress in einem anderen erregend und bestätigend (lustbringend) ist. Ein solches Modell würde annehmen, dass die Handlungen, die Schmerzen zufügen, eher intentional als implusiv sind und dass empathische Fähigkeiten Erregung und sadistische Bestätigung (Lust) befördern, insofern sie die Wahrnehmung des Schmerzes und des Stresses des Opfers auf Seiten des Psychopathen verstärken.[33]

Die zweite Form des Genießens des Schmerzes könnte als sadistische Empathie-Simulation bezeichnet werden, oder eben kurz als sadistische Empathie, da hier nicht eigentlich der Schmerz das Ziel ist, sondern vielmehr die Erregung eines Zustandes von Empathie.

In beiden Fällen wird Sadismus nicht mit einem Mangel an Empathie bzw. Empathie-Fähigkeit, sondern einem Übermaß bzw. einem Begehren nach Empathie in Verbindung gebracht. In der Tat hat es in den letzten Jahren ein Umdenken gegeben, was eigentlich einen Sadisten und auch einen Psychopathen auszeichne. Lange Zeit herrschte das einfache Bild des gefühllosen Sadisten und Psychopathen,[34] der andere ohne eigene Gefühle quäle. Seit ein

32 Zu einer Übersicht siehe Jean Decety et al., »Atypical Empathic Responses in Adolescents with Aggressive Conduct Disorder: A Functional MRI Investigation«, in: *Biological psychology* 80.2 (2009), S. 203-211.

33 »One way to interpret these results would be in terms of a sadistic [...] psychopathic model of violence in which inflicting pain or distress upon another is arousing and reinforcing (pleasurable). Such a model would assume that acts inflicting pain are more intentional than impulsive and that empathic skills promote arousal and sadistic reinforcement (pleasure) by enhancing the psychopath's awareness of the pain and distress being experienced by the victim.« Alfred B. Heilbrun, »Cognitive Models of Criminal Violence Based upon Intelligence and Psychopathy Levels«, in: *Journal of Consulting and Clinical Psychology* 50, Nr. 4 (1982), S. 546-557.

34 Etwa: Carolyn Zahn-Waxler et al., »Psychophysiological Correlates of Empathy and Prosocial Behaviors in Preschool Children with Behavior Problems«, in: *Development and Psychopathology* 7.01 (1995), S. 27-48; James R. Blair, »Responding to the Emotions of others: Dissociating Forms of Empathy through the Study of Typical and Psychiatric Populations«, in: *Consciousness and cognition* 14.4 (2005), S. 698-718; S. Holt, J. R. Meloy und S. Strack, »Sadism and Psychopathy in Vi-

paar Jahren werden dagegen alternative Erklärungen erwogen, die abweichende Verarbeitungen von Schmerzbeobachtungen vermuten. Ausgegangen wird dabei von neuropsychologischen Befunden zur Beobachtung von Schmerz bei anderen. Das eigene Empfinden von Schmerz und der beobachtete Schmerz bei anderen aktivieren sehr ähnliche neuronale Netzwerke (entsprechend den Vorhersagen des Perception Action Model).[35] Dies ist auch bei Menschen mit sadistischer Veranlagung der Fall wie etwa Jugendlichen im Spektrum der Aggressive Conduct Disorder (CD). Anscheinend gibt es keinen vollständigen Mangel an empathischer Gehirnreaktion, zumindest in Hinsicht auf die prinzipielle Ähnlichkeit der Gehirnaktivitäten im Schmerzverstehen. Stattdessen scheinen die Jugendlichen in diesem Spektrum eher eine verstärkte Schmerzwahrnehmung zu haben.[36] Die Differenzen der Gehirnaktivität, sofern sie bisher registriert worden sind, beziehen sich dann auf andere beteiligte Gehirnregionen. Bei den Jugendlichen im CD-Spektrum wird eine Reihe von anderen Gehirnregionen anscheinend nicht aktiviert, die bei anderen Jugendlichen involviert war.

Wie genau dies zu interpretieren ist, bleibt aber in vielerlei Hinsicht fraglich.[37] Wird die empathische Schmerzbeobachtung deshalb mit Lust besetzt, weil sie schlicht eine starke Bewegung und Erregung des Systems bedeutet? Kann die empathische Beobachtung ähnlich wie bei ästhetischen Prozessen distanziert genossen werden, so dass die Differenz zwischen imaginärem anderen und menschlichem Gegenüber zugunsten Ersterem verschwunden ist?[38] Oder ist die Schmerzbeobachtung lustbringend, weil sie ein empathisches Verstehen und vielleicht eine Identifikation des sonst verschlossenen anderen impliziert (wie bei »Just_that_random_guy«),

olent and Sexually Violent Offenders«, in: *Journal of the American Academy of Psychiatry and the Law*, 27 (1999), S. 23-32; K. A. Kiehl und M. B. Hoffman, »The Criminal Psychopath: History, Neuroscience, Treatment, and Economics«, in: *Jurimetrics: The Journal of Law, Science & Technology* 51(4) (2011), S. 355-97.

35 Zu einem Überblick siehe Philip L Jackson, Pierre Rainville und Jean Decety, »To what Extent Do We Share the Pain of others? Insight from the Neural Bases of Pain Empathy«, in: *Pain* 125.1-2 (2006), S. 5-9.

36 Decety et al., »Atypical Empathic Responses in Adolescents«.

37 Siehe auch Young, »Empathic Cruelty and the Origins of the Social Brain«.

38 Die Differenz zwischen verschiedenen Formen von »off-line vicarious experience« wird wohl häufig unterschätzt, siehe F. de Vignemont und P. Jacob, »What is it Like to Feel another's Pain?«, in: *Philosophy of Science*, 79, (2012), S. 295-316.

nach dem Motto: »Ich genieße es, dich endlich zu verstehen und mit dir mitzuempfinden«? Ist sie indirekt lustbringend, weil sie eine Kontrolle von Empathie bedeutet nach dem Motto: »Ich fühle dich, aber muss nichts für dich tun«?

All diese Möglichkeiten können im Spiel sein. Man kann allerdings annehmen, dass zumindest ab einem gewissen Punkt, wenn der Schmerz des anderen mit Lust besetzt oder assoziiert wird, ebendieser Schmerz gesucht wird. Und insofern die empathische Schmerzerfahrung dabei zum Ziel wird, kann man sagen, dass Empathie um der Empathie willen genossen wird. Bekannt ist auch, dass viele Psychopathen gute Manipulatoren anderer sind und über erhöhte Theory-of-Mind-Fähigkeiten verfügen.[39] Insofern kann es nicht verwundern, dass sie diese Fähigkeiten in den Dienst jenes Ziels stellen, also ihre manipulatorischen Fähigkeiten verwenden, um anderen zu schaden und deren Schmerz mitzuempfinden.

Natürlich sind nicht alle Sadisten Psychopathen. Es soll im Folgenden untersucht werden, ob eine gewisse Dosis von Sadismus nicht nur Alltagserscheinung, sondern auch ein allgemein menschliches Phänomen ist.

5. Manipulative Empathie (Zukunft)

Der empathische Sadismus kann auch auf die Zukunft bezogen werden, sowohl in der Form der reinen Antizipation als auch in der einer aktiven Manipulation der Situation des anderen. Diese Manipulation der Situation eines anderen steht dabei in großer Nähe zu der eben diskutierten empathischen Grausamkeit und der sadistischen Empathie in der Gegenwart. Was nun aber hinzukommt, ist die planende, zielgerichtete Handlung, die den anderen in eine Situation führen soll, die ihn oder sie emotional berechenbar macht. Genossen werden kann dabei nicht nur die Lesbarkeit des anderen, sondern auch die richtige Vorhersage, wie er sich fühlen wird.

Manipulative Empathie soll dabei verstanden werden als das

39 C. L. Harenski, K. A. Harenski, M. S. Shane und K. A. Kiehl, »Aberrant Neural Processing or Moral Violations in Criminal Psychopaths«, in: *Journal of Abnormal Psychology* 21 (2010), S. 1-12.

Herbeiführen einer Situation für den anderen mit dem Ziel, dass die Emotionen und Gedanken des anderen in dieser Situation imaginär miterlebbar und verständlich werden. Diese Definition erlaubt es, auch über die offensichtlich sadistischen Handlungen hinaus zu blicken. Auch positiv sanktioniertes Verhalten wie das Schenken passt in diese Definition. Wer ein Geschenk macht, tut dies häufig mit dem Gefühl, dem anderen eine Freude zu bereiten oder ihn zu überraschen. Dies gibt einen Fingerzeig auf eine egozentrische Tendenz des Schenkens. Von hier kommt man mehr oder weniger schnell in den Bereich der Manipulation. Man will den anderen in eine Situation führen, in der seine oder ihre Reaktion empathisch durchscheinend wird.

Überhaupt gibt es wohl eine »ästhetische« Tendenz im Alltag, wonach wir unsere Aufmerksamkeit deutlicher auf derartige Situationen richten, in denen wir andere besser verstehen und nachempfinden können, und ebendiese Situationen herbeizuführen versuchen. Ein weites Spektrum an Verhaltensformen auch des Alltags passt hierher, die je nach Kontext mehr oder weniger akzeptiert und toleriert sind. Ins »positive« Spektrum fallen dabei neben dem Schenken und Überraschungen-Bereiten auch pädagogische Formen der Empathie, etwa wenn jemand an dem Augenblick der Erkenntnis seiner Schüler partizipiert. Auch das Mitteilen einer positiven (aber auch negativen) Nachricht kann hierher gehören.

Als eher oder deutlich »negative«, aber alltägliche Formen sind unter anderem zu nennen: das Moralisieren, Sticheln, Kritisieren, Bevormunden, Auf-die-Probe-Stellen, Mobbing, Abmahnen, Druckmachen etwa bei Angestellten oder in Ausbildungsverhältnissen, Erpressen, Falsche-Hoffnung-Machen und Enttäuschen, die Ironie, der Sexismus, alle möglichen Formen des In-die Enge-Treibens, Nötigungen auch in subtiler Form und das peinliche Bloßstellen eines anderen.

Keine dieser Verhaltensformen muss als sadistische Empathie verstanden werden, doch man kann sich fragen, was die Motivation etwa für das übermäßige Kritisieren eines anderen ist, wenn nicht das empathische Mitempfinden der Pein des anderen. Und natürlich kann etwa Ironie auch durchaus Teil eines gepflegten Tones sein, in der beide Seiten den Dialog als Spiel auffassen. Ironie, aber auch das Sticheln kann dazu dienen, mehrere Dialogpartner auf die gleichen Emotionen und auf die Lesbarkeit gespielter Emotionen einzuschwingen. Sie können mithin Teil eines intimen und insofern verbindenden Dialogs sein.

Dennoch zeichnet all diese und verwandte Verhaltensformen ein einengender Vorstoß hinsichtlich der Situation des anderen aus. Die Betonung muss dabei gar nicht auf dem konkreten und genauen Verstehen des anderen beruhen. Es genügt schlicht das Nachvollziehen, *dass* der andere emotional auf die Situation reagiert.

Es ist bei diesen alltäglichen Formen der sadistischen Empathie kein Zufall, dass sie unter einem Deckmantel stattfinden. Der Chef oder Lehrer gibt sich den Anschein, dem anderen helfen zu wollen. Der Ironisierende geht ein intellektuelles Spiel ein. Der Moralisierende kann auf das Allgemeinwohl verweisen.

Scham spielt in der manipulativen Empathie eine große Rolle, denn der sich Schämende ist besonders lesbar. Scham kann ja auch wie im Fall des Errötens und ähnlich den Tränen eine scheinbar eindeutige körperliche Lesart des anderen erlauben.[40] Zudem involviert die Szene der Scham dabei die Öffentlichkeit und das Beobachtetwerden. Ähnlich wie bei der Szene der Strafe sind in solchen Szenen die unterschiedlichen Rollen, Perspektiven und Positionen besonders durchlässig füreinander, so dass der Beobachter leicht die Scham des anderen mitempfinden kann (ebenso wie der sich Schämende bereits die Position des Beobachters mitdenkt).

Auch Aschenputtels Schwiegermutter gehört in das Spektrum der manipulativen Empathie. Sie kippt die Erbsen und den Reis aus, weil sie weiß, dass dies Aschenputtels Traum, am Ball teilzunehmen, zerstört. Die Vorstellung, wie Aschenputtel sich am Sortieren der Hülsenfrüchte abarbeitet, bis sich die Einsicht und Enttäuschung breitmacht, dass sie es nicht schaffen kann, macht sie Schritt für Schritt lesbarer.

Es gibt eine große Bandbreite an Formen dieser manipulativen Empathie und einer entsprechenden schillernden Vielfalt an möglichen moralischen Bewertungen. Man denke etwa an die von Lisa Zunshine vorgeschlagene literarische Figur des empathischen sadistischen Förderer (»empathic« oder »sadistic benefactor«), der ande-

40 Im 18. Jahrhundert wurden die scheinbar eindeutigen körperlichen Zeichen von Emotionen als Medium menschlicher Gemeinsamkeit und Kommunikation entdeckt. Siehe Albrecht Koschorke, *Körperströme und Schriftverkehr: Mediologie des 18. Jahrhunderts*, München: Fink, 2003.

re ins Leiden führt, um ihnen am Ende zu helfen.[41] Man weiß bei derartigen Figuren am Ende nicht, ob sie das Leiden empathisch genießen wollen und die Verbesserung der Umstände des anderen am Ende nur eine Art Alibi ihrer Lust ist oder ob sie das Ziel fest vor Augen haben und das Leiden nur schlicht als Schritt sehen (eines der Beispiele von Zunshine ist Jean-Jacques, der imaginäre Erzieher in Jean-Jacques Rousseaus *Emil*, der zwar als wohlmeinend angelegt ist, aber durchaus auch sadistische Tendenzen zeigt).

Eine ähnliche Figur wie der sadistische Förderer ist der sadistisch-empathische Fürsprecher (»advocative exploitative empathy«[42]). Der Fürsprecher fühlt mit dem Leidenden und ergreift dessen Partei, um dann in ebendieser Rolle als Fürsprecher Genuss und Bestätigung zu finden. Gerade weil das Leiden des anderen Voraussetzung der Rolle des Fürsprechers ist, kann dies den paradoxen Effekt haben, dass der Fürsprecher sowohl eine Änderung zum Besseren wünscht als auch eine Verlängerung des Leidens anstrebt, um sich in seiner Rolle zu bestätigen. (Der sadistisch-empathische Fürsprecher kann dabei auch als Figur des Lesers von literarischen Texten oder des Rezipienten von Filmen in Betracht kommen. Der Beobachter versteht das Leiden, empört sich über die Ungerechtigkeit, wünscht durchaus die Besserung und wird in Gedanken zum Fürsprecher des Leidenden, genießt dabei aber auch mehr oder weniger heimlich sein eigenes Mitempfinden und sein eigenes Fürsprechertum auf Kosten des anderen.)[43]

Die beiden letzten Figuren deuten an, dass sadistische Empathie (vor allem die zukunftsbezogenen Varianten) mit positiven Tendenzen der echten Fürsorge gepaart werden kann. Das Einschreiten oder die echte Hilfe kann als Maskerade und Vertuschung der geheimen empathischen Lust fungieren. Ein sadistischer Empathiker kann den Moment des Einschreitens hinauszögern. Natürlich soll

41 Lisa Zunshine, *Getting Inside Your Head: What Cognitive Science can Tell Us about Popular Culture*, Baltimore: Johns Hopkins UP, 2012, S. 45-53.

42 Fritz Breithaupt, »Empathic Sadism. How Readers Get Implicated«, in: Lisa Zunshine (Hg.), *Oxford Handbook for Cognitive Literary Studies*, Oxford: Oxford UP, 2015, S. 440-462.

43 Zu Kalkulationen bezüglich der eigenen Involviertheit als Leser vgl. auch William Flesch, »Reading and Bargaining«, in: Lisa Zunshine (Hg.), *The Oxford Handbook of Cognitive Literary Studies*, Oxford: Oxford UP 2015, S. 369-386.

dies nicht heißen, dass jeder Helfer tatsächlich sadistische Empathie kultiviert. Nicht einmal kann das heißen, dass jemand, der einen helfenden Beruf aus diesem Grund ergreift, prinzipiell verwerflich handelt. Im Gegenteil kann jemand mit dieser Motivation durchaus viel Gutes tun, solange es ihm oder ihr gelingt, die Leidenden nicht auf ihre Opferrolle festzulegen. Man sollte hier vorschnelle Urteile vermeiden.

Ist diese Tendenz zur manipulativen Empathie nun ein Indiz für die Richtigkeit der Hypothese dieses Kapitels – nämlich dass wir deshalb zu Sadisten werden können, *weil* wir andere verstehen oder mit ihnen fühlen wollen? Ein Indiz ja, aber ein Beleg wohl nicht. Denn natürlich kann man etwa einwenden, dass mit dem Leiden des anderen auch die Macht des Beobachters verbunden ist und dass es schlicht um diese Macht geht, nicht um Empathie. Oder man kann das Gewicht, statt auf das *empathische Verstehen* des anderen, auf eine sonderbare Umwertung des mitempfundenen Schmerzes in Lust deuten.

Kommen wir zu dem drastischen Fall des »empathischen Vergewaltigers« zurück. In der Populärliteratur wurde lange Zeit unterstellt, es gehe dem Vergewaltiger nicht um Sexualität, sondern um Dominanz.[44] Lange Zeit wurde auch vermutet, dass Vergewaltiger wenig sympathetische Empathie haben können. Empathie-Training wurde entsprechend als Mittel zur Rehabilitation von Kriminellen vorgeschlagen.[45] Doch inzwischen hat sich dieses Bild verkompliziert. Yolanda Fernandez und W. L. Marshall haben gezeigt, dass in einer Gruppe von 27 inhaftierten männlichen Vergewaltigern und 27 Häftlingen, die kein Sexualdelikt begangen hatten, die Vergewaltiger mehr Empathie für Frauen im Allgemeinen hatten (gemessen mit den klassischen Fragebogen für Psychopathie und einem spezifischen »Rapist Empathy Measure«).[46] Allerdings hatten sie weniger Empathie für ihre spezifischen Opfer. Letzteres kann

44 Kritisch auch: Kimberly A. Lonsway und Louise F. Fitzgerald, »Rape Myths in Review«, in: *Psychology of Women Quarterly* 18.2 (1994), S. 133-164.

45 William D. Pithers, »Empathy Definition, Enhancement, and Relevance to the Treatment of Sexual Abusers«, in: *Journal of Interpersonal Violence* 14.3 (1999), S. 257-284.

46 Yolanda M. Fernandez und W. L. Marshall, »Victim Empathy, Social Self-Esteem, and Psychopathy in Rapists«, in: *Sexual Abuse: A Journal of Research and Treatment* 15.1 (2003), S. 11-26.

natürlich unterschiedlich gedeutet werden, etwa als Defizit oder aber als Schuldverminderungsstrategie ex post.

Die Frage, die ich zumindest in den Raum stellen möchte, lautet, ob bestimmte Formen von Empathie hier nicht auch direkt einen negativen Effekt haben könnten. Der Vergewaltiger will mit seiner Tat Empathie simulieren. Das leidende Opfer kann er verstehen, er kann mitfühlen. Und da er selbst alle Taten ausführt, hat er damit die Kontrolle über die Gefühle des anderen. Auch in dem schrecklichen Leiden des oder der anderen kann er den Genuss des Verstehens des anderen und die Intensität empathisch zelebrieren. Ein gewisser Empathie-Mangel passt durchaus in dieses Bild, so dass die Vergewaltigung zum extremen Mittel der Simulation von Empathie wird, denn in dieser Situation »versteht« jeder das Leiden des anderen.

Besonders hinterhältig ist auch die Tendenz, die Vergewaltigung zu beschönigen oder dem Opfer einen Teil der Schuld zuzuschieben, da es etwa aufgrund seiner Kleidung die Vergewaltigung provoziert habe.[47] Viele Vergewaltigungsdelikte werden auch erst seit kurzem geahndet, wie die Vergewaltigung in der Ehe, oder in der Praxis schlicht nicht verfolgt. In vielerlei Hinsicht werden die Opfer sexueller Gewalt kulturell tabuisiert, und sie empfinden oft in einem derartigen Ausmaß Scham, dass sie das Vergehen nicht anzeigen. Zudem wurden dem gesamten polizeilichen, juristischen und öffentlichen Prozess lange Zeit und wohl zu Recht auch jetzt noch diverse Vorwürfe der Verharmlosung und Vertuschung gemacht kann. Das Wort von der »zweiten Vergewaltigung« durch den institutionellen Prozess kann durchaus seine Berechtigung haben.

Unter den vielen Formen der Verharmlosungen ist eine für diese Untersuchung besonders frappant, nämlich die narrative Darstellung von Vergewaltigungen. Im »klassischen Fall« der Vergewaltigung der Frau durch einen oder mehrere Männer findet sich in den

47 Marnie E. Rice, »Empathy for the Victim and Sexual Arousal among Rapists and Nonrapists«, in: *Journal of Interpersonal Violence* 9.4 (1994), S. 435-449. David Lisak und Carol Ivan, »Deficits in Intimacy and Empathy in Sexually Aggressive Men«, in: *Journal of Interpersonal Violence* 10.3 (1995), S. 296-308. Auch: W. L., Marshall und Heather Moulden, »Hostility toward Women and Victim Empathy in Rapists«, in: *Sexual Abuse: A Journal of Research and Treatment* 13.4 (2001), S. 249-255.

Darstellungen in Film und Literatur zwar eine Reihe von narrativen Bögen, die aber regelmäßig in der weiblichen Bejahung enden, etwa im Ausdruck der Lust nach anfänglichem Widerstand. Dieses Vergewaltigungsnarrativ findet sich etwa in dem Kinowelterfolg *Gone with the Wind* (1939). Dort kommt es zu einem Streit zwischen Scarlett O'Hara und ihrem Mann, Rhett Butler. Dabei hält er ihren Kopf fest zwischen seinen Händen und sagt wütend-inbrünstig und von Eifersucht geplagt, er müsse wissen, was in ihrem Kopf vorgeht. Dann schleppt er sie unter dramatischem Widerstand und entsprechender Musik ins Schlafzimmer. Es besteht kein Zweifel, was dort passieren wird. Dann kommt ein Schnitt und wir sehen ihr Gesicht in Großaufnahme: Zufrieden und glücklich wacht sie an einem sonnigen Tag auf.

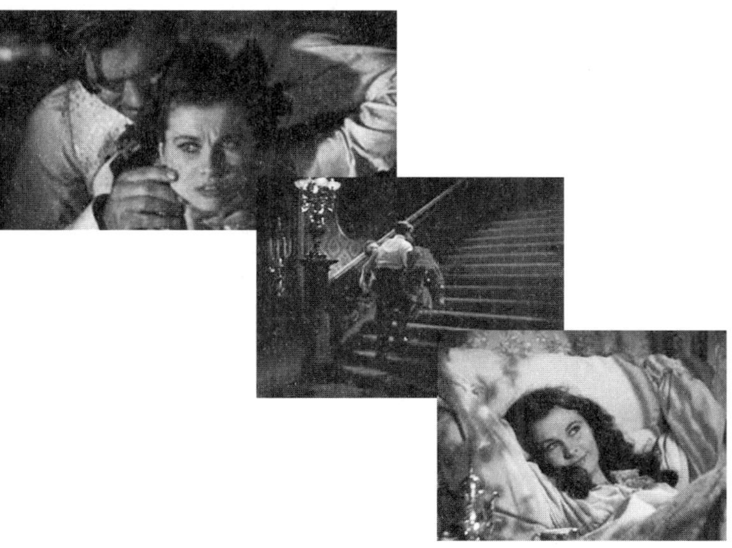

Abb.: Zu den bekanntesten Filmen mit einer impliziten Vergewaltigung gehört *Gone with the Wind* von 1939. Rhett Butler gerät in Verzweiflung, weil er die Gedanken und die Liebe seiner Frau Scarlett O'Hara nicht kontrollieren kann, misshandelt sie und schleppt sie ins Schlafzimmer. Schnitt und Großaufnahme: Sie wacht frisch und froh auf.

Das narrative Muster geht regelmäßig von dem brutalen Angriff zur gewalttätigen Überwindung des Widerstands des weiblichen Opfers und zum *Happy End* mit Lustempfinden und damit einer impliziten Affirmation der Vergewaltigung. Natürlich gibt es diverse Variationen und auch künstlerische Versuche, dieses Muster aufzubrechen, denn es legitimiert und ästhetisiert die Untat.[48] Doch die Persistenz des Musters ist sehr deutlich.

Um hier empirische Daten über die Verbreitung des Musters anzugeben, müsste man sich auf ein Archiv einigen. Eine meiner Studentinnen hat den Vorschlag gemacht, die Sammlung erotischer Geschichten im Internet bei »Literotica« zu durchsuchen. Dort können Nutzer nach Belieben erotische und vor allem pornographische Geschichten platzieren. Eine der größten Sammlungen mit derzeit (2016) nahezu 20 000 Geschichten (!) findet sich unter dem Stichwort »non-consent« (ohne Einverständnis, sprich: Vergewaltigung). Meine Studentin schätzt, dass weit mehr als die Hälfte der dort deponierten Geschichten diesem Muster entsprechen dürften. Natürlich muss man hier berechtigte Zweifel über die Aussagekraft dieser Werte haben. Zum einen sind diese Geschichten eben nicht authentische Geschichten von Vergewaltigern, sondern Fantasie-Produkte. Sie sind auch nicht alle von freiwilligen Nutzern geschrieben, sondern zumindest zum Teil bezahlte Auftragsarbeit. Meine Studentin erzählte mir, dass sie dort Geschichten deponiert, um ihr Studium zu finanzieren (die Internetseite schaltet Werbung für diverse Sexprodukte). Zudem sind diese Geschichten sicherlich auf ihre Leser hin geschrieben, die eine versöhnliche Verharmlosung am Ende begrüßen dürften.

Trotzdem müssen wir uns fragen, was dieses narrative Muster leistet. Neben der Verharmlosung kommt ein zweites Motiv in Betracht, welches sich aus den Spekulationen zur Empathie ergibt. Auch der Vergewaltiger handelt vielleicht nicht trotz, sondern aufgrund von Empathie und unternimmt den Versuch, die andere zu verstehen. In dem Opfer erkennt sich der empathische Vergewaltiger selbst. Er versteht die Gefühle des Opfers in der essentiellen Notsituation. Dies kann er (anders wohl als die meisten Menschen) positiv verarbeiten, etwa als Freude über das Verstehen.[49] Dieser

48 Vgl. Lynn A. Higgins und Brenda R. Silver, *Rape and Representation*, New York: Columbia UP, 1991.

49 Vielleicht verwandt ist das Phänomen, dass die Leser von narrativen Texten, die

Umdrehung des extremen Leidens in positive Gefühle wiederum entspricht die Reaktion eines Opfers, das am Ende selbst Lust empfindet oder die Untat zumindest bejaht. Insofern kann der empathische Vergewaltiger sich doppelt in dem Opfer wiederfinden. Erst simuliert er Empathie durch das Zufügen von Leiden, denn er kann die Gefühle des Opfers korrekt erkennen und insofern »mitfühlen«. Das erweckt Freude, Lust. Dann kann er ebendiesen Umschlag von Leid zu Lust in dem imaginierten Opfer wiederfinden, das nun seinerseits Lust empfindet. Das Opfer legitimiert ihn nicht nur, sondern nimmt ihm die Arbeit der Empathie ab, indem es sich seinen Gefühlen anpasst (aus Unlust wird Lust) und damit erneut emotional zugänglich wird.

Es ist wohl zu betonen, dass dies nur Spekulationen zu einem ernsten Thema sind. Ihr Ziel ist es, das sei erneut betont, keineswegs, Straftäter zu entschuldigen. Im Gegenteil, es geht um das Verstehen dessen, was sie antreibt, und mithin um Prävention. Außerdem wäre Empathie ja auch kein Entschuldigungsgrund, denn gerade ein empathischer Mensch wüsste ja, was er tut. Es gibt wohl verschiedene Typen von Vergewaltigern. Und ob der empathische Vergewaltiger dazu gehört oder ein reines Fantasieprodukt ist, sei dahingestellt. Doch als Fantasieprodukt scheint er zumindest in Literatur und Film zu existieren, denn die Häufigkeit von Vergewaltigungen mit positivem Ende von Hollywood-Filmen bis zur Literatur ist frappierend und bietet eine solche Interpretation an. Zudem befördert die Präsenz dieses narrativen Musters der Vergewaltigung mit positivem Ende eine allgemeine Kultur der Vergewaltigung. Dass es die Opfer sind, mit denen es gilt Sympathie, Geduld und vielleicht Empathie zu haben, muss hier nicht betont werden.

In allen Formen der sadistischen Empathie von der Strafe bis zur Manipulation haben wir, trotz aller Unterschiede, beobachtet, dass sich in ihnen ein Genuss der negativen Emotionen eines anderen ausdrückt. Die meisten akademischen wie journalistischen Beobachter dieses Phänomens haben in Fällen der empathischen Grausamkeit von einer Perversion gesprochen, in der der wahrge-

besonders absorbiert sind, auch bei Darstellungen von Vergewaltigungen engagiert bleiben und ein positives Moment zu erkennen versuchen, siehe Emy M. Koopman, Michelle Hilscher und Gerald C. Cupchik, »Reader Responses to Literary Depictions of Rape«, in: *Psychology of Aesthetics, Creativity, and the Arts* 6.1 (2012), S. 66.

nommene Schmerz irgendwie als Genuss empfunden werden kann. In diesem Kapitel haben wir eine andere Interpretation sadistischer Empathie stark gemacht, nämlich dass sich in ihr ein Genuss des Verstehens des anderen und der vereinfachten Einfühlung manifestiert. Genossen wird nicht direkt der Schmerz, sondern die durch den Schmerz ermöglichte Transparenz des anderen. Im Schmerz und Leid oder auch der Manipulation des anderen weiß der Beobachter, wie der andere sich fühlt, und kann sich an dessen Stelle versetzen.

Wir haben dieses Phänomen in Anlehnung an den Schlachtruf »L'art pour l'art« als Empathie um der Empathie willen bezeichnet. Empathie wird zum Selbstzweck unabhängig von Überlegungen hinsichtlich des Wohlbefindens des anderen. In den oben diskutierten Fällen führt die sadistische Empathie zu einer Ermächtigung des empathischen Beobachters, da er oder sie die Gefühle des anderen kontrolliert, dominiert und daher versteht. Insofern kann die Empathie um der Empathie willen auch als Mittel zur Selbstermächtigung verstanden werden. Doch anders als das Erklärungsmuster des gefühllosen Sadisten oder Soziopathen es vorschlägt, geht es hier um mehr als die Frage der Macht. Es geht hier, so wurde betont, sowohl um das Verstehen als auch um das Miterleben von Gefühlen.

In den dargestellten Formen der sadistischen Empathie kommt es trotz des empathischen Miterlebens daher nicht zu den Handlungen, die dem anderen helfen (oder nur verzögert wie im Falle des »sadistic benefactor«). Es fehlen aktives Mitleid und Fürsorge, es fehlt die Tat zur Unterbrechung der Leidenssituation. Manche Grausamkeiten oder alltäglichen Formen der Unterdrückung sind insofern wohl weniger durch einen Mangel an empathischem Mitempfinden gekennzeichnet als vielmehr durch das Fehlen (oder die Blockade) der Übersetzung des Mitempfindens in Fürsorge. Eine Phase der Empathie wird als Gefühl und Miterleben genossen, festgehalten, ohne in andere Formen von Empathie und prosoziales Handeln übersetzt zu werden.

Diese Gedanken legen erneut nahe, dass es sich bei Empathie um verschiedene Phasen und Stufen handelt, die bewusst oder unbewusst durchlaufen, blockiert oder festgehalten werden können. Wir werden im abschließenden Kapitel dieses Kapitels spekulativ ein entwicklungspsychologisches Modell der sadistischen Empathie entwerfen.

6. Entwicklungsstadien der sadistischen Empathie

Sadistische Empathie kann durchaus als Meisterung der eigenen Gefühle beschrieben werden. Wie bei jedem anderen sozialen Gefühl ist anzunehmen, dass auch sadistische Empathie erworben und erlernt wird. Über dieses Erwerben und Lernen wissen wir aber bisher sehr wenig, zumindest in Bezug auf das, was hier sadistische Empathie genannt wird. Wenn wir statt von dem Fall der sogenannten Psychopathen oder Soziopathen, denen im Regelfall aber nicht zwangsläufig eine Jugend voller Vernachlässigungen und Gewalt unterstellt wird, von der normalen oder alltäglichen sadistischen Empathie ausgehen, sind wir nur auf Spekulationen angewiesen. Aus der allgemeinen Literatur rund um Phänomene des Sadismus lernt man schnell, dass Gewalt und Überlegenheit dabei eine Rolle spielen könnten.

Erlauben wir uns also eine spekulative Herleitung. Sie ist allerdings nicht nur spekulativ, sondern zugleich auch anekdotisch, insofern ich sie im eigenen Hause leicht abgewandelt bei meinen Kindern und auch bei anderen Kindern beobachten konnte. Drei Geschwister unterschiedlichen Alters spielen. Die Dinge spitzen sich zu, ohne aber direkt zu einem Streit zu führen. Eines der Kinder drückt ein anderes auf dem Sofa fest. Es scheint nicht schmerzhaft zu sein, aber das andere Kind kann trotz einigen Ringens und Rangelns nicht mehr aufstehen. Der Unterlegene kann »aufgeben«, und je nach Laune lässt der Überlegene den Unterlegenen dann frei oder aber zögert die Befreiung weiter hinaus. Tränen gibt es selten, häufiger auch vergnügtes Lachen der Unterdrückten. Dennoch kommt es auch vor, dass der Unterlegene deutlich gestresst ist. Die Kinder spielen dieses »Spiel« immer wieder, es wird geradezu ritualisiert. Was ist das Vergnügen der Unterdrücker an diesem Spiel? Hier scheint mir eine Reihe von verschiedenen Möglichkeiten in Betracht zu kommen.

Das jüngste Kind genießt die Dominanz vielleicht, schlicht weil es dominant ist und eine ältere Schwester besiegt. Es feiert seine Stärke. Dazu braucht es keine Empathie, wobei auch die einfache Dominanz wohl ein deutliches Verständnis beinhaltet, dass das unterdrückte Kind leidet. Aber eine direkte Empathie und eine aus der Empathie stammende Lust ist wohl nicht notwendig, es reicht ein »Ich bin so stark! Schaut, wie stark ich bin«. Als Bestätigung hofft das jüngste Kind auf ein Aufgeben des älteren.

Das zweite Kind könnte hingegen die Unterdrückung des jüngeren Bruders genießen. Die ältere Schwester weiß bereits, dass sie stärker ist, so dass der bloße Sieg wohl weniger Anlass zur Freude ist. Stattdessen kann das ältere Kind sich hier freuen über die Beherrschbarkeit der Gefühle des jüngeren Bruders. Das ältere Kind lernt, dass es nicht nur die physische Situation, sondern auch die emotionale beherrschen, kontrollieren und korrekt vorhersagen kann. Das Motto ist hier: »Ich kann starke Gefühle in dir erwecken!« und mit Rückbezug auf die eigene Leistung: »Ich bin so schlau, dass ich weiß, wie du dich fühlst, wenn ich dies mit dir mache.« In der Tat spricht das ältere Kind auch gerne das jüngere an, um seine Einsicht zu kommunizieren: »Gell, das ist fies, nicht?« Typischerweise hört das ältere Kind sehr schnell auf, wenn das jüngste Zeichen des Leidens gibt oder das Ziel der korrekten Vorhersage erfolgt ist und von dem jüngeren bestätigt wurde.

Das älteste Kind kann das Gewinnen ebenfalls erwarten und hat wahrscheinlich bereits die Lektion der mittleren Schwester gelernt. Sie kann die Gefühle ihrer Geschwister korrekt vorhersagen und ist meistens nicht mehr an dem Spiel interessiert. Trotzdem kommt es vor, dass auch sie dieses Spiel wieder spielt. Dabei ist eines auffällig. Sie selbst bestimmt, wann sie aufhört, und zeigt sich unbeeindruckt von dem Aufgeben oder den Leidensbekundungen der Jüngeren. Der Appell der Unterdrückten prallt an ihr ab. Eine Möglichkeit der Deutung dieses Verhaltens ist, dass sie mit dem Spiel lernt, ihre Empathie zu unterdrücken und zu kontrollieren. Ihr Motto könnte sein: »Natürlich spüre ich deine Schmerzen, aber sie bewegen mich nicht.« Zu dieser Kontrolle gehört dann, dass sie bestimmt, wann das Spiel zu Ende ist, und sich diese Entscheidung von dem Gejammere des Unterlegenen nicht diktieren lässt. (Eine andere Deutung wäre, dass die Älteste hier mitdenkt, dass sie von einem Elternteil beobachtet wird, und auch ihnen gegenüber Dominanz signalisieren will.) Das älteste Kind internalisiert das Spiel der Dominanz und wandelt es um in eine Form der Selbst-Beherrschung und damit Selbst-Bestätigung.

Inwiefern dieses hier überzeichnete Spiel der Kinder tatsächlich verallgemeinert werden kann, bleibt sicherlich fraglich. Aber vielleicht können wir hier in der Tat eine allgemeine spekulative

Entwicklung vorschlagen, die das emotionale Verstehen anderer an einen gewissen Sadismus, eine Manipulation oder Unterdrückung koppelt:[50]

1) Eine Person nimmt eine andere gefangen, manipuliert sie.
2) Dadurch wird die emotionale Reaktion des anderen auf seine Situation berechenbar für den Manipulator.
3) Diese Berechenbarkeit und auch das Leiden des Gefangenen erlauben, simplifizieren und starten Empathie (im Sinne von Theory of Mind).
4) Der Manipulator erlebt die Emotionen (auch das Leiden) des anderen mit.
5) Der Manipulator blockiert oder unterdrückt den geteilten Schmerz.
6) Der Manipulator erlebt Lustgewinn über 1), 2), 3), 4) oder 5) und Kombinationen von ihnen. Von Empathie kann nur im Falle von 2)-5) gesprochen werden.

Dieses Schema zeigt nicht nur ein mögliches Entwicklungsmodell sadistischer Empathie, es könnte zugleich eine der Grundformen des Lernens von Empathie überhaupt beschreiben. Das andere Grundmodell, welches gerne unterstellt wird, besagt, dass das Kind eigenes Leiden erfährt und später in der Lage ist, bei anderen in ähnlichen Situationen ähnliches Leid zu erkennen. Doch warum sollte man anderen Leiden zugestehen? Das engt den eigenen Handlungshorizont ein. Das hier vorgelegte Schema des Erlernens sadistischer Empathie offenbart die Attraktion, die für einen Menschen darin liegen kann, Empathie mit Sadismus zu verbinden. Das Kind selbst kann in jedem Schritt dieses Lernprozesses Freude und Lust empfinden und wird somit schnell für seine Taten belohnt. Überhaupt wird dabei angenommen, dass das Kind selbst lernt und insofern die Hoheit über sein Lernen besitzt. Sadistische Empathie bietet hier also einen Lern- und Souveränitätsvorteil gegenüber der altruistischen Empathie.

Diese letzten Gedanken sind ohne Ironie artikuliert. Das heißt aber natürlich nicht, dass wir diese einfache oder natürliche Entwicklung zur sadistischen Empathie gutheißen müssen oder sollten. Im Gegenteil: Es gilt vielmehr zu verstehen, dass es innerhalb

50 Vgl. zu diesen Ausführungen Fritz Breithaupt, »Empathy for Empathy's Sake: Aesthetics and Empathic Sadism«, in: Aleida Assmann und Ines Detmers (Hg.), *Empathy and its Limits*, New York: Palgrave, 2016, S. 151-165.

der Entwicklung von Empathie wenige Kontrollen gibt, die derartige sadistische Formen von Empathie ausschließen können. Stattdessen müssen wir nicht auf Erziehung zur Empathie, sondern zur Moral und Fürsorge als Gegengewicht bauen. Dazu mehr am Ende des Buches.

V. Vampirismus

1. Helikopter-Eltern, Stalker, Fans und das Leben durch andere

In vielen der bisher untersuchten Fälle ist Empathie zeitlich deutlich begrenzt. Häufig kommt es zu Empathie wie zu einem Unfall. Jemand lässt sich halb automatisch auf eine Situation ein und wird dann von Empathie übermannt. Wir ergreifen Partei, sehen die Dinge aus einer Perspektive und lassen sie dann wieder fallen. Wir haben starkes Mitgefühl mit jemandem in Not und sind dann froh, wenn es ihm bessergeht und wir uns zurückziehen können. Etwas anders lag der Fall bei sadistischer Empathie, in der jemand einen anderen gezielt einengen und dadurch emotional sowie kognitiv verstehen will. Doch auch diese Form der Empathie war prinzipiell auf konkrete und damit zeitlich kurze Situationen ausgerichtet.[1] Im Gegensatz zu diesen kurzen Berührungspunkten stehen langfristigere empathische Relationen, in der wir mit jemandem durchs Leben gehen. In diesem Kapitel geht es nun um Effekte, die in der Regel erst über eine längere Zeitspanne hinweg zustande kommen.

Empathie spielt in den langfristigen Beziehungen in Familie, Freundschaft und Liebe eine nicht zu unterschätzende Rolle. Die meisten Menschen leben in engem Kontakt mit einer relativ überschaubaren Gruppe von Menschen, verbringen ihr Leben in einigen, vielleicht variierenden, Gruppen, haben eine kleine Zahl an mehr oder weniger festen Freunden und einen mehr oder weniger engen Kreis an Liebespartnern. In langfristigen Beziehungen kann das Miterleben mit dem anderen zum Habitus werden. Das heißt zunächst, dass es uns leichter fällt ihn oder sie zu verstehen und seine oder ihre emotionale Reaktionen zu antizipieren, weil wir Ähnliches in der Vergangenheit beobachtet und miterlebt haben. Es heißt zudem auch, dass die Grenze zum anderen schwächer und das Erleben des anderen auch unser Erleben wird. Wir werden gewissermaßen zu *einem* Organismus.

1 Natürlich gibt es durchaus nachwirkende Effekte wie beim Stockholm-Syndrom oder auch bei bestimmten durch Empathie gefestigten Parteinahmen. Doch diese langfristigen Effekte entwicklen die erste Empathie nicht weiter, sondern zeigen schlicht ihr Fortwirken.

Keine Frage, das Miterleben ist eine besondere Fähigkeit. Die Ereignisse im Leben meiner Freunde und Familie betreffen mich unmittelbar. Ihr Leiden ist mein Leiden. Ihre Begeisterung ist meine Begeisterung. Ihre neuen Einsichten und Erfahrungen öffnen auch mir die Augen. Empathie kann zu einem fortdauernden Prozess werden, der das Verstehen, Miterleben mit einem anderen vertieft. Liebe ohne Empathie wäre für die meisten eine traurige Sache. Es ist zudem auch umgekehrt eine der wunderbaren Erfahrungen im Leben, dass wir wichtige Momente im eigenen Leben mit anderen teilen können. Dies gilt über die Gegenwart hinaus auch für Momente der Vergangenheit oder Zukunft, die mitgeteilt werden können. Wir leben in vielen Welten und zugleich in den Welten von vielen. In diesem Punkt sind wir Menschen wirklich Ausnahmewesen und unterscheiden uns von anderen Tieren und intelligenten Maschinen.

Diese Fähigkeit, dass wir mit dem anderen erleben können und durch ihn hindurch Zugriff auf die Welt haben, enthält im Kern auch eine Verlockung, nämlich den anderen gemäß eigenen Wünschen zu programmieren. In einer solchen Programmierung wird der andere zum bloßen Mittel eines Erlebens, das wir uns wünschen. Der andere wird zum Tentakel, mittels dessen jemand die Welt erlebt, ohne dabei den anderen zu berücksichtigen. In den extremen Formen, die uns besonders beschäftigen werden, geht es dabei um Vampirismus. Der andere wird beraubt um seine eigene Erfahrung.

Mancher Leser wird sich dabei im Folgenden fragen, ob wir es eigentlich mit einem Phänomen der Empathie zu tun haben. Man könnte mir vorwerfen, dass ich wie der sprichwörtliche Mensch mit dem Hammer vorgehe, für den alles wie ein Nagel (bzw. wie Empathie) aussieht. Helikopter-Eltern sind zum Beispiel allein durch Empathie nicht erklärt, und auch nicht jeder Stalker handelt mit oder aus Empathie. Trotzdem spielt Empathie in diesen Formen obsessiven Verhaltens eine Rolle, es kann wohl ohne Empathie nicht erklärt werden. Schauen wir also, was wir mit unserem Hammer anfangen können. Vielleicht beschreibt die hier dargestellte Form von Empathie nicht direkt echte Helikopter-Eltern oder obsessive Fans, sondern schafft mit dem Hammer eine Skulptur, die wie jedes Kunstwerk mal näher und mal ferner zur Wirklichkeit steht.

2. Helikopter-Eltern, Stage Mothers und Vampirismus

Seit gut 25 Jahren gibt es in der Erziehungsforschung den Begriff der Helikopter-Eltern.[2] Bezeichnet werden damit Eltern, die metaphorisch dicht über ihren Kindern schweben und ihnen wenig Raum für eigene Verantwortung geben. Anekdotisch berühmt sind Eltern, die sich noch für erwachsene Kinder in der Schule, an der Uni oder im Beruf einsetzen. Die Kinder, die aus dieser Erziehung hervorgehen, lernen spät, selbständig zu sein, sind im Durchschnitt weniger erfolgreich und leiden mit höherer Wahrscheinlichkeit unter Depressionen und Angstzuständen.[3] In der wissenschaftlichen Literatur besteht noch Uneinigkeit darüber, wie dieses Phänomen genau zu beschreiben ist. Doch in der psychologischen Populär- und Ratgeberliteratur wird 20 bis 60 % US-amerikanischer Eltern bescheinigt, sie seien Helikopter-Eltern, und auch in Deutschland wird von einer steigenden Tendenz ausgegangen.[4]

In den populären Darstellungen zu den sogenannten Helikopter-Eltern findet sich häufig ein Hinweis auf die emotionale Instabilität der Eltern, die aus Angst und eigener Unreife ihre Kinder zu eng an sich binden und ihnen Verantwortung für ihr eigenes Leben entziehen bzw. nie zusprechen. Diese Eltern, so heißt es, können ihre Kinder nicht gehen lassen (die Helikoper-Metapher) und sind daher überbeschützend. Betont wird daher meist die überzogene Angst um das Wohl der Kinder. Dies ist eine typische Beschreibung des Phänomens. Doch eine andere, der ersten nicht widersprechende Beschreibung besteht in dem elterlichen Miterleben, der Empathie.

Phänomenologisch gesehen beobachten diese Eltern die Situationen ihrer Kinder genau und antizipieren, was aus ihrer Sicht die beste Entscheidung und das beste Verhalten der Kinder wären, um dann ebendiese Entscheidung oder dieses Verhalten zu bewirken. Es geht dabei wohl typischerweise sowohl um Beschützen als auch

2 Foster Cline und Jim Fay, *Parenting with Love and Logic: Teaching Children Responsibility*, Carol Stream, Ill.: Tyndale House, 2014 [1990].

3 Holly H. Schiffrin et al, »Helping or Hovering? The Effects of Helicopter Parenting on College Students› Well-being«, in: *Journal of Child and Family Studies* 23.3 (2014), S. 548-557.

4 Josef Kraus, *Helikopter-Eltern. Schluss mit Förderwahn und Verwöhnung*, Reinbek: Rowohlt, 2013.

um Leistung. In emotionaler Sicht kann man dabei zwei Ebenen des Miterlebens unterscheiden: Erstens gibt es das Miterleben der unterstellten Gefühle des Kindes, die Freude über Erfolg oder die Frustration über Misserfolg etwa. Dass Kinder ihren Schulerfolg und Misserfolg vermutlich anders empfinden als die Eltern,[5] stört diese nicht, sondern animiert sie vielleicht eher zur Sorge, die Kinder *sollten* doch mehr um ihre Erfolge bangen. Zweitens gibt es sekundäre Emotionen, die aus der Beobachtung einer Differenz von tatsächlichem und erwünschtem Zustand entstehen, wie etwa die Nervosität, die Angst oder die eben genannte Sorge, der Beobachtete treffe die falschen Entscheidungen.

Inwiefern geht es hier um Empathie? Offensichtlich spielt das Mitempfinden mit den Kindern und das Verstehen hier eine deutliche Rolle. Zugleich gibt es eine Komponente, die in den meisten Formen von Empathie eher eine untergeordnete Rolle spielt (aber durchaus mitschwingt[6]), nämlich das vorschreibende Element, wie die Kinder sich verhalten und was sie empfinden sollten. Die empathische Beobachtung der Eltern ist sogar spezialisiert auf ebendie Fälle, in denen ein Vorschreiben möglich ist. Immer wenn etwas vorgeschrieben (erwartet, empfohlen) werden kann, können sich die Helikopter-Eltern einschalten.

Anders gesagt, diese neuen Eltern nehmen ihre Wachfunktion über ihre Kinder ernst und schweben als Helikopter »über« dem Ich wie das Freudsche Über-Ich. Doch wo das Über-Ich bei Freud noch für eine Mischung aus Moral und Erwartungen stand, als innere Stimme des Gewissens, ist es bei den heutigen Eltern ganz der Erwartung von Leistung gewichen. Leistungen sind dabei nicht auf Schule und Beruf reduziert, sondern umfassen auch alle Ansprüche an soziales Funktionieren und emotionale Intelligenz. Die Kinder der Helikopter-Eltern verinnerlichen heute wohl nicht nur den Leistungsdruck, sondern zugleich die bodenlose Angst der El-

5 Es scheint etwa naheliegend, dass die Kinder selbst Misserfolg nicht mehr so intensiv empfinden, da ihre Eltern ihnen ja die emotionale Arbeit abnehmen. Doch zugleich könnte ihre Versagensangst zunehmen.

6 Auch in anderen Fällen von Empathie spielen der Vergleich und die Projektion eines Ziels durchaus eine Rolle. Wer einen anderen beobachtet, registriert deutlich, wie die Situation des anderen und dessen (emotionale ebenso wie aktionsbezogene) Reaktion in Spannung stehen sowie ob sie dem imaginären Ziel gerecht werden.

tern vor dem Scheitern. Tiefer als beide dürfte aber noch die innere Leere sein, denn Leistung ist kein Inhalt.

Das mahnende, strafende oder auch milde Über-Ich, wenn wir diese Analogie verwenden, war für Freud die verinnerlichte Form der Stimme des mächtigen Vaters, nicht der Vater selbst, sondern nur das, was das Kind an dem Vater als Autorität wahrnahm. Fragen wir uns also, was aus Sicht der Helikopter-Eltern geschieht. Sie nehmen sich bestimmt nicht als autoritäre Wächter der Ordnung wahr. Vielmehr fühlen und erleben sie mit ihren Schützlingen mit, antizipieren deren Schicksal. Dabei gilt ihr Blick der Zukunft und, wie zu vermuten steht, der Vision einer positiven Zukunft.

Mit aller Wahrscheinlichkeit lässt sich die Wahrnehmung der Helikopter-Eltern nicht auf eine bestimmte Form festlegen. Ich erlaube mir aber die starke Vermutung, dass Empathie dabei eine Rolle spielt, und zwar eine Art Wunsch-Empathie. Gewünscht wird der Erfolg, das Strahlen und das Siegen, damit die Eltern daran partizipieren können. Die Spannweite ist hier groß. Sie beginnt mit dem normalen Wunsch der Eltern, dass ihre Kinder Erfolg haben, zum Beispiel gute Noten. Doch wenn man fragt, warum der Erfolg gewünscht wird, reicht die Antwort von dem erleichterten Einstieg der Kinder ins Berufsleben bis zur indirekten Bestätigung der Eltern. Auf der anderen Seite des Spektrums findet sich dann der Vampirismus der Eltern, die ihre eigene, vielleicht nie gehabte Jugend in den Kindern wiederfinden wollen. Empathischer Vampirismus wird dabei verstanden als das miterlebende Aneignen des Lebens eines anderen ohne Rücksicht auf das langfristige Wohlergehen des anderen. Das Schwergewicht dieser Definition liegt in der Aneignung, die über kurzfristiges Miterleben hinausgeht.

Eine drastische Manifestation für diesen Vampirismus wird häufig in dem Stereotyp der sogenannten Stage Mothers (Bühnen-Mütter) gesehen, also Mütter, die ihre Kinder zu Kinder-Stars in Hollywood, zu Models in Schönheitswettbewerben oder in der Musik-, Tanz- oder Sportwelt ausbilden wollen. Der mögliche Erfolg der Kinder auf einer Bühne erlaubt den Eltern, sich dort zu sehen und im Erfolg zu spiegeln. In der Tat gehören Ereignisse auf der Bühne zu den am deutlichsten ritualisierten Empathie-Szenen.[7]

Ein krasses Beispiel liefern das Leben und der Tod von JonBenét

7 Zu den ritualisierten Szenen, vgl. die Bemerkungen in Kapitel IV.

Patricia Ramsey (1990-1996). Der unaufgeklärte Mord an der US-amerikanischen Kinder-Miss-Amerika hat zu vielen Spekulationen über die Rolle der Mutter angeregt. Die Mutter, selbst eine frühere Teilnehmerin an Schönheitswettbewerben, hat die »Karriere« ihrer Tochter bei zahlreichen Schönheitswettbewerben für Kinder stark vorangetrieben und ist dabei durch die Hyperfeminisierung der Tochter aufgefallen. Sie wurde als eine der Hauptverdächtigen in dem bislang ungelösten Mordfall gehandelt. Unterstellt wurde der Mutter unter anderem eine Hass-Liebe als Resultat der Über-Identifikation oder auch ein übermäßiger Neid. Es wurde auch vermutet, dass sie unbewusst ihre eigene Jugend in der Tochter zu wiederholen wünschte.

Im Zentrum steht in der ganzen Spannweite des Phänomens natürlich meistens das positive Denken, das Wollen des Erfolges und der Bewunderung. Strafe oder negativer Druck erfolgen wohl eher sekundär, wenn die Leistung verweigert wird oder nicht erfolgt.

Interessant an diesem Phänomen ist zunächst, dass der Kipppunkt von legitimer Fürsorge der Eltern zum Vampirismus nicht klar zu benennen ist. Eltern und Erzieher haben gute Gründe, sich um das Wohlergehen ihrer Zöglinge zu sorgen. Sie sollen es sogar tun und sich durchaus auch für sie einsetzen. Doch irgendwann kann diese Fürsorge zu einer Entmündigung führen, kann zur Obsession der Eltern werden. In der Theorie mag man etwa formulieren, dass die »gesunde« Teilnahme der Eltern überschritten ist, wenn die elterlichen Maßnahmen in einem Unterminieren der Autonomie der Kinder resultiert und die Kinder die Ideale der Eltern zu verkörpern haben. Doch in der Praxis sind die Grenzen hier fließend, da die Kinder zumindest zu Beginn wenig Autonomie haben und diese ihnen erst eingeräumt werden muss. Berechtigte elterliche Fürsorge, Phänomene der Helikopter-Erziehung und der Vampirismus der Stage Mothers gehen hier für eine Weile Hand in Hand. Natürlich freuen sich Eltern über den Erfolg ihrer Kinder, doch diese Freude kennt mehr als eine Motivation. Es gibt die kindbezogene Mitfreude; die selbstbezogene Erleichterung, man brauche sich um dieses Kind wenig Sorgen zu machen; das Selbstlob, man habe es in der Erziehung richtig gemacht; sowie das schwelgende Gefühl, man selber sei hier der Sieger. Ebendiese kulturelle Überlappung und Unklarheit macht das Phänomen interessant.

In der Literatur zu den Stage Parents und Stage Mothers wird formuliert, dass die »Dramaturgie von Mutterarbeit verlangen könne, dass die Mutter sich in Traumarbeit [*dreamwork*] für ihre Kinder engagiert«, um die Kinder als fertiges and wettbewerbsfähiges Produkt zu platzieren.[8] Kritisch formuliert heißt dies, dass Erziehung als Deckmantel des verdeckten Vampirismus oder auch Narzissmus der Eltern fungieren kann, die mit ihrem Produkt triumphieren wollen. Positiv formuliert kann man sagen, dass der Anreiz zur berechtigten elterlichen Fürsorge auch im selbst-bezogenen Miterleben der Eltern bestehen kann. Der Gewinn der Eltern liegt auf der Hand. Aus der aufreibenden elterlichen Aufgabe wird zugleich ein emotional potientiell bereicherndes Unternehmen. Möglicherweise liegt hier in der Tat ein wichtiger Ansporn von Eltern, ihre erzieherische Aufgabe ernst zu nehmen. Insofern wäre das problematische Helicopter Parenting paradoxerweise zugleich Motivation zu guter Erziehung.

Auffällig ist nun weiterhin, dass viele der Anstoß- oder Kulminationspunkte der übertriebenen Fürsorge und des Vampirismus in Situationen der erhöhten öffentlichen Aufmerksamkeit zu finden sind. Explizit ist das ja bei den Stage Mothers zu erkennen, die ihre Kinder buchstäblich auf der Bühne zu sehen wünschen, sei es im Film, Theater, Ballett, Orchester, Schönheitswettbewerb, Sport oder beim Eiskunstlauf. Aber auch viele der Fantasien der Helikopter-Eltern scheinen auf reale oder imaginäre Szenen des Vorführens oder der öffentlichen Präsentationen zu zielen, wie der öffentlichen Auszeichnung, der Anerkennung von Leistung etwa in der Schule oder des sichtbaren finanziellen Erfolgs, aber auch auf der übertragenen Bühne der Klatschgespräche in Familie und Nachbarschaft. In all diesen Fällen werden die Zöglinge zu Vorzeigekindern.

Mit anderen Worten, diese Szenen des Vampirismus sind typische Empathie-Szenen. Bühnen sind ja Inkarnationen der ritualisierten Empathie-Szenen. Wir gehen ins Theater, um ein Geschehen mitzuerleben und uns in Charaktere und Situationen einzufühlen. Kaum eine Institution hat die westliche Kultur so sehr geprägt wie das Theater und seine Praktiken des Miterlebens und Einfühlens. Auch die griechische Demokratie ging ja aus ihm hervor. Insofern

8 E.D. (Adie) Nelson, »The Things that Dreams are Made on: Dreamwork and the Socialization of ›Stage Mothers‹«, in: *Qualitative Sociology* 24.4 (2001), S. 439-458: 440.

darf man sagen, dass Bühnen und bühnenähnliche Szenarien Empathie ritualisieren. Entsprechend schnell reagieren wir vor Bühnen mit Empathie bzw. kreieren in unseren Fantasien bühnenartige Institutionen, um Empathie zu empfinden oder selbst Gegenstand der Empathie anderer zu werden. Wieder anders gesagt, Bühnen erleichtern uns die Empathie-Arbeit ungemein. Bühnen nehmen uns die Empathie-Arbeit ab. Auch relativ empathielose Menschen werden von Bühnen empathisch gefangen genommen. Und so können auch die Kinder leicht Gegenstand von Empathie werden, wenn sie auf realen oder imaginären Bühnen platziert werden können. Im folgenden Abschnitt werden wir noch einen Aspekt zu dieser Beschreibung ergänzen, nämlich die »glühende Haut« der auf der Bühne erstrahlenden Menschen.

Eltern sind Knotenpunkte gegensätzlicher Erwartungen und Praktiken. So könnte ihre Empathie mit den Kindern auch schlicht deshalb in diese vampiristische Bühnen-Fantasie abgleiten, weil sie die eine Form von Empathie mit einer anderen Form von Empathie assoziieren und also von der elterlichen Fürsorge auf andere eingeübte Formen von Empathie-Auslösern umschalten. Dergestalt werden die Kinder zur Bühne der Eltern.

Diese Bühnenhaftigkeit der Kinder kann auch zur Antwort auf die eigene kindliche Traumatisierung der Eltern werden. Eltern sehen in den Kindern ihre eigene Jugend noch einmal. Damals waren sie den Situationen der Jugend ausgeliefert, nun wollen sie als Regisseure oder Dramaturgen alles noch einmal, aber besser erleben. Dafür brauchen sie die Kinder als Marionetten. Auch der Beschützungswahn der Helikopter-Eltern gehört hierher.

Um es noch einmal zu betonen: Die Ambiguität des Elternseins legt all diese vampiristisch-empathischen Reaktionen nahe. Die Ideale unserer Erziehung, wie etwa die Erziehung zur Autonomie, wie sie seit gut zweihundert Jahren, angefangen mit Karl Philipp Moritz, Kant und Pestalozzi, gefordert wird, stehen in deutlicher Spannung zu zahlreichen kulturellen Praktiken der Empathie und unserer Leistungsgesellschaft.

3. Stalker, Fans und obsessive Empathie (Identifikation)

Auf den ersten Blick hat das Phänomen der Helikopter-Eltern wenig mit den Stalkern und fanatischen Fans zu tun. Selten will der Fan, Follower oder Stalker seinen Helden oder seine Heldin beschützen oder sie zum Erfolg antreiben. Vielmehr sind die Helden bereits an der Stelle des Erfolgs angekommen und strahlen im Rampenlicht allgemeiner Aufmerksameit oder zumindest der individuellen Aufmerksamkeit des Stalkers. Doch die Ähnlichkeit der Phänomene besteht in der obsessiven Art und Weise, wie jemand einen anderen verfolgt und beobachtet oder kurz: verfolgend beobachtet.

Wie bei den Helikopter-Eltern gibt es dabei ritualisierte Bühnenmomente der Beobachtung, die diese Form der vorgestellten Nähe ermöglichen. Anders als bei den Helikoptern-Eltern haben die Beobachtungen dabei das Vorzeichen der bereits vorhandenen Perfektion. Alles, was am Hollywood-Star, am Sportler, am heimlich, aber obsessiv Geliebten wahrgenommen wird, scheint perfekt, authentisch und lebensbejahend zu sein. Trotz dieser Differenz zeigt sich just hier die Gemeinsamkeit zwischen manchen obsessiven Eltern, Bühnenmüttern, Fans und Stalkern, denn auch die Eltern projizieren ja regelmäßig das perfekte Kind, von dem das tatsächliche meist abweicht.

Handelt es sich hier um einen Empathie-Moment? Wie bei den Helikopter-Eltern handelt nicht jeder Stalker aus Empathie. Zu den typischen Motivationen gehören sowohl negative Absichten wie Vergeltung und Rivalität als auch »positive« wie Intimitätssuche.[9] Viele der besonders auffälligen Stalker leiden unter einer Psychose. Nur wenige Stalker sind physisch gewalttätig (auch wenn sie Gewalt androhen), allerdings leiden die Opfer meist erheblich unter der Verfolung und leben in Furcht.[10] Unter amerikanischen

9 Es gibt verschiedene Arten von »Stalkern«, die aus unterschiedlichen Motivationen heraus handeln, wie etwa der Suche nach Intimität oder der Rache, siehe Paul E. Mullen, Michele Pathé und Rosemary Purcell, *Stalkers and their Victims*, Cambridge: Cambridge UP, 2000; Troy E. McEwan, Paul E. Mullen und Rachel MacKenzie, »A Study of the Predictors of Persistence in Stalking Situations«, in: *Law and Human Behavior* 33.2 (2009), S. 149-158.

10 Beth Bjerregaard, »An Empirical Study of Stalking Victimization«, in: *Violence and Victims* 15.4 (2000), S. 389-406.

Universitätsstudenten haben 25% der weiblichen Studenten angegeben, dass sie zu einem Zeitpunkt von einem Stalker verfolgt wurden.[11] Unter Prominenten wie vor allem Filmstars und populären Musikern dürfte die Rate wesentlich höher sein.

Diese Form des Stalkers berührt sich zumindest phänomenologisch mit der Figur des obsessiven Fans und Verehrers. Dieser Moment der Berührung soll uns zum Ausgang dienen.

Das Phänomen des obsessiven Fans und Verehrers ist meist an öffentliche Schauplätze gekoppelt. Schon vor dem Film und Hollywood hat es Schauspieler und Sänger gegeben, die eine große Wirkung auf ihr Publikum hatten und zu »Stars« der Oper, Operette und Bühne wurden. Offensichtlich aber haben der Film zu Beginn des 20. Jahrhunderts und die steile Publikumskarriere der Sportwettbewerbe seit Ende des 19. Jahrhunderts dem Phänomen des Stars eine neue Dimension und Massenwirksamkeit gegeben. Die 1920er Jahre waren hier besonders intensiv mit den ersten Hollywood-Divas und gefeierten Sportlern wie etwa Max Schmeling. Auch die neuen Kommunikationsmedien spielen eine wichtige Rolle. Mit dem Telefon und vor allem den neuen mobilen Geräten und Text-Nachrichten kann der Stalker schnell und scheinbar legal in die Intimsphäre eines anderen eindringen.

Ein krasses Beispiel des Stalker-Fans findet sich in dem 2016 begnadigten John Hinckley. Hinckley hatte mit der Schauspielerin Jodie Foster die Yale University besucht, schickte ihr in den frühen 1980ern Liebesbriefe und Gedichte. Dann übergab er ihr eine Notiz, dass er für sie den Präsidenten der Vereinigten Staaten erschießen würde. In der Tat verletzte er Ronald Reagan und erschoss mehrere der Sicherheitsbeauftragten um ihn herum. (Hinckley wurde in ein psychiatrisches Krankenhaus eingeliefert, was in den USA zu einer derartigen Empörung führte, dass danach die strafrechtliche Verteidigung aufgrund von Unzurechnnungsfähigkeit eingeschränkt wurde.) Hier haben wir einen Fan und Stalker in einem, der zudem auch aus dem Liebesbeweis ein öffentliches Spektakel macht und vermutlich auch für den Prozess ein solches anvisierte. Das Gefühl drängt sich auf, dass der Akt der Beobachtung nicht nur Mittel des Fans und Stalkers war, sondern zugleich auch sein Inhalt.

11 Beth Bjerregaard, »An Empirical Study of Stalking Victimization«.

Nehmen wir also diese Beobachtungsfanatasie als roten Faden der Untersuchung. Der Stalker-Fan zelbriert, so soll vermutet werden, einen quasi-magischen Moment, in dem die Beobachtung von außen zu einer Wahrnehmung von innen umkippt: Der Beobachter stellt sich an die Stelle des Beobachteten. Dort stellt er sich aber weniger empathisch vor, wie es ist, der andere zu sein, oder in welcher Lebenssituation er sich befindet,[12] sondern er stellt sich vor, wie es ist, der andere im Zustand des Beobachtet-Werdens zu sein, und damit, dies ist das Entscheidende, bewunderungswürdig und also Objekt der Leidenschaft von Beobachtern zu sein. (Das gelingt anscheinend selbst dann, wenn diese Beobachtungen durch Paparazzi erfolgen.) Beobachter und Beobachtetes werden dabei eins und kapseln sich ab zu einem Gefühl erhöhter Präsenz.

Diese Beschreibung ist nahe der typischen Beschreibung von Identifikation (vgl. die Überlegungen in Kapitel IV zur Identifikation als erleichterter Form der Empathie). Was hier betont wird, ist, dass der Stalker-Fan sich nicht nur in »die Haut des anderen versetzt«, sondern in der Vorstellung, der andere zu sein, noch mitdenkt, dass der andere sich im Zustand der Beobachtung befindet und daher bewunderungswürdig ist. Man könnte sagen, dass bei dieser Identifikation der Akt des Identifizierens in der Überhöhung des anderen besonders manifest wird, da er es ja wert ist, genau beobachtet zu werden.

Insofern könnte dieses Phänomen als eines der *glühenden Haut* bezeichnet werden: Der Stalker schlüpft in die Haut eines anderen, der unter dem Licht von realen oder imaginierten Scheinwerfern steht. Als imaginierte Scheinwerfer können eben die Blicke des Stalkers selbst gelten, die auf der Haut des Stars oder Verfolgten ruhen und diese sozusagen zum Leuchten und Brennen bringen.

Dies ist dann auch die Leistung des Stalker-Fans: Er erhebt den Beobachteten. Durch seine Beobachtung und Identifikation wird der Beobachtete zu mehr, als er ist, er wird ein Held, ein Held der erhöhten Präsenz. Und der Stalker-Fan hat Anteil an dieser Erhebung. Daher will er für diese Erhebung des Helden auch seinen Lohn.

Dieser Lohn kann in den meisten Fällen eben darin bestehen, dass er an dem anderen partizipiert, dessen Momente miterlebt. Der Lohn liegt dabei nicht einfach nur in der Erweiterung des eige-

12 Gemäß den Unterscheidungen Batsons geht es hier um die Empathie-Formen 3 und 5; Batson, »These Things Called Empathy«.

nen Erlebens, sondern auch in einer Intensivierung, die sich aus der Beobachterposition heraus gibt, und einer Simplifizierung, die in der Einleitung »ästhetisch« genannt wurde. Für den Beobachter gilt nur dieser Kulminationspunkt, den er beobachtet. Das tatsächliche und natürlich viel komplexere, in sich gespaltene und zerstreute Erleben des anderen bleibt ihm unzugänglich.

Von hier wird eine weitere negative Tendenz des Stalkers sichtbar. Er will sein Bild von dem anderen an dessen Stelle setzen, will insofern die Stelle des anderen besetzen und sich selbst ebendort wiederfinden. Sigmund Freud hat die Identifikation in diesem Sinne nahe der kannibalistischen Inkorporation und dem Beseitigen verortet (*Totem und Tabu*). Je mehr man an der großartigen Stelle des anderen zu sein wünscht, desto deutlicher wird der reale andere auch zum Hindernis. Auch dies ist in dem Moment der glühenden Haut als zumindest eine mögliche Tendenz angelegt.

Wer sich identifiziert, leuchtet phantasmatisch in diesem Moment des anderen mit. Die Haut prickelt, vielleicht gibt es Gänsehaut. In dramatischen Filmen voller schneller Handlung oder hochfliegender Gefühle, in denen es um alles oder nichts geht, oder in packenden Sportereignissen wird diese phantasmatische Präsenz aus der Position des Beobachters kultiviert.[13] Dass der wirkliche andere, also etwa der Sportler, alles andere als reine Präsenz erlebt, sondern vielleicht unter Versagensangst leidet oder schicht kalte Analyse betreibt, wird dahingestellt. Der wirklich andere interessiert hier nicht. Gerade weil der sich identifizierende Beobachter aus der Distanz handelt, kann er die vielleicht zerstreuten Gedanken des anderen beiseitelassen. (Die verlockenden Empfindungen in Computerspielen mögen ähnlich funktionieren. Auch dort befindet man sich in einem Zustand der Identfikation, die durch die Differenz von Ich und anderen nur schlecht zu beschreiben wäre. Auch dort muss der andere nicht interessieren.) Sehnsucht nach Intensität, Präsenz und Simplifizierung wird zum Motor der Identifikation. Phantasmatische Präsenz mit glühender Haut ist der Lohn. Zumindest in dieser Hinsicht gehört auch meine eingangs geschilderte Anekdote zum herrenlosen Lampenfieber hierher, insofern das herrenlose Lampenfieber mit schwindelig gesteigerter Präsenz einherging.

13 Vgl. Hans-Ulrich Gumbrecht, *In Praise of Athletic Beauty*, Cambridge, Mass.: Harvard UP, 2006.

Bei manchen Stalkern und Fans allerdings reicht dieser Lohn nicht. Sie erwarten Anerkennung vom anderen, den sie verfolgen. Hier kommen wir zu einer Vielfalt von Verhaltensformen, die versuchen, die Beobachterbeziehung in eine Kommunikation in zwei Richtungen umzuwandeln. Fans sind begeistert, ihre Helden in persona zu erleben und den Blick des Helden auch auf sich zu wissen. Dafür haben die vielen öffentlichen Foren vom Sport bis zum Konzert entsprechende Formen gefunden. Eine gewisse Aufdringlichkeit wird dabei erlaubt und ritualisiert. Wer ein Foto von sich mit dem Star erhascht, partizipiert ein wenig an der Glut der Scheinwerfer. Wer hat nicht gelächelt, als der Fußballer Ronaldo selbst mit sachlichem Ernst die Selfie-Kamera des Flitzer-Fans bediente. Doch manche Fans erwarten mehr, wollen individuell wahrgenommen werden, wollen den Lohn für ihre Arbeit der erhebenden Identifikation direkt vom Lebenden einfordern. Dies kann »positiv« zum Suchen von Liebe oder Freundschaft führen oder sich direkt negativ als Bedrohung manifestieren. Letzteres ist der Fall, wenn der Stalker-Fan zeigt, dass er auch in die Privatsphäre des anderen eindringen kann und davor nicht zurückschreckt.

Die Identifikation schlägt hier um in Ressentiment, da der andere nicht auf die emotionale Leistung des Beobachters reagiert. Der Stalker agiert wie das rebellierende Opfer des Stockholm-Syndroms. Natürlich hat der andere ihn nicht unterworfen wie im tatsächlichen Stockholm-Syndrom, doch der Stalker-Fan kann so reagieren, als sei er das Opfer und verdiene seine Rache, seine Belohung und dürfe das Ressentiment zelebrieren. Bestraft wird der reale andere für die phantasmatische Beziehung der Identifikation.

4. Vampirismus

Zu den Motivationen dieser obsessiven Formen von Empathie (Identifikation) können die Liebe und die Hoffnung gehören, den anderen für sich zu gewinnen. In diesem Fall bleibt die obsessive Empathie auf den anderen bezogen. Ähnlich kann sich in obsessiver Empathie auch ein Wunsch nach Nähe, Freundschaft, Dialog und wechselseitiger Anerkennung ausdrücken.

Doch in den Fällen, die wir oben angesprochen haben, also den Helikopter-Eltern, Fans, Stage Mothers, Paparazzi und Stalkern, verschwindet der andere als eigenständiger Mensch regelmäßig, wenn auch natürlich selten vollständig. Der Empathiker sucht etwas vom anderen für sich, hat aber nur bedingt eigentliches Interesse am anderen und dessen Befinden oder verliert es es zwischendurch, um es vielleicht auch wiederzufinden (auch wenn dies den Helikopter-Eltern anders erscheinen mag). Was er stattdessen sucht, kann etwa Intensität, Perfektion, Präsenz oder Erfolg sein, wie wir bereits gesehen haben, und die »glühende Haut« des auf der Bühne der Beobachtung Stehenden. Gemeinsam haben diese letzteren Formen der Empathie den Vampirismus.

Versuchen wir also, diesen Vampirismus genauer zu fassen. Im Falle der Helikopter-Eltern hatten wir bereits formuliert, dass empathischer Vampirismus im miterlebenden Aneignen des Lebens eines anderen ohne Rücksicht auf dessen langfristiges Wohlergehen besteht. In dieser Definition fehlt noch der Hinweis auf die Motivation des Empathikers. Was treibt den Empathiker zum Vampirismus?

Wir verdanken Stanley Cavell eine inspirierende Analyse des Vampirismus anhand seiner Lektüre des Films *Gaslight.* Cavell beobachet dort:

> [...] wie intellektuelle Männer systematisch das Denken von Frauen plagiieren, sei es vielleicht als Anregung oder Ergänzung von Originalität oder sei es vielleicht aus Misstrauen in ihre eigene Originalität. In diesem Wunsch, zu wissen, was Frauen wissen, drückt sich die Tendenz ihrer Motivation aus, das heißt eine Projektion ihrer Zweifel über den Wert ihres eigenen Wissens und ihrer intellektuellen Durchdringung ihres Lebens [...].[14]

Cavell vermutet, dass die Basis des Vampirismus im Zweifel an der eigenen Originalität besteht. Der Vampir will seine mangelhafte Originalität ergänzen oder auch kompensieren. Die von Cavell betonte Originalität kann ebenso die gesuchte Perfektion oder die pure Präsenz sein, die dem Vampir fehlen. Natürlich heißt dies nicht, dass der andere (in Cavells Analyse: die Frau) Originalität besitzt oder etwa in purer Präsenz lebt und perfekt ist. Stattdessen stellt es sich aus der Perspektive des obsessiven Empathikers so dar. Genauer gesagt produziert die Perspektive der Beobachtung die-

14 Stanley Cavell, *Cities of Words. Pedagogical Letters on a Register of Moral Life*, Cambridge, MA.: Belknap Press, 2004, S. 111.

sen Effekt von Originalität, Präsenz, Perfektion als einen Effekt der glühenden Haut im Zustand der Beobachtung. (Oben haben wir von dem idealisierenden oder erhebenden Moment der empathischen Beobachtung gesprochen, die die tatsächlichen Gefühle des anderen im Leuchten der Beobachtung ausblendet).

Empathie wird im Falle des Vampirismus nicht so sehr zum Selbstzweck (wie im Falle der sadistischen Empathie oder der Empathie für die Empathie), sondern zum Mittel zum Zweck der Intensivierung, Kompensierung oder Bereicherung des eigenen Erlebens. Ähnlich wie bei der sadistischen Empathie geht es nicht um das Wohlbefinden des anderen. Doch anders als bei der sadistischen Empathie kommt der Genuss nicht aus der richtigen Vorhersage der Gefühle oder der Resonanz der starken Emotion des anderen und eben nicht aus einem Leiden, sondern aus der Aneignung des (unterstellten) positiven Erlebens des anderen im Zustand der Beobachtung.

Der Vampirismus tendiert dabei zu einem Teufelskreis. Das Miterleben am anderen kann leicht zu einer leuchtenden Glorifizierung führen. Das Leben des anderen scheint, aus der Ferne wahrgenommen, einfacher, besser oder präsenter zu sein. Die Bühnen-Momente verstärken diesen Effekt. Im Zustand der verstärkten Beobachtung scheint das Erleben des Beobachteten präsenter, perfekter, origineller und intensiver zu sein als das von anderen Menschen. So entsteht der Appetit auf diese Form der Empathie. Im Vergleich zur der puren Präsenz und der Perfektion im Bühnen-Moment kann dann schnell das eigene Erleben als von Mangel und Zweifel bestimmt wahrgenommen werden. So intensiv wie das wahrgenommene Leben des anderen ist das eigene Leben ja selten. Diese Selbstentleerung schürt den Hunger. Der Beobachter wird zum obsessiven Empathiker, der Jagd auf Perfektion macht und aus Hunger nach Präsenz handelt. Dies wiederum hat den paradoxen Effekt, dass das eigene Erleben nur als leer und bedeutungslos wahrgenommen wird (man denke hier etwa an Elfriede Jelineks *Die Klavierspielerin*). So wird die emotionale Grundlage für einen Stalker, einen obsessiven Fan oder eine Bühnenmutter geschaffen. Dies ist auch Nietzsches Analyse der Projektion des starken Ich durch den objektiven Menschen, der sich in dem Akt der Projektion verdünnt (Kapitel I).

Ob andere Menschen unter dem Vampirismus zu leiden haben,

ist damit nicht gesagt. Aber offensichtlich überschreiten viele Menschen die Grenze zwischen distanzierter Beobachtung in kulturell akzeptierten Maßen wie etwa auf Bühnen und dem tatsächlichen Einwirken auf andere. Im Fall der Erziehung oder den Stalkern ist das offensichtlich; der andere kann zum bloßen Vehikel des eigenen Erlebens werden und wird zu einem solchen umgeformt. Die Kinder lernen keine Selbständigkeit, andere Menschen zählen nicht als eigenständige Individuen. Die Frage ist natürlich, ob unsere Kultur als Ganzes sich in diese Richtung des Vampirismus bewegt und verschiebt. Bemerkenswerterweise kann sich dieser Vampirismus durchaus auch mit dem Narzissmus (Kapitel I) vertragen. Um das Selbst zu zelebrieren, braucht es Bühnen. Selbstzelebration könnte insofern leicht in den Vampirismus abgleiten, wenn man sich die Bühnen zur Selbstfeier bei anderen ausleiht.

Ausblick: Gemischte Gefühle bei Empathie

Ist Empathie gut? Oder ist bereits diese Frage schlecht gestellt? Am Ende unserer Untersuchung wäre es angemessener, vorsichtig zu sagen, dass Empathie an sich in moralischer Hinsicht weder gut noch schlecht ist. Empathie kann auf vielfältige Art und Weise für negative Dinge eingesetzt werden. Der empathische Folterer ist zumindest vorstellbar. Natürlich kann Empathie auch für moralisch gute Zwecke eingesetzt werden und führt wohl auch mit großer Regelmäßigkeit zu guten Handlungen. Aber auch die Helikopter-Eltern wollen ja Gutes (Kapitel V)! In mehr als einem Fall kann Empathie Menschen aber auch dazu hinreißen, nicht aus Empathie, sondern um der Empathie willen zu handeln, nämlich um andere zu verstehen oder mit ihnen mitzufühlen (und eben nicht, um ihnen zu helfen oder beizustehen). In diesem Fall wird Empathie zum Selbstzweck, unabhängig von der Moralität der Handlungen (Kapitel IV).

Und noch ein weiterer Grund macht die Annahme der Moralität von Empathie problematisch. Empathie spielt eine wichtige Rolle in der Polarisierung durch Parteinahmen. Empathie kann hier durchaus zur Stärkung der moralisch im Recht stehenden Partei führen. Sie kann aber auch die moralisch falsche Seite weißwaschen oder gar eine alternative Moral begründen (Kapitel II).

Natürlich gibt es den positiven Fall, dass jemand ein Unrecht oder Unglück wahrnimmt, ein körperliches oder seelisches Leiden des anderen spontan mitfühlt oder die Situation eines anderen einfühlend reflektiert und dann dadurch zum moralisch richtigen Einschreiten für den anderen veranlasst wird. Doch diesen Fall als den Basisfall zu verhandeln und alle anderen Fälle nur als Abweichungen zu betrachten, wäre naiv. Zu deutlich sind die Verführungen, aus Empathie Schlechtes zu tun. Die sonderbare Logik der Empathie verknüpft auch die Freude an der (moralisch gerechtfertigten) Strafe mit empathischem Genuss als Belohnung. Problematisch sind natürlich auch Fälle, in denen Mitgefühl mit Terroristen entsteht, in denen der endlich zur Strecke gebrachte Untäter erfolgreich um Gnade bittet oder wir einseitig Partei ergreifen für diejenigen, die das Spiel der Empathie besser beherrschen und Empathie zu erwecken wissen.

Empathie ist nicht unbedingt förderlich für moralische Prozesse. Wenn auch das Miterleben und Verstehen eines anderen uns nicht unbedingt moralischer macht, können wir das innere Erleben des anderen nun immerhin nicht mehr ignorieren. Es besteht als mentales Faktum in unserem Denken (was nicht heißt, dass es korrekt oder akkurat aufgefasst wird). Wir können und müssen den anderen mitbedenken. Empathie macht uns insofern empfänglicher für moralische Belange. Aufgrund von Empathie in all ihren Formen wird das (vielleicht nur projizierte, vielleicht tatsächliche) Leiden des anderen zum Faktum und Ereignis, ebenso wie auch seine anderen Emotionen, Empfindungen und Erlebnisse. Insofern ist Empathie in der Tat von zentraler Bedeutung für Moral und Ethik.

Allerdings widersetzt sich Empathie einer einfachen Instrumentalisierung für einen guten Zweck und gehorcht auch nicht der simplen addititven Logik, dass mehr Empathie bessere Menschen hervorbringt. Ein Medikament zur Steigerung von Empathie wäre mithin keine Lösung. Man kann immer mit dem Falschen mitfühlen, kann Empathie als Steigerung eigenen Erlebens unabhängig vom Wohlergehen des anderen kultivieren, kann bloße Identifikation als Empathie missverstehen und kann sich selbst verlieren. Ja, wir können vehement gegen die Nähe des anderen rebellieren. Vielleicht ist der empathischste Mensch ein gescheiterter und daher schlechter Mensch, wie Nietzsche insinuiert und wie die Gedankenfigur des empathischen Vergewaltigers zu vermuten erlaubt.

Kommen wir also zu den schwierigen Fragen. Sollte Empathie gefördert werden? Die besten und wohlmeinendsten Lehrversuche können leicht ins Gegenteil umschlagen oder zumindest nicht zum erwarteten Erfolg führen, wie das Schulexperiment in Nordirland gezeigt hat (Kapitel II). Dort konnten die Schüler durchaus die andere Perspektive verstehen. Doch möglicherweise hat ebendieses Lernen der je »anderen« Perspektive den Schülern vermittelt, es gebe stets diese Zweiteilung in eigene und fremde Perspektive. Und im Zweifelsfall weiß jedes Kind, auf welcher Seite es steht. Auch wer mit beiden Seiten emotional mitempfindet, ist ihnen nicht automatisch verpflichtet. Man kann das Miterleben auch von Leid vielfach als Machtgewinn oder Lustgewinn verbuchen (Kapitel IV) oder wieder auf sich zurücklenken, so wie Himmler sich in den Worten Hannah Arendts sagte: »Wie muss ich nur leiden bei der Erfüllung meiner schrecklichen Pflichten« (siehe Kapitel II).

Die erste Frage ist, aus welchem Grund Empathie gelernt werden soll. Geht es um das Lernen von Moralität? In diesem Falle sollte man nicht zu viel Hoffnung mit Empathie verknüpfen. Empathie erweist sich als moralisch »gut« nur im komplexen Verbund mit einer guten Handlung, mit Erwartungen von fürsorglichen Handlungen, mit einem entsprechenden Habitus und mit dem Verständnis, dass man Teil einer Gemeinschaft ist.

Empathie allein, ohne diesen Verbund, bleibt Sache des Individuums, das seine Wahrnehmung der Welt durch das Miterleben erweitert. Miterleben ist zunächst ein eigennütziges Verhalten. Wer Bücher liest, kann sich in vielfache Erlebniswelten einfühlen. Manche Philosophen und Theologen haben das moralisch sogar verurteilt. Darin bereits moralisch positive Empathie zu erkennen, wie Lynn Hunt es vorschlägt,[1] überspringt jedenfalls viele Schritte. Adolf Hitler und Saddam Hussein waren durchaus Leser und sogar Autoren oder Dichter. Ausgehend von Lynn Hunts Argumentation müsste man ungläubig staunen, wenn Hitler, zu Tränen gerührt, Mitleid für das arme, ausgebeutete deutsche Volk empfindet, das an den deutschen Boden »gekettet« sei, während die jüdische Hochfinanz es vampiristisch aussauge und die vagabundierenden Juden an keine Grenze gebunden seien (so in der Rede vom 30. Januar 1933).[2]

Statt die Argumente und Fälle dieses Buches zu wiederholen, sei hier kurz zusammengefasst, warum Empathie weder eine Morallehre ersetzen kann noch der beste Anstoß moralischen Handelns ist. Zwar gibt es durchaus plausible Belege dafür, dass Empathie

1 Hunt, *Inventing Human Rights.*

2 Dort sagt Hitler: »Es sind das die Menschen [die jüdische Hochfinanz, F. B.], die überall und nirgends zu Hause sind, die nirgends einen Boden haben, auf dem sie gewachsen sind, sondern die heute in Berlin leben, morgen genauso in Brüssel sein können, übermorgen in Paris und dann wieder in Prag oder in Wien oder London und die sich überall zu Hause fühlen. Es sind die Einzigen, die wirklich als internationale Elemente anzusprechen sind, weil sie überall ihre Geschäfte betätigen können. Aber das Volk kann ihnen ja nicht nachfolgen. Das Volk ist ja gekettet an seine Heimat, ist ja gebunden an die Lebensmöglichkeiten seines Staates, der Nation.«

in den meisten Fällen mit mehr Moralität verbunden ist.[3] Doch folgt dies keiner einfachen Logik, sondern setzt komplexe kulturelle Praktiken voraus, die nicht nur in seltenen Ausnahmefällen ins Gegenteil umschlagen können. Moral als kulturelle Praxis verlangt auch Wir-Gefühle. Bei Empathie als solcher geht es dagegen weitgehend um das eigene Erleben als Einzelner. Mitgefühl ist insofern nicht moralisch.

Dennoch glaube ich, dass Empathie unbedingt erlernt und gefördert werden soll, doch weniger aus direkt moralischen Gründen. Befreien wir uns also in Bezug auf Empathie von einer Friede-Freude-Eierkuchen-Mentalität. Mir scheint, dass die moralische Dimension von Empathie in den letzten Jahrzehnten übertrieben worden ist zuungunsten zweier anderer Dimensionen: ihrer ästhetischen und emotionalen.

Mein einfacher Vorschlag lautet, dass ein Vorzug der Empathie zunächst und vor allem in einer erweiterten Wahrnehmung besteht. Mittels Empathie können wir das Erleben anderer imaginär miterleben. Das heisst, wir teilen imaginär ihre Wahrnehmungen, fühlen leiblich, was die anderen bewegt, und partizipieren damit zugleich an ihren emotionalen und kognitiven Reaktionen auf das, was sie wahrnehmen. Durch Empathie leben wir in mehr als einer Welt. Eng verknüpft mit diesem In-vielen-Welten-Leben ist auch unser narratives Vermögen, das den Rezipienten (ebenso wie den Erzähler) in andere Welten versetzt (in der psychologischen Literatur wird hier, wie bereits erörtert, bisweilen zwischen Transport und Empathie unterschieden, da die narrativen Situationen nicht immer voraussetzen, dass man in die Haut des anderen schlüpft, sondern nur, dass man sich in eine imaginäre Situation hineindenkt, in der Ich und andere mehr oder weniger unterschieden sind[4]). Dank Empathie leben wir in mehr als einer tatsächlichen Situation, da wir mitdenken, mitfühlen, was ein jeder Gesprächspartner denkt und empfindet. Und auch in fiktiven Situationen sind uns die Tore zu vielfältigen Empfindungen und emotionalen Vorstellungen geöffnet.

Wir »springen« in unserer empathischen Wahrnehmung hin

3 Vgl. die Metastudie von Batson, »The Empathy-Altruism Hypothesis«.

4 Vgl. Melanie Green, »Transportation into Narrative Worlds: The Role of Prior Knowledge and Perceived Realism«, in: *Discourse Processes* 38, Nr. 2 (2004), S. 247-266.

und her. Zwar ist unser empathisches Miterleben wie unser Bewusstsein wohl auf nur eine Perspektive zu einem Zeitpunkt begrenzt. Doch in bestimmten Situationen können wir ein und dieselbe Situation von verschiedenen Personen und Perspektiven aus in einem schnellen Hin und Her miterleben. Eine Vielzahl von äshetisch besonders relevanten Situationen gehört hierher. In der klassischen Dramen- und Tragödientheorie wurde seit Aristoteles besonders das Moment der Wiedererkennung (*anagnorisis*) hervorgehoben, wenn Charaktere sich voreinander zu erkennen geben und dadurch überraschend wiedererkennen. Interessanterweise sind viele der dramatischen Szenen der Wiedererkennung gerade deshalb besonders rührend oder bewegend, weil der Zuschauer die versteckten Identitäten bereits kennt. Es ist mithin nicht die Überraschung, die den Zuschauer bewegt und rührt, sondern das Spiel der Perspektiven. Wenn Odysseus den Freiern gegenüber seine Identität lüftet oder Orest seine Schwester Iphigenie unerwartet wiederfindet, oszilliert die empathische Wahrnehmung zwischen den Charakteren.[5]

Wiedererkennung in diesem Sinne ist eine künstlich ins Extrem gesteigerte Form des Miterlebens. Doch vermutlich ist das kursorische Hin- und Herspringen von empathischer Anteilnahme und Formen des Miterlebens ein typisches Merkmal sozialer Interaktion. Die Wahrnehmung einer menschlichen Handlung oder Äußerung wird wohl regelmäßig durch die Einnahme zahlreicher Perspektiven gesteigert, vertieft und verkompliziert. Wir sind soziale Tiere. Als solchen ist uns die Vervielfachung von empatischen Wahrnehmungsformen eine naheliegende Steigerung der Sozialität, und zwar einer Sozialität der »glühenden Haut«, da wechselseitige Wahrnehmung jeden Einzelnen auch als Gegenstand von Empathie individualisiert und erhöht.

Der Vorteil, den wir aus Empathie ziehen, ist insofern zunächst Komplexitätssteigerung. Wer empathisch denkt und miterlebt, registriert, dass keine menschliche Handlung schlicht eine Handlung und kein Gefühl schlicht ein Gefühl ist, sondern auf unterschiedliche Art und Weise erlebt und erfahren werden kann. Empathie ist damit ein Mittel zur Intensivierung von Wahrneh-

5 Fritz Breithaupt, »Empathie als Parteinahme: Anagnorisis bei Goethe und Stifter«, in: Claudia Breger and Fritz Breithaupt (Hg.), *Empathie und Erzählung*, Freiburg: Rombach, 2010, S. 187-204.

mung, in einem Wort: Ästhetik. Ob Ästhetik nun mit der Minimalformel der Wahrnehmungsintensivierung treffend beschrieben ist,[6] soll hier nicht erörtert werden. Es sei aber kurz angemerkt, dass diese Formel der ästhetischen Wahrnehmungsintensivierung nicht notwendig in Spannung steht mit der bereits in der Einleitung eingeführten Idee der ästhetischen Klarheit (Baumgarten). Zu einer Intensivierung und Steigerung kann es nur kommen, wenn die Positionen klar sind. Dies kann im Falle der Empathie heißen, dass sich klare Perspektiven gegenüberstehen, aber eben mehrere, zwischen denen der Beobachter intensiv hin und her springt. Die Vielzahl der Perspektiven kann zwar zu einer Verunklarung führen. Doch im Falle der eigentlichen ästhetischen Steigerung bewirkt die Vielzahl der intellektuellen wie emotionalen Perspektiven ein genaueres und vertiefteres Hinschauen, also paradoxerweise größere Klarheit in dem vermeintlichen Durcheinander. »Wiederholte Spiegelung« nannte Goethe diesen Prozess, den er im Zentrum der Ästhetik und Phänomenologie verortete.

Menschen mit weniger Empathie verhalten sich nicht notwendig weniger moralisch als andere Menschen. Aber sie haben eine ärmere Wahrnehmung der Welt als andere Menschen. Allerdings ist es möglich, dass sie verbesserte Wahrnehmungen anderer Art haben, dass sie etwa genauer hören und so ästhetische Vielfalt erleben bzw. ihr Erleben auf andere Art und Weise intensivieren.

Man könnte argumentieren, dass ästhetische Intensivierung durch Empathie am Ende wieder der Moralität zugutekommt. Dies mag sein. Allerdings hat dieses Buch zahlreiche Zweifel an der einfachen Formel vorgebracht, der gemäß jemand, der mehr und intensiver erlebt, auch mehr Mitgefühl hat. Zwar hat er mehr Mitgefühl, aber er hat dann auch mehr andere Gefühle und negative Emotionen, die ihn leiten. Es bleibt eine andere Überlegung: Wer mehr mit-erlebt, dürfte zumindest dieses Mit-Erleben schätzen. Und aus diesem Grund hat er zumindest das Interesse, dass ihm der andere als Basis seines Mit-Erlebens zur Verfügung steht.

6 Seit Baumgarten den Begriff der Ästhetik zur Beschreibung von sinnlicher Wahrnehmung eingeführt hat, liegt diese Definition quasi in der Luft. Siehe etwa John Dewey, *Art as Experience*, New York: Putnam, 1934. Sofern es bei Ästhetik im Allgemeinen um Wahrnehmung geht und nur im Sonderfall um das Schöne, so ist auch nicht ästhetischer Genuss der allgemeine Gewinn der Äshetik, sondern vielmehr ästhetische Vielfalt.

Zwar kann auch dies negative Effekte haben (wie denjenigen, dass der andere auf die Opferrolle festgelegt wird; siehe Kapitel III). Es gibt hier aber zumindest eine Tendenz zugunsten des anderen. Der andere darf nicht zugrunde gehen, um den Kanal des Mit-Erlebens offen zu halten. Und hier liegt nun tatsächlich eine gewisse Begünstigung moralisch positiven Handelns und Wünschens noch in der selbst-fokussierten Form des eher ästhetischen Mit-Erlebens und der Empathie. Insofern hilft die Förderung (ästhetischer) Empathie indirekt auch den moralisch-altruistischen Formen von Empathie.

Neben der ästhetischen Seite der Empathie ist auch das emotionale Empfinden hervorzuheben. Und auch hier gibt es eine indirekte Unterstützung der Moralität durch Empathie. Die funktionale Verbindung von Empathie und Emotion ist eng. Weil wir Emotionen haben, kann unser Erleben von anderen empathisch miterlebt werden. Weil wir Empathie haben, sind andere für uns als emotionale Wesen zugänglich. Vielleicht zeigen und *haben* wir bestimmte Emotionen sogar nur aus dem Grund, um sie zu kommunizieren und also Empathie, Mitgefühl, Sympathie zu erwecken. Immerhin hat derjenige, der Mitgefühl auf sich zieht, deutliche Vorteile.

Selbst wenn man von der Frage absieht, ob Empathie *neue* oder *unbekannte* Gefühle vermitteln kann, bleibt der Normalfall bestehen, dass Empathie uns beständig mit den Emotionen, Gefühlen und Affekten anderer Menschen und Lebewesen in Berührung bringt. Empathie (und auch der Transport in fiktive Welten) steigert die Tiefe und Vielfalt der täglichen Emotionen immens. Das Wort der Einübung drängt sich auf, denn die miterlebten Emotionen verstehen wir besser, erkennen ihre verschiedenen Intensitäten und Verlaufsformen. Das heißt auch: Wir sind auf diese Gefühle vorbereitet, lassen sie zwar zu, ohne aber schlicht von ihnen übermannt zu werden. Und derartige temperierte Gefühle dürften vom Einzelnen positiv aufgenommen und bejaht werden, so dass zumindest ein gewisses Wohlwollen auch auf den Ursprung der Gefühle, also den anderen, abfärbt. Es wäre aber naiv anzunehmen, dass wir die von selbst gelebten Gefühle und Empfindungen automatisch auch in anderen Menschen anerkennen, selbst wenn wir sie erkennen. Es führt kein schneller Weg von dem Erlernen der Gefühle zu einer moralisch positiven Einstellung zum anderen.

Was sollen wir also tun?

Wer Moral fördern will, sollte wohl auf zwei Strategien setzen.

Die erste besteht in der Stärkung des Wir-Gefühls. Dieses Wir-Gefühl sollte natürlich flexible Grenzen zeigen und sich nicht durch die Abgrenzung von den anderen auszeichnen. Wer einmal in der Kategorie des Wir denkt, wird auch leichter etwas für den anderen tun. Die zweite besteht in der Förderung der inneren Stimme, des Gewissens. Eine wichtige Basis des Gewissens ist dabei die Verantwortung, also die Erwartung, dass man auf Selbst- oder Fremdvorwürfe Antwort schuldet. Wer etwas tut, sollte lernen, seine Tat zu rechtfertigen und also in Sprache zu reflektieren. Selbst in der Ausrede findet sich die Wurzel einer dialogischen Moralität begründet.[7]

Wer ästhetische Erfahrung, genaue Beobachtung sozialer Szenen und emotionales Erleben fördern will, sollte sich in der Tat der Empathie zuwenden. Empathie vervielfacht die Perspektiven und verleiht ihnen emotionales Gewicht. Wem es gelingt, sich von Parteinahme und moralischem Urteil zu befreien oder diese für eine Weile zu suspendieren, wird mit gesteigertem Miterleben und größerer Komplexität belohnt. Erhöhte Aufmerksamkeit ist dabei nicht schlicht Voraussetzung, sondern auch Ergebnis. Denn wer mehr zu erfühlen und verstehen hat, beobachtet und partizipiert intensiver.

Empathie, um diese wichtige Diskussion auf unsere Kernfrage zu beziehen, sollte also in der Tat gelernt und gefördert werden. Allerdings sollte man hier nicht auf den schnellen Gewinn an Moralität schielen. Vielmehr dient das Pflegen, Lernen und Einüben von Empathie einer Bereicherung und Intensivierung von ästhetischem Wahrnehmen und emotionalem Erleben. Ästhetisch feinfühlige Menschen sind nicht automatisch moralisch hellhöriger und altruistischer, selbst wenn nicht jeder Kunstliebhaber Rom um eines Schauspiels willen abfackeln würde. Emotionale Menschen sind ebenfalls nicht ethisch zu priviligieren, auch wenn nicht jede Träne als Manipulationsversuch vergossen wird. Gefördert werden sollte unsere ästhetische und emotionale Wahrnehmung anderer Menschen natürlich dennoch, und sei es auch nur, um die dunklen Seiten unseres Verhaltens zu beleuchten.

7 Vgl. Breithaupt, *Kultur der Ausrede.*

Postskriptum: Präsident aus Empathie

Kurz nach Abschluss dieses Buches ist es zu einem politischen Großereignis gekommen: Für viele überraschend wurde Donald Trump zum Präsidenten der USA gewählt. Zwar vertraute auch ich den Prognosen, die einen anderen Wahlausgang prophezeit hatten. Doch insgeheim war der Wahlkampf für mich intuitiv längst auf Trump fokussiert. Er hatte es geschafft, dass ich seine Perspektive einnahm. Meine emotionale Aufmerksamkeit umflatterte seine Person wie die Motte das Licht. Und so antizipierte ich emotional selbst die »Niederlage« aus seiner Perspektive, die er ja vorab dadurch dramatisiert hatte, dass er sie nicht akzeptieren würde. (Dass ich seinen Positionen, soweit sie bisher bekannt sind, seinem Habitus und seinem Auftreten dabei in keiner Weise zustimme und dass sie mir zutiefst zuwider sind, muss hier nicht betont werden).

Wie kam es zu diesem Wahlergebnis? War es wirklich nur Politikverdruss und der Wunsch nach einem radikalen Ereignis, das Trump beflügelt hat? Anders gefragt: Ist meine, mir durchaus peinliche, intuitive empathische Reaktion auf Trump ein Ausnahmefall?

Sicherlich gab es einen nicht unerheblichen Teil von Wählern, der direkt mit Trumps diskriminierenden, rassistischen, sexistischen und beleidigenden Äußerungen sympathisiert hat. Doch der Anteil von Wählern, der ihm diese Äußerungen verziehen hat und ihn also *trotzdem* gewählt hat, dürfte größer sein. Zum Teil kann dies wohl mit der Dynamik des Drei-Personen-Modells der Empathie erklärt werden, die wir in Kapitel II anhand der amerikanischen Vorwahlen diskutiert haben: Trumps polarisierendes Auftreten fordert jeden zu einem klaren Dafür- oder Dagegensein heraus. Wer einmal für ihn ist, muss am Ende alles verteidigen und kann seine Empathie dabei nur verstärken.

Das eigentliche empathische Geschick Trumps hat sich nun im Laufe des Wahlkampfs immer deutlicher gezeigt. Es ist nicht falsch, ihn als Meister der Empathie zu feiern: einen Meister, der die Empathie anderer auf sich zu ziehen weiß. Dass er einen deutlich narzisstischen Charakter hat, steht dem nicht entgegen. Überhaupt sind Empathie und Narzissmus in sozialer Hinsicht wohl kein Gegensatz, wie gerne angenommen wird, insofern Narzissmus gerade darin besteht, die Empathie anderer auf sich zu ziehen. So ging es dann auch mir.

Die Szene der Trump'schen Empathie setzt sich dabei aus zwei Elementen zusammen. Auf der einen Seite steht der schlagfertige Trump. Donald Trump versteht es, insbesondere bei Medienauftritten, spontan zu reagieren und jeden Vorwurf sofort zu parieren. Sein republikanischer Mitbewerber Ted Cruz warf ihm zum Beispiel vor, er habe moralisch schlechte New Yorker Werte, die dem Land nicht gerecht würden. Trump drehte diesen Vorwurf sofort um, redete von »9/11«, also den Anschlägen auf das World Trade Center in New York, und wie er, Donald Trump, der New Yorker in New York, den Schmerz des Landes bei den Anschlägen patriotisch gefühlt und verkörpert habe (ich danke Peter Gilgen für den Hinweis auf diese Szene). Oder es wird eine Aufnahme von Trump gefunden, in der er sich damit brüstet, dass er Frauen nicht nur belästigt, sondern angrabscht und damit aufgrund seiner Berühmtheit durchkommt. Trump reagierte auf die Aufnahme, indem er sich, nach erstem Leugnen, bekannte, es gesagt zu haben, sich entschuldigte und zurückschoss, dies seien doch nur »Umkleidekabinengespräche«. Das sollte heißen, so was könne doch keinem Mann zum Vorwurf gemacht werden.

Umgekehrt ist Donald Trump nicht nur gut im Verteidigen, sondern auch brutal in seinen Angriffen und im Diffamieren seiner Gegner. In Reaktion auf die Enthüllung seiner »Umkleidekabinengespräche« attackierte er Bill Clintons sexuelle Eskapaden.

Auf der anderen Seite steht das Publikum, welches dem dramatischen Schlagabtausch auf der Bühne gebannt folgt. Die Angriffe sind wichtiger als die Argumente und die Fakten, wie man das aus vergangenen Wahlkämpfen kennt. Das Licht der Studiolampen brennt auf der Haut von Trump. Er ist immer wieder unter ungeheurem Zugzwang, und niemand weiß, was er sagen und tun wird. Und hier kommt wohl wieder das zum Zuge, was in der Einleitung als »herrenloses Lampenfieber« bezeichnet wurde (die Wahl dieses Adjektivs verdanke ich einem Gespräch mit Christoph Paret). Wer sich in die Situation von Donald Trump versetzt oder versetzt findet, steht plötzlich unter dem Druck, reagieren zu müssen. Der Moment der Beschuldigung ist wie kaum ein anderer einer, der zur Einnahme einer Perspektive führt. Doch was sagt man dann in der Situation des Beschuldigten? Wer ist dem Druck des Angriffs gewachsen? Die meisten Zuschauer würden wegen dem auf Trump gerichteten Zeigefinger, dem Scheinwerferlicht und der allgemeinen Aufmerksamkeit zusammenbrechen. Und dann kommt Donald Trump und findet, trotz allem, eine starke, verblüffende, unerwartete Reaktion, die zugleich den Gegenangriff einleitet.

Trump wird zur Figur von Empathie nicht als Mensch, sondern als Abwender von Angriffen. Je stärker die Angriffe, desto »besser« wird er. Dass die Angriffe berechtigt sind, spielt ihm paradoxerweise in die Karten. Gerade seine Fehlerhaftigkeit, also seine Angreifbarkeit, macht ihn im Wahlkampf zum Modell für andere. Wer seine Perspektive einnimmt, muss ihn noch nicht mögen, aber die Chance, dass er ihn wählen wird, wächst.

So wurden in der Wahl zwischen Donald Trump und Hillary Clinton zwei unterschiedliche Empathie-Angebote gemacht: Der Slogan der Demokraten war: »I'm with her«. Mit jemanden zu sein, ihm oder ihr beizustehen, bezeichnet eine Beziehung der Nähe, aber nicht der empathischen Identität oder auch nur des Verstehens. In Bezug auf Trump hörte man dagegen immer wieder den Satz: »He is like us«. Gerade seine Fehlerhaftigkeit machte ihn zum Modell eines großen Bevölkerungsteils. Und anders als dieser wusste er sich für seine Fehlerhaftigkeit nicht einfach nur zu entschuldigen, sondern machte sie stellvertretend für alle zur Stärke.

Nach den Jahren der Zurückhaltung folgt nun eine *Kultur des Auftrumpfens* gepaart mit infantiler Empathie des in ein Publikum verwandelten Wahlvolks. Man möchte in einer solchen politischen Konstellation nicht einer der »anderen« sein, also derjenigen, die auf den *dunklen Seiten der Empathie* regelmäßig das Nachsehen haben.

Eines habe ich allerdings auch an mir beobachtet: Seit Trump gewählt wurde, nehme ich seine Perspektive nicht mehr ein. Seine Anziehungskraft für mein empathisches Miterleben galt dem Schlagabtausch des Wahlkampfs. Davon bin ich nun befreit.

Bibliographie

Ackerman, Joshua M., Noah J. Goldstein, Jenessa R. Shapiro und John A. Bargh, »You Wear Me out the Vicarious Depletion of Self-Control«, in: *Psychological Science* 20, Nr. 3 (2009), S. 326-332.

Ahoda, Gustav, »Theodor Lipps and the Shift from ›Sympathy‹ to ›Empathy‹« in: *Journal of the History of the Behavioral Sciences* 41.1. (2005), S. 151-163.

Allen, Colin und Marc Bekoff, *Species of Mind: The Philosophy and Biology of Cognitive Ethology*, Cambridge, Mass: MIT Press, 1999.

Anderson, Benedict, *Die Erfindung der Nation: Zur Karriere eines folgenreichen Konzepts*, Frankfurt/M.: Campus Verlag, 2005.

Anscombe, G. E. M., *Intention*, Cambridge, MA: Harvard UP, 1957.

Arendt, Hannah, *Eichmann in Jerusalem. Ein Bericht von der Banalität des Bösen*, München, Zürich: Piper, 2011.

Ariès, Philippe, Michelle Perrot und Georges Duby, *Geschichte des privaten Lebens*, Frankfurt/M.: Fischer, 1989-93.

Assmann, Aleida und Ines Detmers (Hg.), *Empathy and its Limits*, New York: Palgrave, 2016.

Badiou, Alain, *Paulus: Die Begründung des Universalismus*, Berlin: Diaphanes, 2002.

Bal, Matthijs und Martijn Veltkamp, »How does Fiction Reading influence Empathy? An Experimental Investigation on the Role of Emotional Transportation«, in: *PloS one* 8.1 (2013), e55341.

Barnes, Jennifer L., Tyler Hill, Melanie Langer, Margaret Martinez und Laurie R. Santos, »Helping Behaviour and Regard for others in Capuchin Monkeys (Cebus apella)«, in: *Biology Letters* 4, Nr. 6 (2008), S. 638-640.

Baron-Cohen, Simon, Alan M. Leslie und Uta Frith, »Does the Autistic Child have a ›Theory of Mind‹?«, in: *Cognition* 21, Nr. 1 (1985), S. 37-46.

Barton, Keith C. und Alan W. McCully, »You Can Form Your Own Point of View: Internally Persuasive Discourse in Northern Ireland Students' Encounters With History«, in: *Teachers College Record* 112, Nr. 1 (2010), S. 142-181.

Barton, Keith C. und Alan W. McCully, »History, Identity, and the School Curriculum in Northern Ireland: An Empirical Study of Secondary Students' Ideas and Perspectives«, in: *Journal of Curriculum Studies* 37.1 (2005), S. 85-116.

Batson, Daniel C., »The Empathy-Altruism Hypothesis: Issues and Implications«, in: Jean Decety (Hg.), *Empathy: From Bench to Bedside,* Cambridge, Mass.: MIT Press, 2012, S. 41-54.

Batson, Daniel C., »These Things called Empathy: Eight Related but Distinct Phenomena«, in: Jean Decety (Hg.), *The Social Neuroscience of Empathy*, Cambridge, Mass.: MIT Press, 2009, S. 3-15.

Bechara, Antoine, Hanna Damasio, Daniel Tranel und Antonio R. Damasio, »Deciding advantageously before knowing the Advantageous Strategy«, in: *Science* 275, Nr. 5304 (1997), S. 1293-1295.

Birkett, Melissa Ann, »Self-Compassion and Empathy across Cultures: Comparison of Young Adults in China and the United States«, in: *International Journal of Research Studies in Psychology* 3.1 (2013).

Bjerregaard, Beth, »An Empirical Study of Stalking Victimization«, in: *Violence and Victims* 15.4 (2000), S. 389-406.

Blair, James R., »Responding to the Emotions of others: Dissociating Forms of Empathy through the Study of Typical and Psychiatric Populations«, in: *Consciousness and Cognition* 14.4 (2005), S. 698-718.

Bloom, Paul, *Against Empathy*, Bodley Head Limited, 2017 (im Erscheinen).

Bluffer Hrdy, Sarah, *Mothers and Others*, Cambridge, Mass.: Harvard University Press, 2011.

Borsche, Tilman, »Auf wen bezieht sich das Wort ›wir‹ in Merkels Satz ›Wir schaffen das‹?«, in: *Philosophie Magazin* 2 (2016), S. 55.

Boyd, Brian, *On the Origin of Stories*, Cambridge, Mass., Harvard University Press, 2009.

Breithaupt, Fritz, »Empathy for Empathy's Sake: Aesthetics and Empathic Sadism«, in: Aleida Assmann und Ines Detmers (Hg.), *Empathy and its Limits*, New York: Palgrave, 2016, S. 151-165.

Breithaupt, Fritz, »Empathic Sadism. How Readers Get Implicated«, in: Lisa Zunshine (Hg.), *Oxford Handbook for Cognitive Literary Studies*, Oxford: Oxford UP, 2015, S. 440-462.

Breithaupt, Fritz, »A Three-Person Model of Empathy«, in: *Emotion Review* 4.1 (2012), S. 84-91.

Breithaupt, Fritz, *Kultur der Ausrede*, Berlin: Suhrkamp, 2012.

Breithaupt, Fritz, *Culturas de la Empatía*, Buenes Aires, Madrid: Katz Editores, 2011.

Breithaupt, Fritz, »Empathie als Parteinahme: Anagnorisis bei Goethe und Stifter«, in: Claudia Breger und Fritz Breithaupt (Hg.), *Empathie und Erzählung*, Freiburg: Rombach, 2010, S. 187-204.

Breithaupt, Fritz, *Kulturen der Empathie*, Frankfurt/M.: Suhrkamp 2009.

Brown, Jane K., *Goethe's Allegories of Identity*, Philadelphia: University of Pennsylvania Press, 2014.

Bruner, Jerome, *Making Stories: Law, Literature, Life*, Cambridge, Mass.: Harvard University Press, 2003.

Burgard, Peter J. (Hg.), *Nietzsche and the Feminine*, Charlottesville: University of Virginia Press, 1994.

Bunke, Simon, Katerina Mihaylova (Hg.), *Gewissen: Interdisziplinäre Perspektiven auf das 18. Jahrhundert*, Würzburg: K&N, 2015.

Burke, Edmund, *A Philosophical Enquiry into the Origins of our Ideas of the Sublime and Beautiful*, hrsg. von J. Boulton, Notre Dame und London: University of Notre Dame Press, 1958 [1757].

Call, Josep, und Michael Tomasello, »Does the Chimpanzee have a Theory of Mind? 30 Years Later«, in: *Trends in Cognitive Sciences* 12, Nr. 5 (2008), S. 187-192.

Carruthers, Peter, »How We Know our own Minds: The Relationship between Mindreading and Metacognition«, in: *Behavioral and Brain Sciences* 32.02 (2009), S. 121-138.

Carruthers, Peter, »Simulation and Self-Knowledge: A Defence of Theory-Theory«, in: P. Carruthers und P.K. Smith, Hgs., *Theories of Theories of Mind*. Cambridge: Cambridge University Press, 1996, S. 22-38.

Carver, Joseph M., »Love and Stockholm Syndrome: The Mystery of Loving an Abuser«, (2007), ⟨http://drjoecarver.makeswebsites.com/clients/49355/File/love_and_stockholm_syndrome.html⟩, letzter Zugriff am 15. 6. 2016.

Cavell, Stanley, *Cities of Words, Pedagogical Letters on a Register of Moral Life*, Cambridge, MA.: Belknap Press, 2004.

Cheng, Y. et al., »Expertise Modulates the Perception of Pain in others«, in: *Current Biology* 17 (2007), S. 1708-1713.

Cline, Foster, und Jim Fay, *Parenting with Love and Logic: Teaching Children Responsibility*, Carol Streams, Ill.: Tyndale House, 2014 [1990].

Damasio, Antonio R., *Descartes' Irrtum: Fühlen, Denken und das menschliche Gehirn*, Berlin: Ullstein, 2014.

Daston, Lorraine, Peter Galison, *Objektivität*, Frankfurt/M.: Suhrkamp 2007.

Davis, Mark H., »Measuring Individual Differences in Empathy: Evidence for a Multidimensional Approach«, in: *Journal of Personality and Social Psychology* 44, Nr. 1 (1983), S. 113-126.

Davis, Mark H., »A Multidimensional Approach to Individual Differences in Empathy«, in: *JSAS Catalog of Selected Documents in Psychology* (1980), S. 85-101.

Decety, Jean, »Dissecting the Neural Mechanisms Mediating Empathy«, in: *Emotion Review* (January 2011), S. 92-108.

Decety, Jean et al., »Atypical Empathic Responses in Adolescents with Aggressive Conduct Disorder: A Functional MRI Investigation«, in: *Biological Psychology* 80.2 (2009), S. 203-211.

Decety, Jean und Claus Lamm, »The Role of the Right Temporoparietal

Junction in Social Interaction: How Low-Level Computational Processes Contribute to Meta-Cognition«, in: *The Neuroscientist* (2007), S. 580-593.

Decety, Jean, »Human Empathy«, in: *Japanese Journal of Neuropsychology* 22 (2006), S. 11-33.

Decety, Jean und Thierry Chaminade, »Neural Correlates of Feeling Sympathy«, in: *Neuropsychologia* 41.2 (2003), S. 127-138.

Delgado, Richard, »Rodrigo's Eleventh Chronicle: Empathy and False Empathy«, in: *California Law Review* 84, Nr. 1 (1996), S. 61-100.

DeScioli, Peter und Robert Kurzban, »Mysteries of Morality«, in: *Cognition* 112.2 (2009), S. 281-299.

Dinstein, Ilan, Cibu Thomas, Kate Humphreys, Nancy Minshew, Marlene Behrmann und David J. Heeger. »Normal Movement Selectivity in Autism«, in: *Neuron* 66, Nr. 3 (2010), S. 461-469.

Dunbar, Robin, *Grooming, Gossip and the Evolution of Language*, Cambridge, MA: Harvard UP, 1997.

Dunbar, Robin, »Neocortex Size as a Constraint on Group Size in Primates«, in: *Journal of Human Evolution 22* (1992), S. 469-93.

Eisenberg, Nancy, Richard A. Fabes, Stephanie A. Shepard, Bridget C. Murphy, Ivanna K. Guthrie, Sarah Jones, Jo Friedman, Rick Poulin und Pat Maszk, »Contemporaneous and Longitudinal Prediction of Children's Social Functioning from Regulation and Emotionality«, in: *Child Development* 68, Nr. 4 (1997), S. 642-664.

Eklund, Jakob, Teresi Andersson-Straberg und Eric M. Hansen, »I've also Experienced Loss and Fear: Effects of Prior Similar Experience on Empathy«, in: *Scandinavian Journal of Psychology* 50, Nr. 1 (2009), S. 65-69.

Elfenbein, Hillary Anger, »The Many Faces of Emotional Contagion: An Affective Process Theory of Affective Linkage«, in: *Organizational Psychology Review* (2014).

Engelen, Eva-Maria, »Innenleben und Dialog«, in: *Paragrana* 24, Nr. 2 (2015), S. 177-190.

Fernandez, Yolanda M. und W. L. Marshall, »Victim Empathy, Social Self-Esteem, and Psychopathy in Rapists«, in: *Sexual Abuse: A Journal of Research and Treatment* 15.1 (2003), S. 11-26.

Feshbach, Norma D., »Parental Empathy and Child Adjustment/Maladjustment«, in: Nancy Eisenberg und Janet Strayer (Hg.), *Empathy and Its Development*, Cambridge, Cambridge UP, 1987, S. 271-291.

Flesch, William, »Reading and Bargaining«, in: Lisa Zunshine (Hg.), *The Oxford Handbook of Cognitive Literary Studies,* Oxford: Oxford UP 2015, S. 369-386

Flesch, William, *Comeuppance: Costly Signaling, Altruistic Punishment, and Other Biological Components of Fiction*, Cambridge, Mass.: Harvard University Press, 2007.

Foucaul, Michel, *Überwachen und Strafen*, Frankfurt/M.: Suhrkamp, 1994.

Freedberg, David, und Vittorio Gallese, »Motion, Emotion and Empathy in Esthetic Experience«, in: *Trends in Cognitive Sciences* 11, Nr. 5 (2007), S. 197-203.

Gallese, Vittorio, »Die mannigfaltige Natur zwischenmenschlicher Beziehungen. Die Suche nach einem gemeinsamen Mechanismus«, in: Claudia Breger und Fritz Breithaupt (Hg.), *Empathie und Erzählung*, Freiburg: Rombach, 2010, S. 21-52.

Gallese, Vittorio, »The Shared Manifold Hypothesis. From Mirror Neurons to Empathy«, in: *Journal of Consciousness Studies* 8.5-6 (2001), S. 33-50.

Gallup, Gordon G. und Steven M. Platek, »Cognitive Empathy Presupposes Self-Awareness: Evidence from Phylogeny, Ontogeny, Neuropsychology, and Mental Illness«, in: *Behavioral and Brain Sciences* 25.01 (2002): S. 36-37.

Gigerenzer, Gerd und Peter M. Todd, *Simple Heuristics that Make Us Smart*, Oxford: Oxford University Press, 1999.

Gleichgerrcht, Ezequiel und Jean Decety, »Empathy in Clinical Practice: How Individual Dispositions, Gender, and Experience moderate Empathic Concern, Burnout, and Emotional Distress in Physicians«, in: *PLoS One* 8.4 (2013), e61526.

Goldie, Peter, »Anti-Empathy«, in: Amy Coplan und Peter Goldie (Hg.), *Empathy. Philosophical and Psychological Perspectives*, Oxford: Oxford UP 2011, S. 302-317.

Gopnik, A. und J.W. Aslington, »Children's Understanding of Representational Change and its Relation to the Understanding of False Belief and the Appearance-Reality Distinction«, in: *Child Development* 59.1 (1988), S. 26-37.

Gottschall, Jonathan, *The Storytelling Animal: How Stories Make Us Human*, Boston, New York: Houghton Mifflin Harcourt, 2012.

Green, Melanie, »Transportation into Narrative Worlds: The Role of Prior Knowledge and Perceived Realism«, in: *Discourse Processes* 38, Nr. 2 (2004), S. 247-266.

Gu, Xiuyan, Li Zheng, Wei Zhang, Lei Zhu, Jianqi Li, Qianfeng Wang, Zoltan Dienes und Zhiliang Yang, »Empathic Neural Responses to others' pain depend on Monetary Reward«, in: *Social Cognitive and Affective Neuroscience* (2011), nsr034.

Gumbrecht, Hans-Ulrich, *In Praise of Athletic Beauty*, Cambridge, Mass.: Harvard UP, 2006.

Haidt, Jonathan, *The Righteous Mind: Why Good People are Divided by Politics and Religion*, New York: Vintage, 2012.

Hamilton, Andrew und Fritz Breithaupt, »These Things called Event: Toward a Unified Narrative Theory of Events«, in: *Sprache und Datenverarbeitung* (SDV) 37 (2013), S. 65-87.

Hanich, Julian, Valentin Wagner, Mira Shah, Thomas Jacobsen und Winfried Menninghaus, »Why We Like to Watch Sad Films. The Pleasure of being Moved in Aesthetic Experiences«, in: *Psychology of Aesthetics, Creativity, and the Arts* 8 (2014), S. 130-143.

Harenski, C. L., K. A. Harenski, M. S. Shane und K. A. Kiehl, »Aberrant Neural Processing or Moral Violations in Criminal Psychopaths«, in: *Journal of Abnormal Psychology*, 21 (2010), S. 1-12.

Hatfield, Elaine, John T. Cacioppo und Richard L. Rapson, *Emotional Contagion*, Cambridge: Cambridge UP, 1994.

Heilbrun, Alfred B., »Cognitive Models of Criminal Violence Based upon Intelligence and Psychopathy Levels«, in: *Journal of Consulting and Clinical Psychology* 50, 4 (1982), S. 546-557.

Hickok, Gregory, *The Myth of Mirror Neurons: The Real Neuroscience of Communication and Cognition*, New York: W.W. Norton 2014.

Higgins, Lynn A., und Brenda R. Silver, *Rape and Representation*, New York: Columbia UP, 1991.

Holt, S., J. R. Meloy und S. Strack, »Sadism and Psychopathy in Violent and Sexually Violent Offenders«, in: *Journal of the American Academy of Psychiatry and the Law* 27 (1999), S. 23-32.

Hunt, Lynn Avery, *Inventing Human Rights: A History*, New York: WW Norton & Company, 2007.

Iacoboni, Marco, »Imitation, Empathy, and Mirror Neurons«, in: *Annual Review of Psychology* 60 (2009), S. 653-670.

Jackson, Philip L., Eric Brunet, Andrew N. Meltzoff und Jean Decety, »Empathy examined through the Neural Mechanisms Involved in Imagining how I Feel versus how You Feel Pain«, in: *Neuropsychologia* 44, Nr. 5 (2006), S. 752-761.

Jackson, Philip L., Pierre Rainville und Jean Decety, »To what Extent Do We Share the Pain of others? Insight from the Neural Bases of Pain Empathy«, in: *Pain* 125.1-2 (2006), S. 5-9.

Just_a_random_guy, »Do Sexually Sadistic Serial Killers Really Lack Empathy?«, ⟨https://www.reddit.com/r/serialkillers/comments/3qoey8/do_sexually_sadistic_serial_killers_really_lack/⟩, letzter Zugriff am 15. 3. 2016.

Kantorowicz, Ernst, *The King's Two Bodies. A Study in Mediaeval Political Theology*, Princeton: Princeton UP, 1957.

Keen, Suzanne, *Empathy and the Novel*, Oxford and New York: Oxford UP, 2007

Kidd, David Comer und Emanuele Castano, »Reading Literary Fiction Improves Theory of Mind«, in: *Science* 342.6156 (2013), S. 377-380.

Kiel, Kent A., *The Psychopath Whisperer: The Science of Those Without Conscience*, Crown, 2014.

Kiehl, Kent A. and M. B. Hoffman, »The Criminal Psychopath: History, Neuroscience, Treatment, and Economics«, in: *Jurimetrics: The Journal of Law, Science & Technology*, 51.4 (2011), S. 355-397.

Kittler, Friedrich A., *Aufschreibesysteme 1800/1900*, München: Fink, 1985

Konrath, Sara H., Edward H. O'Brien und Courtney Hsing, »Changes in Dispositional Empathy in American College Students over Time: A Meta-Analysis«, in: *Personality and Social Psychology Review* (2010), S. 180-198.

Koopman, Emy M., Michelle Hilscher und Gerald C. Cupchik, »Reader Responses to Literary Depictions of Rape«, in: *Psychology of Aesthetics, Creativity, and the Arts* 6.1 (2012), S. 66-78.

Koschorke, Albrecht, *Körperströme und Schriftverkehr: Mediologie des 18. Jahrhunderts*, München: Fink, 2003.

Koselleck, Reinhart, *Vergangene Zukunft*, Frankfurt/M.: Suhrkamp, 1979.

Kovács, Ágnes Melinda, Ernő Téglás und Ansgar Denis Endress, »The Social Sense: Susceptibility to others' Beliefs in Human Infants and Adults«, in: *Science* 330.6012 (2010), S. 1830-1834.

Kraus, Josef, *Helikopter-Eltern. Schluss mit Förderwahn und Verwöhnung*, Reinbek: Rowohlt, 2013.

Krebs, Dennis, »Empathy and Altruism«, in: *Journal of Personality and Social Psychology* 32.6 (1975). S. 1134-42.

Kurzban, Robert, Peter DeScioli und Erin O'Brien, »Audience Effects on Moralistic Punishment«, in: *Evolution and Human Behavior* 28.2 (2007), S. 75-84.

Lamm, Claus, Andrew N. Meltzoff und Jean Decety, »How Do We Empathize with someone who is not like Us? A Functional Magnetic Resonance Imaging Study«, in: *Journal of Cognitive Neuroscience* 22.2 (2010), S. 362-376.

Laqueur, Thomas W., »Mourning, Pity, and the Work of Narrative in the Making of ›Humanity‹«, in: Richard Ashby Wilson und Richard D. Brown, *Humanitarianism and Suffering: The Mobilization of Empathy*, Cambridge: Cambridge UP, 2009, S. 31-57.

Leiberg, Susanne und Silke Anders, »The Multiple Facets of Empathy: A Survey of Theory and Evidence«, in: *Progress in Brain Research* 156 (2006), S. 419-440.

Leedom, Liane, »Sadism and Warped Empathy in Sociopaths«, 13.11.2008, ⟨http://www.lovefraud.com 008/11/13/sadism-and-warped-empathy-in-sociopaths/⟩ letzter Zugriff am 15.3.2015.

Leibniz, Gottfried Wilhelm, *Sämtliche Schriften und Briefe* (Akademie-Ausgabe), Berlin: Akademie-Verlag, 2011, Abt. III, Bd. 7.

Lisak, David und Carol Ivan, »Deficits in Intimacy and Empathy in Sexually Aggressive Men«, in: *Journal of Interpersonal Violence* 10.3 (1995), S. 296-308.

Lombardo, Michael V. et al., »Self-referential Cognition and Empathy in Autism«, in: *PLoS One* 2.9 (2007): e883.

Lonsway, Kimberly A. und Louise F. Fitzgerald, »Rape Myths in Review«, in: *Psychology of Women Quarterly* 18.2 (1994), S. 133-164.

Loshitzky, Yosefa, Hg., *Spielberg's Holocaust. Critical Perspectives on Schindler's List*, Bloomington: Indiana UP, 1997.

Luhmann, Niklas, *Gesellschaftsstruktur und Semantik*, Frankfurt/M.: Suhrkamp, 1993.

Luhmann, Niklas, »Sthenographie und Euryalistik«, in: Hans-Ulrich Gumbrecht & Ludwig Pfeiffer (Hg.), *Paradoxien, Dissonanzen, Zusammenbrüche: Situationen offener Epistemologie*, Frankfurt/M.: Suhrkamp, 1991, S. 58-82.

Madeira, Jody Lyneé, *Killing McVeigh: The Death Penalty and the Myth of Closure*, New York, NYU Press, 2012.

Madeira, Jody Lynee, »Lashing Reason to the Mast: Understanding Judicial Constraints on Emotion in Personal Injury Litigation«, in: *UC Davis Law Review* 40, Nr. 137 (2006).

de Man, Paul, »Rhetorik der Persuasion (Nietzsche)«, in: ders., *Allegorien des Lesens*, Frankfurt/M.: Suhrkamp, 1988, S. 164-178.

Marguier, Alexander, »Die Sprücheklopferin: Angela Merkels ›Wir schaffen das‹« in: *Cicero* 16.9.2015, ⟨http://www.cicero.de/berliner-republik/angela-merkels-wir-schaffen-das-die-spruecheklopferin/59847⟩.

Maskarinec, Malika, *Balancing Acts: The Acrobatics of Form and Force from 1900 to 1930*, unveröffentlichte Dissertation.

Marsh, Abigail A., »Empathy and Compassion: A Cognitive Neuroscience Perspective«, in: Jean Decety (Hg.), *Empathy: From Bench to Bedside*, Cambridge, Mass.: MIT Press, 2012, S. 191-205.

Marshall, W. L. und Heather Moulden, »Hostility toward Women and Victim Empathy in Rapists«, in: *Sexual Abuse: A Journal of Research and Treatment* 13.4 (2001), S. 249-255.

Massaro, Toni M., »Empathy, Legal Storytelling, and the Rule of Law: New Words, Old Wounds?«, in: *Michigan Law Review* 87, Nr. 8 (1989), S. 2099-2127.

McEwan, Troy E., Paul E. Mullen und Rachel MacKenzie, »A Study of the Predictors of Persistence in Stalking Situations«, in: *Law and Human Behavior* 33.2 (2009), S. 149-158.

Mazzocco, Philip J., Melanie C. Green, Jo A. Sasota und Norman W. Jones, »This Story is not for everyone: Transportability and Narrative Persuasion«, in: *Social Psychological and Personality Science* (2010), S. 361-368.

Melis, Alicia P., Felix Warneken und Brian Hare, »Collaboration and Helping in Chimpanzees«, in: Elizabeth V. Lonsdorf et al. (Hg.), *The Mind of the Chimpanzee: Ecological and Experimental Perspectives*, Chicago: Chicago UP, 2010, S. 278-393.

Meltzoff, Andrew, »Understanding the Intentions of others: Re-enactment of Intended Acts by 18-month-old Children«, in: *Developmental Psychology* 31, Nr. 5 (1995), S. 838-850.

Merz, Jenna L. und Carolyn Zahn-Waxler, »Neurobiology of Empathy and Callousness: Implications for the Development of Antisocial Behavior«, in: *Behavioral Sciences & the Law* 27, Nr. 2 (2009), S. 137-171.

Mullen, Paul E., Michele Pathé und Rosemary Purcell, *Stalkers and their Victims*, Cambridge: Cambridge University Press, 2000.

Myler, Stephen F., »Chinese Cultural Lack of Empathy in Development«, ⟨http://www.academia.edu/3620724/Chinese_Lack_of_Empathy_in_Development⟩, letzter Zugriff am 15. Julie 2015.

Nägele, Rainer, *Reading after Freud: Essays on Goethe, Hölderlin, Habermas, Nietzsche, Brecht, Celan, and Freud*. New York, Columbia University Press, 1987.

Nelson, E.D. (Adie), »The Things that Dreams are Made on: Dreamwork and the Socialization of ›Stage Mothers‹«, in: *Qualitative Sociology* 24.4 (2001), S. 439-458.

Nietzsche, Friedrich, *Sämtliche Werke: kritische Studienausgabe* (kurz: KSA), hg. von Giorgio Colli und Mazzino Montinari, München: Deutscher Taschenbuch Verlag, 1988.

Nünning, Vera, »Cognitive Science and the Value of Literature for Life«, in: Hanna Meretoja, Saija Isomaa, Pirjo Lyytikäinen und Kristina Malmio (Hg.), *Values of Literature*, Leiden: Brill, 2015. S. 93-116.

Nussbaum, Martha C., *Politische Emotionen*, Berlin: Suhrkamp, 2014.

Nussbaum, Martha C., *From Disgust to Humanity: Sexual Orientation and Constitutional Law*, Oxford New York: Oxford University Press, 2010.

Paret, Christoph, »›Habe die Wut, dich deines eigenen Verstandes zu bedienen!‹ Über Empörung als emanzipative Psychotechnik«, in: Alexandra Schwell und Katharina Eisch-Angus (Hg.), *Der Alltag der (Un)Sicher-*

heit. Ethnographisch-kulturwissenschaftliche Perspektiven auf die Sicherheitsgesellschaft, Berlin: Panama, 2017 (im Erscheinen).

Paret, Christoph, »Aktives Zuhören oder Reden, um nicht füreinander da zu sein – Thomas Gordon und die Verwandlung von Autoritätspersonen in gesprächige Projektionsflächen«, unveröffentliches Manuskript.

Pinker, Steven, *The Better Angels of Our Nature: The Decline of Violence in History and its Causes*, London: Penguin, 2011.

Pithers, William D., »Empathy Definition, Enhancement, and Relevance to the Treatment of Sexual Abusers«, in: *Journal of Interpersonal Violence* 14.3 (1999), S. 257-284.

Plantinga, Carl, »Facing others. Close-Ups of Faces in Narrative Films and in *Silence of the Lambs*«, in: Lisa Zunshine (Hg.), *The Oxford Handbook of Cognitive Literary Studies*, Oxford: Oxford University Press, 2015, S. 291-311.

Porter, Stephen, Leanne ten Brinke und Chantal Gustaw, »Dangerous Decisions: The Impact of First Impressions of Trustworthiness on the Evaluation of Legal Evidence and Defendant Culpability«, in: *Psychology, Crime & Law* 16.6 (2010), S. 477-491.

Preis, M. A. und B. Kroener-Herwig, »Empathy for Pain: The Effects of Prior Experience and Sex«, in: *European Journal of Pain* 16.9 (2012), S. 1311-1319

Premack, David G. und Guy Woodruff, »Does the Chimpanzee have a Theory of Mind?«. *Behavioral and Brain Sciences* 1 (4) (1978), S. 515-526

Preston, Stephanie D. und Frans B. M. De Waal. »Empathy: Its Ultimate and Proximate Bases«, in: *Behavioral and Brain Sciences* 25.1 (2002), S. 1-20.

Prinz, Jesse, »Against Empathy«, in: *The Southern Journal of Philosophy* 49.s1 (2011): S. 214-233.

Prinz, Wolfgang, *Selbst im Spiegel. Die soziale Konstruktion von Subjektivität*, Berlin: Suhrkamp, 2016.

Prinz, Wolfgang, »Modes of Linkage between Perception and Action«, in: ders. (Hg.), *Cognition and Motor Processes*, Berlin, Heidelberg: Springer, 1984, S. 185-193.

Propp, Vladimir, *Die historischen Wurzeln des Zaubermärchens*, München: Hanser, 1987.

de Quervain, Dominique J. F., Urs Fischbacher, Valerie Treyer und Melanie Schellhammer, »The Neural Basis of Altruistic Punishment«, in: *Science* 305, Nr. 5688 (2004). S. 1254-1259.

Ramachandran, Vilayanur S. und Lindsay M. Oberman, »Broken Mirrors: A Theory of Autism«, in: *Scientific American* 295, Nr. 5 (2006), S. 62-69.

Reinhardt-Becker, Elke, *Seelenbund oder Partnerschaft? Liebessemantiken in der Literatur der Romantik und der Neuen Sachlichkeit*, Frankfurt/M.: Campus Verlag, 2005.

Rice, Marnie E., »Empathy for the Victim and Sexual Arousal among Rapists and Nonrapists«, in: *Journal of Interpersonal Violence* 9.4 (1994), S. 435-449

Robinson, Michael E. und Emily A. Wise, »Prior Pain Experience: Influence on the Observation of Experimental Pain in Men and Women«, in: *The Journal of Pain* 5.5 (2004), S. 264-269.

Rogers, Kelly (Hg.), *Self-Interest: An Anthology of Philosophical Perspectives from Antiquity to the Present*, London: Routledge, 2014.

Rosa, Hartmut, *Resonanz*, Berlin: Suhrkamp, 2016.

Saarela, Miiamaaria V., Yevhen Hlushchuk, Amanda C. de C. Williams, Martin Schürmann, Eija Kalso und Riitta Hari, »The Compassionate Brain: Humans Detect Intensity of Pain from another's Face«, in: *Cerebral cortex* 17, Nr. 1 (2007). S. 230-237.

Scheler, Max, *Das Ressentiment im Aufbau der Moralen* [1913], Frankfurt/M.: Klostermann, 2004.

Schlaffer, Heinz, *Das entfesselte Wort. Nietzsches Stil und seine Folgen*, München: Carl Hanser 2007.

Schiffrin, Holly H. et al. »Helping or Hovering? The Effects of Helicopter Parenting on College Students' Well-Being«, in: *Journal of Child and Family Studies* 23.3 (2014), S. 548-557.

Shamay-Tsoory, Simone G., Judith Aharon-Peretz und Daniella Perry, »Two Systems for Empathy: A Double Dissociation between Emotional and Cognitive Empathy in Inferior Frontal Gyrus versus Ventromedial Prefrontal Lesions«, in: *Brain* 132.3 (2009), S. 617-627.

Shirtcliff, Elizabeth A., Michael J. Vitacco, Alexander R. Graf, Andrew J. Gostisha, Tania Singer und Olga M. Klimecki, »Empathy and Compassion«, in: *Current Biology* 24.18 (2014), S. R875-R878.

Singer, Tania, »Understanding others: Brain Mechanisms of Theory of Mind and Empathy«, in: *Neuroeconomics: Decision Making and the Brain* (2009), S. 251-268.

Singer, Tania, Ben Seymour, John P. O'Doherty, Klaas E. Stephan, Raymond J. Dolan und Chris D. Frith, »Empathic Neural Responses are Modulated by the Perceived Fairness of others«, in: *Nature* 439 Nr. 7075 (2006), S. 466-469.

Smith, Christian, Kari Christoffersen, Hilary Davidson und Patricia Snell Herzog, *Lost in Transition: The Dark Side of Emerging Adulthood*, Columbus, Ohio: Ohio UP, 2011

Stein, Edith, *Zum Problem der Einfühlung*, Halle: Buchdruckerei des Waisenhauses, 1917.
Stiegler, Bernd, *Spuren, Elfen und andere Erscheinungen. Conan Doyle und die Photographie*, Frankfurt/M.: Fischer, 2014.

Tangney, June P., Roy F. Baumeister und Angie Luzio Boone, »High Self-Control predicts Good Adjustment, Less Pathology, Better Grades, and Interpersonal Success«, in: *Journal of Personality* 72.2 (2004), S. 271-324.
Tine, Michele und Joan Lucariello, »Unique Theory of Mind Differentiation in Children with Autism and Asperger Syndrome«, in: *Autism Research and Treatment* (2012), S. 1-11.
Todorov, Alexander, Manish Pakrashi und Nikolaas N. Oosterhof, »Evaluating Faces on Trustworthiness after Minimal Time Exposure«, in: *Social Cognition* 27.6 (2009), S. 813-833.
Tomasello, Michael, *Die kulturelle Entwicklung des menschlichen Denkens: Zur Evolution der Kognition*, Frankfurt/M.: Suhrkamp, 2006.
Tomasello, Michael, *Die Ursprünge der menschlichen Kommunikation*, Frankfurt/M.: Suhrkamp, 2009.
Tucker, Corinna Jenkins, Kimberly A. Updegraff, Susan M. McHale und Ann C. Crouter, »Older Siblings as Socializers of Younger Siblings' Empathy«, in: *The Journal of Early Adolescence* 19, Nr. 2 (1999), S. 176-198.

Vermeule, Blakey, *Why do We Care about Literary Characters?*, Baltimore: Johns Hopkins UP, 2011.
de Vignemont, F. und P. Jacob, »What is it Like to Feel another's Pain?«, in: *Philosophy of Science* 79, (2012), S. 295–316.
Vogl, Joseph, *Kalkül und Leidenschaft. Poetik des ökonomischen Menschen,* München: Diaphanes, 2002.
Voss, Christiane, »Einfühlung als empistemische und ästhetische Kategorie bei Hume und Lipps«, in: Robin Curtis und Gertrud Koch (Hg.), *Einfühlung. Zu Geschichte und Gegenwart eines ästhetischen Konzepts*. München: Fink, 2009, S. 31-47.

de Waal, Frans »Empathy in Primates and other Mammals,« in: Jean Decety (Hg.), *Empathy. From Bench to Bedside*, Cambrdidge, Mass: MIT Press, 2012, S. 87-106.
de Waal, Frans, *Chimpanzee Politics*, Baltimore: Johns Hopkins University UP, 1998
Wahrman, Dror, *The Making of the Modern Self: Identity and Culture in Eighteenth-Century England*, New Haven: Yale University Press, 2006.
Wallach, Wendell und Colin Allen, *Moral Machines. Teaching Robots Right from Wrong*, Oxford und New York: Oxford UP, 2008.

Wilson, Richard A., *The Politics of Truth and Reconciliation in South Africa: Legitimizing the Post-Apartheid State,* New York, NY: Cambridge University Press, 2001.
Worringer, Wilhelm, *Abstraktion und Einfühlung. Ein Beitrag zur Stilpsychologie*, [1907] hg. von Helga Grebing, München: Wilhelm Fink Verlag, 2007.

Young, Allan, »Empathic Cruelty and the Origins of the Social Brain«, in: *Critical Neuroscience. A Handbook of the Social and Cultural Context of Neuroscience* (2012), S. 159-176.

Zahavi, Dan und Søren Overgaard, »Empathy without Isomorphism: A Phenomenological Account«, in: Jean Decety (Hg.), *Empathy: From Bench to Bedside*. Cambridge Mass.: MIT Press, 2012, S. 3-20.
Zahn-Waxler, Carolyn et al., »Psychophysiological Correlates of Empathy and Prosocial Behaviors in Preschool Children with Behavior Problems«, in: *Development and Psychopathology* 7.01 (1995), S. 27-48.

Danksagung

Ein Buch zu den dunklen Seiten der Empathie kann man niemandem widmen. Aber man kann denen danken, die bei seiner Abfassung beteiligt waren.

An erster Stelle sind hier meine Frau zu nennen, die mir viel Zeit zum Denken und Schreiben eingeräumt hat, und meine Kinder, die mich von dem einen oder anderen Spiel freigestellt haben.

Dieses Buch ist vor allem aus Gesprächen mit Freunden, Kollegen und Studenten hervorgegangen. Immer wieder waren es gerade die Studenten in meinen Kursen, die mitgedacht haben. Manche von ihnen haben Ideen beigesteuert und können jetzt staunen, dass »nur« fünf der dunklen Seiten am Ende ins Buch gelangt sind. Unter den Freunden und Kollegen sind vor allem Frank Adloff, Colin Allen, Aleida Assmann, Christopher Chiasson, Daniel Cuonz, Wolfram Eilenberger, Suzanne Keen, Lauren Lu, Christoph Paret, Eyal Peretz, Cassidy Sugimoto, Johannes Türk, Christine Unrau, Arne Willee und Lisa Zunshine zu nennen. Wenn es nicht wie ein »backhanded compliment« klingen würde, dürfte ich sagen, sie hätten mir »viel Empathie« entgegengebracht. Ihre Gedanken, ihr Sprachwitz und ihre Provokationen sind auf vielfältige Art und Weise in das Buch eingegangen.

Ein besonderer Dank gebührt Philipp Hölzing vom Suhrkamp Verlag, der hartnäckig die Verfolgung meiner Anglizismen betreibt und sich immer wieder gerne in Gedankenabenteuer stürzt.

Einige der hier vorgestellten Thesen bauen, wie im Text angedeutet, auf Aufsätzen und früheren Texten auf, sind hier aber neu konzipiert und weitergeführt. Einzig die zwei Seiten zur Entwicklung der sadistischen Empathie sind hier fast direkt übernommen aus Fritz Breithaupt, »Empathy for Empathy's Sake: Aesthetics and Empathic Sadism«, in: Aleida Assmann und Ines Detmers (Hg.), *Empathy and its Limits*, New York: Palgrave, 2016, S. 151-165.

Literatur- und Kulturwissenschaft im Suhrkamp Verlag Eine Auswahl

Michail M. Bachtin

- Die Ästhetik des Wortes. Herausgegeben und eingeleitet von Rainer Grübel. Übersetzt von Rainer Grübel und Sabine Reese. es 967. 366 Seiten
- Autor und Held in der ästhetischen Tätigkeit. Herausgegeben von Rainer Grübel, Edward Kowalski und Ulrich Schmid. Aus dem Russischen von Hans-Günter Hilbert, Rainer Grübel, Alexander Haardt und Ulrich Schmid. stw 1878. 356 Seiten
- Chronotopos. Aus dem Russischen von Michael Dewey. Mit einem Nachwort von Michael C. Frank und Kirsten Mahlke. stw 1879. 242 Seiten
- Rabelais und seine Welt. Volkskultur als Gegenkultur. Übersetzt von Gabriele Leupold. Herausgegeben und Vorwort von Renate Lachmann. stw 1187. 546 Seiten

Roland Barthes

- Fragmente einer Sprache der Liebe. Übersetzt von Hans-Horst Henschen. st 1586. 279 Seiten
- Die helle Kammer. Bemerkungen zur Photographie. Übersetzt von Dietrich Leube. Mit zahlreichen Abbildungen. st 1642. 138 Seiten
- Die Körnung der Stimme. Interviews 1962-1980. Übersetzt von Agnès Bucaille-Euler, Birgit Spielmann und Gerhard Mahlberg. es 2278. 404 Seiten
- Mythen des Alltags. Übersetzt von Helmut Scheffel. es 92. 152 Seiten
- Das Neutrum. Übersetzt von Horst Brühmann. es 2377. 342 Seiten

NF 104/1/3.13

Roland Barthes. Eine Biographie. Von Louis-Jean Calvet. Übersetzt von Wolfram Beyer. Mit zahlreichen Abbildungen. 376 Seiten. Gebunden

Karl Heinz Bohrer
- Plötzlichkeit. Zum Augenblick des ästhetischen Scheins. es 1058. 261 Seiten

Pierre Bourdieu. Die Regeln der Kunst. Genese und Struktur des literarischen Feldes. Übersetzt von Bernd Schwibs und Achim Russer. stw 1539. 552 Seiten

Peter Bürger. Theorie der Avantgarde. es 727. 147 Seiten

Arthur C. Danto. Die Verklärung des Gewöhnlichen Eine Philosophie der Kunst. Übersetzt von Max Looser. stw 957. 321 Seiten

Jacques Derrida
- Grammatologie. Übersetzt von Hans-Jörg Rheinberger und Hanns Zischler. stw 417. 541 Seiten
- Die Schrift und die Differenz. Übersetzt von Rodolphe Gasché. stw 177. 451 Seiten

Jacques Derrida/Hans-Georg Gadamer. Der ununterbrochene Dialog. es 2357. 112 Seiten

John Dewey. Kunst als Erfahrung. Übersetzt von Christa Velten, Gerhard vom Hofe und Dieter Sulzer. stw 703. 411 Seiten

Michel Foucault. Schriften zur Literatur. Herausgegeben von Daniel Defert und François Ewald unter Mitarbeit von Jacques Lagrange. Übersetzt von Michael Bischoff, Hans-Dieter Gondek und Hermann Kocyba. Auswahl und Nachwort von Martin Stingelin. stw 1675. 402 Seiten

Peter Gendolla/Thomas Kamphusmann (Hg.). Die Künste des Zufalls. stw 1432. 302 Seiten

Michael Giesecke
- Der Buchdruck in der frühen Neuzeit. 944 Seiten. Kartoniert
- Sinnenwandel, Sprachwandel, Kulturwandel. Studien zur Vorgeschichte der Informationsgesellschaft. stw 997. 374 Seiten

Ernst H. Gombrich/Julian Hochberg/Max Black. Kunst, Wahrnehmung, Wirklichkeit. Übersetzt von Max Looser. es 860. 156 Seiten

Nelson Goodmann. Sprachen der Kunst. Entwurf einer Symboltheorie Übersetzt von Bernd Philippi. stw 1304. 254 Seiten

Jack Goody (Hg.). Literalität in traditionellen Gesellschaften. Übersetzt von Friedhelm Herborth und Thomas Lindquist. 502 Seiten. Leinen

Hans Ulrich Gumbrecht
- Diesseits der Hermeneutik. Über die Produktion von Präsenz. es 2364. 190 Seiten
- Die Macht der Philologie. Über einen verborgenen Impuls im wissenschaftlichen Umgang mit Texten. 140 Seiten. Kartoniert
- 1926. Ein Jahr am Rand der Zeit. 540 Seiten. Gebunden. stw 1655. 544 Seiten

NF 104/3/3.13

Anselm Haverkamp. Figura cryptica. Theorie der literarischen Latenz. stw 1574. 272 Seiten

Jochen Hörisch
- Brot und Wein. Die Poesie des Abendmahls. es 1692. 297 Seiten
- Kopf oder Zahl. Die Poesie des Geldes. es 1998. 370 Seiten

Wolfgang Iser. Das Fiktive und das Imaginäre. Perspektiven literarischer Anthropologie. stw 1101. 522 Seiten

Vladimir Jankélévitch. Das Verzeihen. Essays zur Moral und Kulturphilosophie. Herausgegeben von Ralf Konersmann. Übersetzt von Claudia Brede-Konersmann. Mit einem Vorwort von Jürg Altwegg. Gebunden und stw 1731. 292 Seiten

Hans Robert Jauß
- Ästhetische Erfahrung und literarische Hermeneutik. 877 Seiten. Leinen
- Zeit und Erinnerung in Marcel Prousts »A la recherche du temps perdu«. Ein Beitrag zur Theorie des Romans. stw 587. 366 Seiten

Renate Lachmann. Erzählte Phantastik. Zu Phantasiegeschichte und Semantik phantastischer Texte. stw 1578. 502 Seiten

Wolf Lepenies. Melancholie und Gesellschaft. Mit einer neuen Einleitung: Das Ende der Utopie und die Wiederkehr der Melancholie. stw 967. 337 Seiten

Niklas Luhmann. Die Kunst der Gesellschaft. stw 1303. 517 Seiten

NF 104/4/3.13

Paul de Man. Allegorien des Lesens. Übersetzt von Werner Hamacher und Peter Krumme. es 1357. 233 Seiten

Christoph Menke
- Die Souveränität der Kunst. Ästhetische Erfahrung nach Adorno und Derrida. stw 958. 311 Seiten
- Die Gegenwart der Tragödie. stw 1649. 300 Seiten

Winfried Menninghaus
- Walter Benjamins Theorie der Sprachmagie. stw 1168. 282 Seiten
- Paul Celan. Magie der Form. es 1026. 291 Seiten
- Ekel. Theorie und Geschichte einer starken Empfindung. stw 1634. 592 Seiten
- Hälfte des Lebens. Versuch über Hölderlins Poetik. 142 Seiten. Gebunden
- Lob des Unsinns. Über Kant, Tieck und das Märchen vom Blaubart. 272 Seiten. Gebunden
- Das Versprechen der Schönheit. 386 Seiten. Gebunden
- Wozu Kunst? Ästhetik nach Darwin. 318 Seiten. Gebunden

K. Ludwig Pfeiffer. Das Mediale und das Imaginäre. Dimensionen kulturanthropologischer Medientheorie. 624 Seiten. Gebunden

Peter Szondi
- Schriften II. Essays: Satz und Gegensatz. Lektüren und Lektionen. Celan-Studien. Anhang. Frühe Aufsätze. Leinen und stw 220. 458 Seiten
- Studienausgabe der Vorlesungen in fünf Bänden. stw 15/stw 40/stw 72/stw 90/stw 124. 2158 Seiten. Die Bände sind auch einzeln lieferbar.
- Band 1: Die Theorie des bürgerlichen Trauerspiels im 18. Jahrhundert. Der Kaufmann, der Hausvater und der Hofmeister. stw 15. 280 Seiten

NF 104/5/3.13

- Band 2: Poetik und Geschichtsphilosophie I. Antike und Moderne in der Ästhetik der Goethezeit. stw 40. 537 Seiten
- Band 3: Poetik und Geschichtsphilosophie II. Von der normativen zur spekulativen Gattungspoetik. Schellings Gattungspoetik. Herausgegeben von Wolfgang Fietkau. stw 72. 354 Seiten
- Band 4: Das lyrische Drama des Fin de siècle. Herausgegeben von Henriette Beese. stw 90. 532 Seiten
- Band 5: Einführung in die literarische Hermeneutik. Herausgegeben von Jean Bollack und Helen Stierlin. stw 124. 455 Seiten

Einzelausgaben:
- Lektüren und Lektionen. Versuche über Literatur, Literaturtheorie und Literatursoziologie. 202 Seiten. Kartoniert
- Theorie des modernen Dramas. es 27. 169 Seiten

Robert Weimann (Hg.). Ränder der Moderne. Repräsentation und Alterität im (post)kolonialen Diskurs. stw 1311. 356 Seiten

Richard Weisberg. Rechtsgeschichten. Über Gerechtigkeit in der Literatur. Aus dem Amerikanischen von Walter Popp. Mit einem Nachwort von Bernhard Schlink. stw 2010. 291 Seiten

Cornelia Zumbusch. Die Immunität der Klassik. stw 2014. 372 Seiten

NF 104/6/3.13

Psychoanalyse, Sozialpsychologie und Psychologie im Suhrkamp Verlag Eine Auswahl

Didier Anzieu. Das Haut-Ich. Übersetzt von Meinhard Korte und Marie-Hélène Lebourdais-Weiss.
Gebunden und stw 1255. 324 Seiten

Wilfried R. Bion. Elemente der Psychoanalyse. Übersetzt und mit einer Einleitung von Erica Krejci. stw 1758. 149 Seiten

William Damon. Die soziale Welt des Kindes. Übersetzt von Uta S. Eckensberger. stw 884. 315 Seiten

Gilles Deleuze. Schizophrenie und Gesellschaft. Texte und Gespräche von 1975 – 1995. Aus dem Französischen von Eva Moldenhauer. Hg von David Laponjade. 384 Seiten. Gebunden

Georges Devereux
- Realität und Traum. Psychotherapie eines Prärie-Indianers. Mit einem Vorwort von Magaret Mead. Übersetzt von Maja Hallberg. 704 Seiten. Gebunden
- Träume in der griechischen Tragödie. Eine ethnopsychoanalytische Untersuchung. Übersetzt von Klaus Staudt. stw 536. 551 Seiten

Anita Eckstaedt
- Die Kunst des Anfangs. Psychoanalytische Erstgespräche. stw 1174. 286 Seiten
- Nationalsozialismus in der »zweiten Generation«. Psychoanalyse von Hörigkeitsverhältnissen. stw 1026. 516 Seiten
- ›Der Struwwelpeter‹. Dichtung und Deutung. Eine psychoanalytische Studie. 228 Seiten. Gebunden

NF 122/1/3.09

Michel Foucault
- Die Macht der Psychiatrie. Vorlesungen am Collège de France 1973/1974. Aus dem Französischen von Claudia Brede-Konersmann. 595 Seiten. Gebunden
- Psychologie und Geisteskrankheit. Aus dem Französischen von Anneliese Botond. es 272. 132 Seiten

Iris Hanika / Edith Seifert. Die Wette auf das Unbewußte. Oder was sie schon immer über Psychoanalyse wissen wollten. es 2457. 173 Seiten

Eric R. Kandel. Psychiatrie, Psychoanalsyse und die neue Biologie des Geistes. 341 Seiten. Gebunden

Lawrence Kohlberg
- Die Psychologie der Lebensspanne. Übersetzt von Detlef Garz. Herausgegeben, bearbeitet und mit einer Einleitung versehen von Wolfgang Althof und Detlef Garz. Gebunden. 346 Seiten
- Die Psychologie der Moralentwicklung. Herausgegeben von Wolfgang Althof und Detlef Garz. Übersetzt von Detlef Garz. stw 1232. 564 Seiten

Hermann Lang
- Das Gespräch als Therapie. Mit einem Geleitwort von Hans-Georg Gadamer. stw 1293. 272 Seiten
- Strukturale Psychoanalyse. stw 1292. 352 Seiten

Nicolas Langlitz. Die Zeit der Psychoanalyse. Lacan und das Problem der Sitzungsdauer. stw 1757. 300 Seiten

Jean Piaget
- Einführung in die genetische Erkenntnistheorie. Übersetzt von Friedhelm Herborth. stw 6. 106 Seiten
- Weisheit und Illusionen der Philosophie. Übersetzt von

Friedhelm Herborth. stw 539. 286 Seiten

Paul Ricoeur. Die Interpretation. Ein Versuch über Freud. Aus dem Französischen von Eva Moldenhauer. stw 76. 400 Seiten

Alenka Zupančič. Das Reale einer Illusion. Kant und Lacan. Übersetzt von Reiner Ansén. stw 1546. 142 Seiten

Slavoj Žižek
- Die gnadenlose Liebe. Übersetzt von Nikolaus Schneider. st 1545. 188 Seiten
- Körperlose Organe. Bausteine für eine Begegnung zwischen Deleuze und Lacan. Aus dem Englischen von Nikolaus G. Schneider. stw 1698. 297 Seiten
- Parallaxe. Übersetzt von Frank Born. 448 Seiten. Gebunden
- Die Tücke des Subjekts. Übersetzt von Andreas Hofbauer. 552 Seiten. Gebunden

NF 122/3/3.09

NF 155/1/3.07

Gerhard Roth

- Aus Sicht des Gehirns. 216 Seiten. Kartoniert
- Fühlen, Denken, Handeln. Wie das Gehirn unser Verhalten steuert. stw 1678. 608 Seiten
- Das Gehirn und seine Wirklichkeit. Kognitive Neurobiologie und ihre philosophischen Konsequenzen. stw 1275. 384 Seiten

John R. Searle. Freiheit und Neurobiologie. 91 Seiten. Kartoniert

Wolf Singer

- Ein neues Menschenbild? Gespräche über Hirnforschung. stw 1596. 144 Seiten
- Der Beobachter im Gehirn. Essays zur Hirnforschung. stw 1571. 240 Seiten
- Vom Gehirn zum Bewußtsein. 59 Seiten. Gebunden

NF 155/2/3.07